Nas Águas da Salvação

Dados Internacionais de Catalogação na Publicação (CIP)
(Câmara Brasileira do Livro, SP, Brasil)

Nas águas da salvação : catequese a partir dos ritos sacramentais / Cláudia Susana Cristino...[et al.] ; Vanildo de Paiva (org.). – Petrópolis, RJ : Vozes, 2022.

Outros autores: Maria Cristina Centurião Padilha, Maria do Carmo Martins, Marlene Maria Silva, Tânia Regina de Souza Antunes

Bibliografia.
ISBN 978-65-5713-487-0

1. Catecumenato 2. Catequese – Igreja Católica 3. Ritos iniciáticos – Aspectos religiosos – Igreja Católica 4. Sacramentos – Igreja Católica I. Cristino, Cláudia Susana. II. Padilha, Maria Cristina Centurião. III. Martins, Maria do Carmo. IV. Silva, Marlene Maria. V. Antunes, Tânia Regina de Souza. VI. Paiva, Vanildo de.

21-88172 CDD-268.82

Índices para catálogo sistemático:
1. Catequese : Igreja Católica 268.82

Cibele Maria Dias – Bibliotecária – CRB-8/9427

Nas águas da salvação

CATEQUESE A PARTIR DOS RITOS SACRAMENTAIS

Vanildo de Paiva (org.)
Cláudia Susana Cristino
Maria Cristina Centurião Padilha
Maria do Carmo Martins
Marlene Maria Silva
Tânia Regina de Souza Antunes

EDITORA VOZES
Petrópolis

© 2022, Editora Vozes Ltda.
Rua Frei Luís, 100
25689-900 Petrópolis, RJ
www.vozes.com.br
Brasil

Todos os direitos reservados. Nenhuma parte desta obra poderá ser reproduzida ou transmitida por qualquer forma e/ou quaisquer meios (eletrônico ou mecânico, incluindo fotocópia e gravação) ou arquivada em qualquer sistema ou banco de dados sem permissão escrita da editora.

CONSELHO EDITORIAL

Diretor
Gilberto Gonçalves Garcia

Editores
Aline dos Santos Carneiro
Edrian Josué Pasini
Marilac Loraine Oleniki
Welder Lancieri Marchini

Conselheiros
Francisco Morás
Ludovico Garmus
Teobaldo Heidemann
Volney J. Berkenbrock

Secretário executivo
Leonardo A.R.T. dos Santos

Diagramação: Victor Mauricio Bello
Ilustrações: iStock.com
Revisão gráfica: Alessandra Karl
Capa: SG Design

ISBN 978-65-5713-487-0

Este livro foi composto e impresso pela Editora Vozes Ltda.

ABREVIATURAS E SIGLAS

Livros Litúrgicos

IGMR	Instrução Geral do Missal Romano
IELM	Introdução ao Elenco das Leituras da Missa
MR	Missal Romano
PR	Pontifical Romano
RBC	Ritual para o Batismo de Crianças
RC	Ritual da Confirmação
RICA	Ritual da Iniciação Cristã de Adultos
RM	Ritual do Matrimônio
RAM	Rito Adaptado do Matrimônio
RO	Ritual das Ordenações
RP	Rito da Penitência
RU	Rito da Unção dos Enfermos e sua Assistência Pastoral

Documentos

CDC	Código de Direito Canônico
CIgC	Catecismo da Igreja Católica, 1992
DAp	Documento de Aparecida, V Conferência Geral do Episcopado Latino-Americano e do Caribe, 2007.
DNC	Diretório Nacional de Catequese, edição 2005.
DV	*Dei Verbum*, Constituição Dogmática do Concílio Vaticano II sobre a Revelação Divina, 1965.
FC	*Familiaris Consortio*, Exortação apostólica sobre a função da família no mundo de hoje, 1981.

FT	*Fratelli Tutti*, Carta encíclica sobre a fraternidade e a amizade social, 2015.
GS	*Gaudium et Spes*, Constituição pastoral do Concílio Vaticano II sobre a Igreja no mundo de hoje, 1965.
LG	*Lumen Gentium*, Constituição dogmática do Concílio Vaticano II sobre a Igreja, 1964.
LS	*Laudato Si'*, Carta encíclica sobre o cuidado da casa comum, 2020.
MV	*Misercicordiae Vultus*, Bula de proclamação do jubileu extraordinário da Misericórdia, 2015.
ReP	*Reconciliatio et paenitentia*, Exortação apostólica pós-sinodal sobre a reconciliação e a penitência na missão da Igreja hoje, 1984.
SC	*Sacrosanctum Concilium*, Constituição do Concílio Vaticano II sobre a Sagrada Liturgia, 1963.
SD	*Salvifici Doloris*, Carta apostólica sobre o sentido cristão do sofrimento humano, 1984.
SUI	*Sacram Unctionem Infirmorum*, Constituição apostólica sobre o sacramento da unção dos enfermos, 1972.

SUMÁRIO

Prefácio,   9

Introdução,   11

Capítulo I:
DEIXAR-SE EDUCAR PELOS SINAIS DO AMOR,   17

Capítulo II:
BANHADOS EM CRISTO, SOMOS NOVAS CRIATURAS,   31

Capítulo III:
UNGIDOS PARA TESTEMUNHAR,   55

Capítulo IV:
PÃO DA VIDA, PÃO DO CÉU, FORÇA NO CAMINHO,   71

Capítulo V:
RESTAURADOS PELA MISERICÓRDIA,   103

Capítulo VI:
AMOR A SERVIÇO DA IGREJA E DO POVO DE DEUS,   125

Capítulo VII:
ALIANÇA HUMANA, EXPRESSÃO DA ALIANÇA DIVINA,   147

Capítulo VIII:
ESPERANÇA E SOLIDARIEDADE NA DOR,   171

Conclusão,   193

Referências,   197

PREFÁCIO

Uma obra de pessoas apaixonadas pela catequese e pela liturgia: esta, talvez, seja a principal razão pela qual vai se mostrar útil às gerações mais jovens de catequistas e lideranças das comunidades eclesiais! E, naturalmente, este livro destina-se a todos os que se perguntam como celebrar melhor os sacramentos, de modo que, da celebração brotem, com evidência, o sentido do Mistério que se realiza e sua vivência no dia a dia de quem segue a Jesus Cristo.

O cenário é o caminho da vivência celebrativa dos sete sacramentos, oferecendo uma reflexão litúrgica para a vida espiritual dos cristãos e cristãs de todos os tempos.

A partir de propostas celebrativas, os olhares antropológico, bíblico, catequético e litúrgico, na abordagem de cada sacramento, muito contribuem para que os cristãos acompanhem e vivam a vida de Cristo e da Igreja como sacramento de salvação. Assim, da celebração madura e consciente da fé, brote, depois, um coerente compromisso de testemunho em cada situação da vida.

Para que haja um caráter autenticamente celebrativo, exige-se a capacidade de atribuir significados simbólicos que toquem os sentidos e os afetos, tais como escutar, contemplar, alegrar-se, pedir perdão, interceder, agradecer e louvar, o que as reflexões deste livro fazem tão bem!

O título "Nas águas da Salvação" nos leva à fonte de toda a espiritualidade cristã: o batismo e dele, como que de um rio caudaloso, a água vai dando vida, pela ação dos demais sacramentos, a cada situação específica do caminhar cristão (a maturidade, a necessidade de alimento e força para o caminho, o pecado, a doença, a vocação ministerial, o amor conjugal). A presença das águas da salvação em nós, nos sacia, nos purifica, nos regenera e nos faz também saciar a sede de vida de muitos e muitas irmãs, num compromisso missionário, a fim de que a vida seja plena.

Encontramos, nos evangelhos, inúmeras mensagens de Jesus ligadas à água. Jesus falou: *"Se alguém tiver sede, venha a mim e beba"* (Jo 7,38). Na cruz, nos deixou a água como herança: *"Um dos soldados abriu-lhe o lado com uma lança e, imediatamente, saiu sangue e água"* (Jo 19,34). Ele quis que a redenção se derramasse sobre toda a humanidade, com o batismo: *"Ide, pois, e fazei discípulos todos os povos, batizando-os em nome do Pai, do Filho e do Espírito Santo"* (Mt 28,19).

Porém, é no diálogo entre Jesus e a Samaritana (cf. Jo 4,5-42) que encontramos, de maneira ainda mais explícita, Jesus se revelando como a "água da salvação". Na conversa, Ele fala de uma "água viva" capaz de saciar a sede e tornar-se nela "fonte de água que jorra para a vida eterna" (cf. Jo 4,10.14). Esta nascente que jorra constantemente é Jesus, assim como Ele mesmo declara: "Sou eu, quem fala contigo" (Jo 4,26).

Nesse encontro, em Sicar, junto do poço de Jacó (cf. Jo 4,5-42), vemos que, quem se deixa fascinar por Cristo não pode viver sem dar testemunho da alegria de anunciá-lo. Deus será, em nós, verdadeiramente fonte de vida, a partir do momento em que começamos a levar outros para a mesma experiência, até que eles não creiam apenas por causa do nosso testemunho, mas em virtude da sua própria aproximação com a fonte divina.

Recebemos em nossas mãos um verdadeiro trabalho de comunhão eclesial, que foi possível graças ao empenho, dedicação, conhecimento e vivência sacramental/pastoral das pessoas que redigiram este livro.

Uma obra nascida em ambiente "sinodal", para servir as comunidades eclesiais nas suas necessidades de formação, celebração dos sacramentos e animação missionária. Trata-se de uma obra que acolhe a necessidade da Igreja rever e aperfeiçoar a dimensão celebrativa dos sacramentos, à luz do Mistério de Cristo. É uma oportunidade para promover mais qualidade e entusiasmo na missão da catequese e apresentar a Igreja como o sacramento da ternura de Deus, de um Deus de bondade e de graça.

A presente obra chega até nós, após a decisão do Papa Francisco, por meio da carta, em forma de *motu próprio*, "*Antiquum Ministerium*", de 10 de maio de 2021, de instituir o ministério do catequista. Porque ele reconhece ser "uma necessidade urgente para a evangelização no mundo contemporâneo, a ser realizada sob forma secular, sem cair na clericalização", pastores, catequistas e as diversas lideranças leigas contam, agora, com este subsídio. Ele os ajudará a fazer com que a comunidade eclesial-missionária beba das "Águas da Salvação", haurindo da Palavra e dos sacramentos as marcas de sua identidade.

Espero que a presente obra ajude a quantos servem em nossas comunidades, a vivenciarem o que se propõe: "iniciar, na vivência sacramental, catequistas, animadores da vida litúrgica e outras pessoas interessadas no assunto, para que compreendam melhor o significado de cada um dos sacramentos, à luz dos ritos celebrados, e dimensionem sua espiritualidade, à luz dessas descobertas".

Dom José Luiz Majella Delgado, C.Ss.R.
Arcebispo Metropolitano de Pouso Alegre
Membro da Comissão Episcopal Pastoral para a Liturgia – CNBB

INTRODUÇÃO

Foi um rio que passou em minha vida...

É bonito demais ver o rio seguindo o seu curso! Nasce distante, lá no manancial da alta montanha, quem sabe pertinho das nuvens. E desce montanha abaixo, serpenteando pelos vales, formando corredeiras e cascatas, levando alegria aos sertões cujas terras foram fecundadas pela sua passagem cheia de vida e esperança. Ah, quantas histórias um rio carrega consigo! Histórias de pescadores que dele retiram o sustento de suas famílias. Histórias das crianças levadas e alegres, que nele saltam e mergulham nas tardes escaldantes do verão. Histórias de comadres que lavam suas roupas, cantam suas lutas, sonham novos dias! Histórias das grandes cidades que do rio dependem para que nas casas haja a água boa de cada dia. História das hidrelétricas onde, ao passar, o rio gera energia.

É bonito demais ver um rio se juntar a um outro, irmanando suas existências, somando suas forças e dando-se as mãos, até que cheguem ao grande destino do oceano.

Que segredo esconde o mar?
Que mistérios tão profundos,
vindos, sabe lá de que mundos,
seus rugidos teimam revelar?

Ah! Que notícias trazem as maresias,
quando sopram serenas, silentes,
roçando nossas faces quentes,
nos chamando às suas epifanias?

São tantas histórias ali contidas!
São dores, sonhos e lembranças...
E quantas lágrimas e esperanças
Se misturam em suas águas! Tantas vidas!

Eram só rios antes que mar.
Sorriam e choravam desde as nascentes,
quando deslizavam por entre mato e gente,
sondando histórias lindas de escutar.

Rios são peregrinos por vocação.
Por onde passam, transformam vidas,
E caminham, incansáveis em suas lidas
de fazer brotar o novo da dureza de cada chão!

Mas um dia se juntam e viram mar.
Mar de mistério, de encanto e grandeza.
Mar que seduz, que esbanja beleza.
Feliz quem escuta o que o mar tem pra contar!

Assim canta o poeta Paulinho da Viola: *"Foi um rio que passou em minha vida e o meu coração se deixou levar..."*,[1] exaltando sua amada escola de samba. Dele e do poema anterior queremos tomar emprestadas as metáforas das águas do rio e do mar, para falar da grandeza e da profundidade dos sete sacramentos da Igreja Católica. Entendemos que a água traz consigo o simbóli-

---
1. Foi um rio que passou em minha vida. Intérprete: Paulinho da Viola. *In*: Foi um rio que passou em minha vida. Compositor: Paulinho da Viola. Intérprete: Paulinho da Viola. Rio de Janeiro: Odeon, 1970.

co da vida, da fecundidade, da purificação, do renascimento... Por onde ela passa, como as águas do grande Rio São Francisco, vai deixando o rastro da vida, até terminar seu percurso abençoado nos grandes oceanos. Do mesmo modo, os sacramentos, qual rio de graças brotado do lado aberto do Cristo na cruz, vão passando pela nossa existência – ou nós vamos passando por eles! – e nos possibilitando viver do mistério de sua Páscoa perene. Nas águas desse rio e por elas levados, seguimos rumo ao mar de Deus, horizonte último, o Reino definitivo.

Esta obra, escrita a várias mãos por catequistas e liturgistas, se propõe iniciar na vivência sacramental, catequistas, animadores da vida litúrgica de nossas comunidades e outras pessoas interessadas no assunto, para que compreendam melhor o significado de cada um dos sacramentos, à luz dos ritos celebrados, e dimensionem sua espiritualidade, à luz dessas descobertas.

Para cumprir tal intento, os capítulos deste livro, com exceção do primeiro, no qual se dá uma visão geral dos sacramentos, estão organizados de acordo com a seguinte estrutura:

I. **VIVÊNCIA LITÚRGICA:** no início de cada tema é proposta uma experiência celebrativa, a ser realizada em grupo. Pode ser feita no grupo de catequistas, de pessoas que se dedicam à liturgia da comunidade, de famílias etc. O importante é que o interesse pela leitura e pelo estudo do capítulo brote da beleza do rito celebrado, por uma via mistagógica. Não se trata de dizer antes de fazer, mas de mergulhar no sabor da vivência para, a partir dela, aprofundar o seu saber.

II. **A VIDA NOS SACRAMENTOS (eixo antropológico):** uma das principais dificuldades para uma melhor compreensão dos sacramentos está no fato de se ir depressa demais ao sentido teológico dos sinais, sem antes perguntar a respeito do que eles significam na vida cotidiana das pessoas. A água, por exemplo, só poderá ser entendida como sinal de vida nova e de ressurreição, no batismo, se buscarmos, no seu uso comum, as várias situações em que ela faz brotar a vida, como quando aguamos as plantas fustigadas pelo calor. Por isso, em cada capítulo, antes mesmo de falarmos de teologia dos sinais, nos perguntamos a respeito de seu significado e de sua importância para as pessoas, em nossa realidade e cultura.

III. **OS SACRAMENTOS NA BÍBLIA (eixo bíblico):** É a Palavra de Deus que dá clareza aos sinais e gestos rituais, conduzindo ao seu mais profundo significado. Toda a estrutura celebrativa de um sacramento tem, em seus fundamentos, a Sagrada Escritura, onde estão as raízes da sua compreensão e da sua prática litúrgica. No dizer de Alberich,

> A relação estreita entre liturgia e palavra se revela sobretudo nos sacramentos, cuja "forma" é constituída pela "palavra de fé" *(verbum fidei)* que, encarnando-se nos ritos, transforma-os em sacramentos (...). Assim, o ministério da palavra entra no próprio coração dos sacramentos, fazendo que um ato ritual se torne manifestação misteriosa da ação de Cristo que realiza a salvação.[2]

Por isso mesmo, em cada capítulo, propomos as principais referências bíblicas para que ajudem o leitor na compreensão do sacramento em foco. Desse modo, os símbolos vão além de seu uso habitual, sendo transfigurados pela força da Palavra, passando a ser sinais sagrados e mediações especiais da graça divina.

IV. **OS SACRAMENTOS NA VIDA (eixo litúrgico-catequético):** Nesse aspecto reside a principal contribuição deste livro: oferecer uma catequese profunda a respeito dos sacramentos, mas a partir dos seus ritos, como estão organizados hoje pela Igreja. Para isso, optamos por fazer, com o leitor, em cada capítulo, um passo a passo da dinâmica ritual de cada sacramento para, daí, aprofundar seus aspectos catequéticos. Assim, além de um aprofundamento do conhecimento teórico a respeito dos sacramentos, o leitor será melhor iniciado na vivência e na espiritualidade rituais. "Para cumprir essa função, a catequese recorre ao rico patrimônio que a própria liturgia oferece, de modo que, "compreendendo-o bem por meio dos ritos e das orações (SC, n. 48),[3] se torne possível o acesso ao mistério de fé professado pela Igreja".[4]

V. **CONSIDERAÇÕES FINAIS:** Como ponte que nos permite passar para o outro lado do rio e explorar as suas variadas dimensões, concluiremos cada capítulo com algumas considerações que reafirmam a riqueza do que foi proposto e convidam o leitor a continuar seguindo o curso do rio, aberto a explorar suas belezas.

---

2. ALBERICH, Emilio. **Catequese Evangelizadora**. Manual de catequética fundamental. São Paulo: Salesiana, 2004, p. 309.
3. CONCÍLIO ECUMÊNICO VATICANO II, 1962-1965, Vaticano. *In*: **Compêndio do Vaticano II**: constituições, decretos, declarações. 26. ed. Petrópolis: Vozes, 1997. Todos os documentos que constam do Compêndio do Concílio Vaticano II serão citados pela respectiva sigla, seguida do número do parágrafo.
4. ALBERICH, 2004, p. 317.

O que propomos neste livro é um acesso aos sete sacramentos pela porta da frente, isto é, *per ritus et preces*. Mais do que explicar cada um dos sacramentos, desejamos que o leitor mergulhe na riqueza de cada um deles permitindo-se "sentir" os ritos; contemplando seus sinais; calando-se, quando necessário, diante de sua beleza; meditando a Palavra; aprendendo com a lógica das rubricas; deixando-se catequizar por aquilo que o rito é e sempre foi na tradição da nossa Igreja. Isso exige de cada um de nós entrar na dimensão da gratuidade, deixar-se levar pelo Espírito do Ressuscitado, o Mistagogo por excelência, deixar-se formar pela Palavra e pelo sacramento e uma autêntica conversão à vida da beleza, caminho privilegiado para a contemplação do Mistério.

Percorrendo o caminho feito por esse imenso rio que corre pela história desde Jesus Cristo, que proclamou: "se alguém tiver sede venha a mim e beba. Quem crê em mim, como diz a Escritura, do seu interior correrão rios de água viva" (Jo 7,38),[5] desejamos que você, caro leitor, mergulhe nas profundezas da graça de Deus! Beba dessa água boa que os sacramentos nos oferecem e deixe sua vida espiritual ser revigorada por eles. Qual rio que sempre chega ao mar, permita-se desaparecer no oceânico amor de Deus, de cuja realidade os sacramentos já nos possibilitam participar!

---

5. BÍBLIA Sagrada. 51. ed. Petrópolis: Vozes, 2012; Sl 133. Os textos das citações bíblicas foram extraídos da BÍBLIA Sagrada. 51. ed. Petrópolis: Vozes, 2012. As exceções foram referenciadas conforme o caso.

CAPÍTULO I

DEIXAR-SE EDUCAR PELOS SINAIS DO AMOR

VIVÊNCIA LITÚRGICA

Ambiente e material: *sala em círculo; no centro, sobre um pano no chão ou mesa, o Círio Pascal, a Bíblia e vários objetos e gravuras (em número um pouco maior do que o número dos participantes, podendo mesmo repetir) como: bandeira, vela, fotos de nascimento, casamento e formatura, festas, bijuterias, brinquedos, imagens de momentos tristes e alegres etc. Em lugar à parte, para serem trazidos em procissão, no momento oportuno, os sinais dos sacramentos: água, óleo perfumado, pão e vinho, óleo comum, cruz (ou crucifixo), estola, alianças. Estes serão colocados em torno do Círio Pascal e da Bíblia.*

1. REFRÃO ORANTE

Tu és fonte de vida! Tu és fogo, tu és amor! Vem, Espírito Santo! (bis)[6]

2. ACOLHIDA

O animador recebe com alegria os participantes, variando os gestos de acolhida: abraço, aperto de mão, um aceno, uma inclinação etc.

3. RECORDAÇÃO DA VIDA

a) Os símbolos falam

Animador: É sempre uma alegria e um prazer estarmos juntos para celebrar nossa vida e fé. O Salmo já canta: "Como é bom os irmãos estarem juntos" (Sl 133). Vamos começar esta celebração com uma apresentação pessoal, criando um clima de fraternidade e partilha.

---

6. Tu és fonte de vida. Intérprete: Coro Edipaul. Compositor: Taizé. *In*: ALEGRIA em Deus. Compositor: Taizé. Intérprete: Coro Edipaul. [S.l.: s.n.], 2002. Disponível em: <https://www.youtube.com/watch?v=0nCvZM8jxC0>. Acesso em: 6 ago. 2021.

(*Convite para os participantes percorrerem os objetos e imagens. Cada um deve escolher apenas um(a) que fale algo da própria vida ou história e de suas recordações*).

Animador: Em duplas, agora, vamos dizer nosso nome e conversar sobre o fato de nossa vida que a imagem ou objeto que escolhemos evocam (*Conversa em dupla. Se for possível, permitir que alguns partilhem suas percepções*).

b) Reflexão

Animador: Acabamos de nos comunicar com símbolos, isto é, usamos um objeto, um sinal, que reuniu em si fatos, acontecimentos, lembranças, vida e história de cada um de nós. Também, quando chegamos, fomos acolhidos cada qual com um gesto diferente que falou de acolhida, de afeto e de felicidade pelo reencontro. Tudo isso ultrapassou simples ideias; revelou algo que não externamos tanto com palavras, mas com sentimentos. Certamente, na partilha, encontramos muitas coisas em comum que nos uniram. A vida humana é carregada de sinais, que fazem parte do dia a dia de cada um de nós e que nos permitem encontros e reencontros.

4. ESCUTA DA PALAVRA

a) Canto de escuta: A vossa Palavra, Senhor[7]

b) Proclamação da Palavra: Jo 14,8-10b.13-14

c) Silêncio. Reflexão. Partilha.

d) Meditação

Animador: O coração de Deus Trindade é fonte de onde amor, bondade e misericórdia jorram como águas abundantes, que inundam a vida humana. Estas águas chegam até nós por diversos canais que fecundam nossa vida, dando-lhe sentido e a graça salvadora da amizade e do encontro com Deus. As coisas criadas, o ser humano, os fatos e os acontecimentos, a própria história com suas glórias e fracassos são sinais, são sacramentos naturais, que nos revelam o amor de Deus.

Leitor 2: Porém, é Jesus quem se define como sacramento do Pai: "Quem me vê, vê o Pai" (Jo 14,9). Ele é o rosto misericordioso de Deus que, com suas

---

7. TURRA, Luiz. A vossa Palavra, Senhor. *In*: KOLLING. Míria; PRIM, José Luís; BECKHÄUSER, Alberto (coord.): **Cantos e Orações**. 5ª ed. Petrópolis: Vozes, 2004; CO, n. 668. As canções retiradas desse livro serão referenciadas pela sigla CO, seguida do número do canto.

ações e, mais ainda, como sua paixão, morte e ressurreição, trouxe o eterno para dentro de nossa história, realizando a comunhão plena e definitiva de Deus com o ser humano. É Ele quem nos dá a água viva para que jamais tenhamos sede (cf. Jo 4,10).

Leitor 1: Jesus, sacramento primordial, sacramento por excelência, ressuscitado, continua, pela ação do Espírito, sua presença em nosso meio, porque faz da Igreja seu sacramento, lugar de encontro com Deus. A Igreja, a serviço da realização do projeto de felicidade que Deus tem para a humanidade, oferece às pessoas, por diversas mediações, as águas benfazejas da salvação. Entre estes meios, os sete sacramentos. É a totalidade do amor de Deus atuando em toda a existência humana, nas suas etapas e exigências fundamentais.

Canto: Vem, e eu mostrarei[8]

5. LOUVAÇÃO

Animador: Bendigamos, exaltemos e louvemos o amor que sacia nossa sede de felicidade plena com os sete sacramentos!
(Alguém toma o Círio, coloca-o em destaque. Os símbolos dos sacramentos são introduzidos um a um e as pessoas rodeiam com eles o Círio. Depois de cada símbolo, repete-se o refrão.)
– Bendito sejas, Senhor Deus, pelas águas do Batismo que nos fazem novas criaturas! *(Introduz-se a água).*

Refrão: Por nós fez maravilhas, louvemos o Senhor![9]
– Bendito sejas, Senhor Deus, pela unção com óleo perfumado e por nos enviares para exalarmos no mundo o perfume da justiça, da paz e do amor. *(Introduzem-se óleo e um frasco de perfume.)*
– Bendito sejas, Senhor Deus, pelo pão e pelo vinho, corpo e sangue de teu Filho, que nos alimentam e dão força para o caminho. *(Introduzem-se pão e vinho.)*
– Bendito sejas, Senhor Deus, porque nos abraças com tua misericórdia e nos permites recomeçar sempre. *(Introduz-se a cruz.)*
– Bendito sejas, Senhor Deus, porque vens nos socorrer com tua bondade, em tempos de doença, de dor e de fraqueza na velhice. *(Introduz-se o óleo.)*
– Bendito sejas, Senhor Deus, pelos que eleges e escolhes entre nós para o serviço da unidade e da comunhão do teu povo. *(Introduz-se a estola.)*

---
8. CO, n. 739. Autoria: Waldeci Farias.
9. Cf. CO, n. 796. Autoria: Fr. Luiz Carlos Susin.

- Bendito sejas, Senhor Deus, porque fazes dos esposos sinais da tua aliança fiel e fecunda com a humanidade. (*Introduzem-se as alianças.*)

(Depois da entrada de todos os símbolos, motivar uma calorosa salva de palmas ao Deus que faz dos sacramentos lugares de seu encontro conosco.)

6. ORAÇÃO

"Dá-nos, Senhor, reconhecer-te vivo e operante nos sacramentos da tua Igreja, para nos deixar atingir, amar e revolucionar por ti e para caminhar contigo para a hora final, quando a sombra dos sacramentos, tão necessária na peregrinação do tempo, vai ceder lugar ao dia pleno do Reino. Amém".[10]

7. PAI-NOSSO

8. DESPEDIDA

Estivemos reunidos e continuamos nosso caminho em nome do Pai e do Filho e do Espírito Santo. Amém.

9. CANTO FINAL: EU QUERO UM RIO[11]

---

10. FORTE, Bruno. **Breve introdução aos sacramentos**. São Paulo: Paulinas, 2013, p. 32.
11. Cf. Eu quero um rio. Intérprete: Monsenhor Jonas Abib. Compositor: Monsenhor Jonas Abib. *In*: ABIB, Jonas. **Cantando memórias**: Os grandes sucessos de Monsenhor Jonas Abib. [Compositor e intérprete]: Jonas Abib. Cachoeira Paulista: Canção Nova, 2012. Disponível em: https://www.letras.mus.br/cancao-nova/729021/. Acesso em: 31/10/2021.

A SACRAMENTALIDADE DA VIDA

É muito comum termos, em algum lugar especial, protegido com carinho, algo carregado de sentido que, para um estranho, pode parecer insignificante ou inútil. São coisas ou objetos que guardam o mistério de relações, de amizades, de laços, de dores e alegrias e que, ao longo do tempo, em vez de perderem o brilho, acendem a memória do coração e reluzem, transmitindo a intensidade de momentos significativos. É uma boneca bem surradinha, um carrinho até quebrado, uma corrente de prata, um violão faltando uma corda, um bordado ou uma carteira bem desbotados ou então, coisas ou situações que, ao nos depararmos com elas, falam ao coração: um perfume, uma música, um poema, um lugar. E, assim, a vida está carregada de sentido aos olhos e ao coração de quem sabe ver e sentir. Podemos até dizer: "carregada de mistério", do que se vê/conhece de olhos fechados, a partir de uma relação de amor, de uma troca e comunicação profundas, pois só se vê bem com o coração.

A aliança de amor cria um olhar que vai além das aparências e se fortalece na ausência e na distância. Por isso, há objetos e coisas que "e-vocam", "pro-vocam" e con-vocam"[12] outra realidade imperceptível, intocável, plena de sentido e que falam de relação e fidelidade. Podemos falar, então, de "sacramentos naturais", "sacramentos humanos".

Se esta experiência, no âmbito natural, afetivo e pessoal, é tão rica, o que dizer quando, no mundo criado, podemos perceber uma outra realidade, a presença do Criador, que nos oferece seu amor que salva nas pequenas e grandes coisas! A vida fala, grita, indica e revela que "tudo que move é sagrado", como tão poeticamente apresenta a música *Amor de Índio*, de Beto Guedes.[13] Muitas outras vozes fazem-lhe uníssono, lembrando-nos tanta maravilha: "Foi Deus que deu voz ao vento, luz ao firmamento e deu o azul às ondas do mar"[14] (Amália Rodrigues), "Senhor meu Deus, quando eu maravilhado fico a pensar nas obras de tuas mãos. O céu azul de estrela pontilhado o seu poder mostrando a criação; quando vagando nas matas e florestas, o passaredo alegre ouço a cantar, em tudo vejo o teu poder sem fim"[15] e muitas outras.

À luz da fé, descobrimos que, como afirma o Papa Francisco, "a contemplação da criação permite-nos descobrir qualquer ensinamento que Deus nos quer

---

12. Cf. BOFF, Leonardo. **Os sacramentos da vida e a vida dos sacramentos**. Petrópolis: Vozes, 2004, p. 10.
13. Cf. AMOR de índio. Intérprete: Beto Guedes. Compositor: Beto Guedes. In: AMOR de índio. [Compositor e intérprete]: Beto Guedes. [S. l.]: EMI-Odeon, 1978. Disponível em: https://www.letras.mus.br/beto-guedes/44530/ Acesso em: 31/10/2021.
14. JANES, Alberto. **Foi Deus**. Compositor: Alberto Janes. Intérprete: Amália Rodrigues. [S. l.]: World Music Records, [1952]. Disponível em: https://www.youtube.com/watch?v=tb6BgMz0FNs. Acesso em: 9 ago. 2021.
15. CO, n. 1369. Autoria: Carl Gustav Boberg – Revdo. Luterano sueco.

transmitir através de cada coisa, porque 'para o crente, contemplar a criação significa também escutar uma mensagem, ouvir uma voz paradoxal e silenciosa'" (*Laudato Si'*, n. 85).[16]

Saber que cada elemento material nos possibilita renovar a aliança de amor com Deus, encontrá-lo e contemplar seu mistério, provoca admiração. Porém, admiração maior é constatar a resposta que o salmista dá a si mesmo diante da pergunta: "O que é o homem, para que com ele te importes? E o filho do homem, para que com ele te preocupes? Tu o fizeste um pouco menor do que os seres celestiais e o coroaste de glória e de honra" (Sl 8,5-6). Uma resposta que corrobora a afirmação do Gênesis "Deus criou o homem à sua imagem, criou-o à imagem de Deus. Ele os criou homem e mulher" (Gn 1,27), o que permite a cada um de nós ser "sacramento do Criador".

Porém, nossa fé nos leva além nesta compreensão da sacramentalidade da vida. É a alma do músico Bento XVI que nos ajuda nesta reflexão, quando afirma, ao considerar que o Autor do universo manifesta sua obra na sinfonia da criação: "Dentro desta sinfonia, a determinado ponto, aparece aquele que, em linguagem musical, se chama de 'solo', um tema confiado a um só instrumento ou a uma só voz; e é tão importante que dele depende o significado da obra inteira. Este 'solo' é Jesus. [...] Nele se unem sem se confundir o Autor e a sua obra" (VD, n. 13).

O SACRAMENTO POR EXCELÊNCIA: JESUS

É Jesus mesmo quem se define como sacramento do Pai: "Quem me vê, vê o Pai" (Jo 14,9). Aquele homem nazareno, que "trabalhou com mãos humanas, pensou com uma inteligência humana, agiu com uma vontade humana, amou com um coração humano. Nascido da Virgem Maria, tornou-se verdadeiramente um de nós, semelhante a nós em tudo, exceto no pecado" (GS, n. 22), é o Filho de Deus que, presente em nosso meio, permitiu à humanidade o encontro vivo e amoroso com o Pai. "Pela encarnação, Cristo entra na história como 'sinal Sacramento' [...]. Desta forma, toda a história da salvação, até a encarnação de Cristo, se desenvolve num processo sacramental, em que Cristo é o ícone maior".[17]

Na sua trajetória terrena, da encarnação à ascensão, por suas palavras, seus gestos e suas ações, atuando como o próprio Deus na história dos homens, Jesus de Nazaré carregou-a de salvação e de graça. Os Doze, os discípulos,

---
16. FRANCISCO. **Carta Encíclica *Laudato Si'***. Roma: 2015a. Não paginado; LS 13. Disponível em: <https://www.vatican.va/content/francesco/pt/encyclicals/documents/papa-francesco_20150524_enciclica-laudato-si.html>. Acesso em: 12 ago. 2021.
17. SILVA, Antônio Wardison C. Teologia dos Sacramentos da Iniciação Cristã. **Revista de Catequese**, Unisal, n. 130, p. 06-17, abr-jun 2010, p. 7.

a multidão, as mulheres, as crianças, os jovens, os adultos, os doentes e os pecadores, os pobres e os marginalizados ao encontrá-lo encontravam o rosto amoroso do Pai. Experimentavam que "Jesus Cristo é o rosto da misericórdia do Pai" (MV, n. 1), sendo acariciados, libertados, curados, resgatados, salvos e transformados por sua ação salvífica.

Com sua entrega na cruz, Jesus visibilizou plenamente o amor do Pai que "não poupou seu próprio Filho e o entregou por nós" (Rm 8,32). Ressuscitado e glorificado – é o sacramento por excelência, o sacramento original, fontal, que continua, por seu Espírito, sua presença na Igreja, sacramento de Cristo, no mundo.

IGREJA, SACRAMENTO DE CRISTO

Imagem significativa é usada pelos Santos Padres ao compararem a Igreja com a lua. Não tem luz própria, é luminosa, iluminada, porque reflete a luz do sol, e o sol é Jesus (cf. CIgC, n. 748).[18] O Concílio Vaticano II retoma esta imagem, ao afirmar que na face da Igreja resplandece a Luz, que é Cristo, sendo a Igreja "sacramento ou sinal e instrumento da íntima união com Deus e da unidade de toda a humanidade" (LG, n. 1). Cristo, sacramento do Pai; Igreja, sacramento de Cristo!

Nascida do lado aberto de Cristo, constituída em Pentecostes como sinal visível do amor do Pai para com todos e continuadora da missão de Jesus, a Igreja "existe por causa de sua missão: salvar" (CR, n. 207). A sacramentalidade da Igreja se manifesta na sua totalidade: no que é, faz e diz, pois, consciente de que é guardiã do mistério do amor de Deus revelado em Cristo, tem a missão de fazer da humanidade lugar da realização do Reino. A sacramentalidade da Igreja vai além dos sete sacramentos enquanto tais.

OS SETE SACRAMENTOS

Entre as várias mediações e funções com as quais a Igreja, guiada pelo Espírito, visibiliza a presença da graça no mundo estão os sete sacramentos propriamente ditos. Radicados em Cristo, no seu mistério pascal e nos mistérios de sua vida, cabe à Igreja estar a serviço deles, celebrando-os e oferecendo-os como sinais e expressão da presença de Deus entre nós. Lugares do encontro de Deus com o ser humano, os sacramentos glorificam o Pai, santificam as pessoas, comprometendo-as com a transformação da história e da sociedade.

---

18. As citações do Catecismo da Igreja Católica foram extraídas da seguinte fonte bibliográfica: CATECISMO da Igreja Católica. São Paulo: Loyola; Petrópolis: Vozes, 1993.

Pe. Taborda afirma que "Nos sacramentos, a comunidade celebrante é a Igreja, comunidade dos que, pela força do Espírito, creem no Ressuscitado e fazem dele o sentido de suas vidas".[19] E foi a Igreja que, após discernimento, chegou a reservar a sete ritos específicos o nome de "sacramento".

O número sete indica totalidade, pois é a totalidade da vida humana, nas suas diversas etapas e situações, que é tocada pela totalidade da graça, do amor do Deus vivo. É um encontro que manifesta a gratuidade de Deus e que interpela o ser humano a acolhê-lo, bem como a participar ativamente desta aliança de amor, em cada situação existencial. Por isso, os sacramentos exigem a fé, sem a qual perderiam seu sentido e não passariam de cerimônias vazias. Eles são expressão da fé, pois é a pessoa que se abre ao amor de Deus, glorificando-o e manifestando sua necessidade de vida nova, coragem, perdão, força, iluminação, auxílio.

Cada encontro sacramental alimenta e fortalece a fé, fazendo com que sigamos o caminho de Jesus com alegria, consciência e decisão, vivendo em comunhão e participação na comunidade dos discípulos de Jesus, a serviço da vida plena para todos e todas, especialmente para os mais vulneráveis e necessitados.

Se a metáfora da fonte, do rio e das águas vêm em socorro da limitação da nossa linguagem para falar de sacramentos, a visão de Ezequiel, que vê jorrar do templo rios de água viva, é eloquente e significativa. É imagem do coração do próprio Deus, fonte de toda vida, é imagem do Filho, que se identificou como "água viva" (cf. Jo 4,10-14), sacramento do Pai. É também imagem da Igreja, nascida do lado direito do crucificado e da qual emanam os sacramentos, canais da graça, que inundam a vida humana. Os sete sacramentos, ao longo da nossa existência, vão fecundando e plenificando cada etapa, assim como, na visão, as águas foram submergindo o profeta. A fecundidade das águas, que gera árvores de toda espécie, produzindo novos frutos que alimentam e dão vigor, nos faz compreender a ação salvífica e fecunda da graça em cada sacramento (cf. Ez 47,1-12).

Também o autor do Apocalipse, ao descrever a fecundidade causada pela água da vida que jorra do trono de Deus e do Cordeiro, dando às árvores da praça vitalidade perene, ajuda-nos a compreender a eficácia da graça sacramental. O seguidor de Jesus antecipa a nova humanidade, a Jerusalém celeste, pelo seu testemunho, permitindo que frutos de justiça, de paz, de solidariedade, de serviço e de cuidado pela Casa Comum curem as feridas do mundo (cf. Ap 22,1-3). Assim, a celebração da morte e a ressurreição do Cordeiro, em cada sacramento, será um culto agradável ao Pai, enquanto dignifica a vida humana, porque a "glória de Deus é o homem vivo" (CIgC, n. 294).

---

19. TABORDA, Francisco. **Nas fontes da vida cristã**: uma teologia do batismo-crisma. São Paulo: Loyola, 2001, p. 25.

Momentos existenciais significativos são atingidos pela graça, que impulsiona sempre a uma maior fidelidade e crescimento na vida cristã, aos quais correspondem os sacramentos chamados de iniciação, cura e serviço:

- *Sacramentos da Iniciação à Vida Cristã:* lançam "os fundamentos de toda a vida cristã [...], apresentam certa analogia com a origem, o desenvolvimento e a sustentação da vida natural. Os fiéis, de fato, renascidos no batismo, são fortalecidos pelo Sacramento da Confirmação e, depois, nutridos com o alimento da vida eterna, na Eucaristia" (CIgC, n. 1.212).
    - **Batismo:** nascimento para uma vida nova, a vida em Cristo, na comunidade cristã.
    - **Confirmação:** a maturidade da fé leva o ungido com óleo perfumado, na força do Espírito, a testemunhar a Boa-nova do reino, irradiando, nos mais diversos ambientes e circunstâncias o bom odor de Cristo.
    - **Eucaristia:** Jesus, pão partido, dá-se em alimento para que o cristão viva mais intensamente a comunhão, a solidariedade e a partilha.

- *Sacramentos de Cura:* assim como a vida humana é marcada por contradições, altos e baixos, luzes e sombras, saciedade e necessidade, sujeita à dor, doença e morte, a vida do cristão também é marcada por inconstância, infidelidade e pecado. Porém, Jesus, rosto da misericórdia do Pai, continua, na Igreja, sua ação libertadora, regeneradora e curativa e é esta "a finalidade dos dois sacramentos de cura: a Penitência e a Unção dos Enfermos" (CIgC, n. 1.420-1.421).
    - **Penitência:** o abraço misericordioso do Pai encontra o coração de quem se arrepende, busca perdão, e retoma o caminho da reconciliação e da paz.
    - **Unção dos Enfermos:** a presença solidária da Igreja faz com que, em momentos de doença grave, de fragilidade na velhice e de dor, a pessoa sinta a proximidade da ação amorosa de Deus que cura, encoraja, anima e restaura a esperança.

- *Sacramentos do Serviço:* o homem e a mulher são chamados a sair de si, a se realizarem, realizando outros, a encontrarem alegria e felicidade fazendo outros felizes. Assim, na Igreja, dois sacramentos visam à salvação dos demais:
    - **Ordem:** os que recebem o sacramento da ordem são consagrados para ser, em nome de Cristo, "pela palavra e pela graça de Deus, os pastores da Igreja" (LG, n. 11).
    - **Matrimônio:** "os esposos cristãos, para cumprirem dignamente os deveres de seu estado, são fortalecidos e como que consagrados por um sacramento especial" (CIgC, n. 1.533-1.535).

DEIXAR-SE EDUCAR PELA CELEBRAÇÃO DOS SACRAMENTOS

A reforma litúrgica empreendida pelo Concílio Vaticano II sempre teve como uma de suas principais preocupações a educação dos fiéis para a participação nos ritos litúrgicos. A constituição *Sacrosanctum Concilium* (SC) foi insistente nesse aspecto, quando afirma em seu número 11 que, para que seja plena a eficácia da liturgia, é preciso que

> os fiéis se acerquem da Sagrada Liturgia com disposições de reta intenção, sintonizem a sua alma com as palavras e cooperem com a graça do alto, a fim de não a receberem em vão. Por isso, é dever dos sagrados pastores vigiar que, na ação litúrgica, não só se observem as leis para a válida e lícita celebração, mas que os fiéis participem dela com conhecimento de causa, ativa e frutuosamente (SC, n. 11).

A partir de então, muitas foram e continuam sendo as oportunidades criadas pela Igreja para ajudar o povo a alcançar aquela participação plena, ativa e consciente preconizada pelos Padres Conciliares (cf. SC, n. 14). Multiplicam-se, por todos os lados, os cursos de formação, escolas da fé, escolas catequéticas etc., sempre incluindo em suas pautas a formação para a liturgia. No entanto, algo nos parece fundamental ao promovê-los: oferecer uma melhor educação para os ritos litúrgicos, a partir deles mesmos! Dar voz aos próprios ritos, oportunizando a compreensão e o sentido no modo como celebramos, é essencial.

A mesma constituição conciliar já nos deu a chave que abre as portas de uma autêntica catequese litúrgica e sacramental. Vejamos o que nos diz: "*pelos ritos e pelas preces*, participem consciente, piedosa e ativamente da ação sagrada" (SC, n. 48. Grifo do autor). Pelos ritos e pelas preces (*per ritus et preces*): esse é o caminho para se entrar no coração do mistério pascal, centro e fundamento de toda experiência litúrgica.

É muito importante falar a respeito dos sacramentos, dissecando sua complexa teologia; ler muitos manuais ou compêndios catequéticos que nos expliquem detalhadamente a respeito de cada um deles... Porém, é fundamental compreender que nada substitui o poder performático[20] que o rito tem de nos educar, de nos converter, de provocar experiências indescritíveis de encontro com a graça de Deus que plenifica nossas vidas, quando nos rendemos à dinâmica de sua celebração.

Sabemos que a natureza da ação ritual não é a mesma do discurso acadêmico ou científico. Não nos basta saber sobre o rito. É preciso bem mais! Por isso mesmo, toda e qualquer proposta litúrgica precisa "tocar" o ser humano por inteiro, perpassando as suas mais variadas dimensões: corpo-mente-espírito. A

---

20. Que realiza aquilo que significa, o que se propõe fazer.

sua natureza é a da experiência, no sentido mais radical do termo, isto é, a de um fazer interiorizado, de uma vivência que não se perde nos aparatos externos das coisas, mas que mergulha no seu mais profundo mistério, para dali extrair algum sentido. No dizer de Bucciol, "Os ritos educam! Mas depende do 'uso' que deles se faz. Diversamente, podem 'deseducar' ou, pior, perder o brilho, quando realizados de forma que não envolvam a totalidade da pessoa, chamada a viver 'de dentro' o rito com suas múltiplas linguagens e mensagens".[21]

A experiência ritual, infelizmente, vem sendo sucateada pela mentalidade científica, desde muito tempo. Pouco a pouco, fomos nos distanciando daquele consórcio íntimo que o ser humano tinha com a natureza e com a riqueza dos sinais que compõem seu universo de relações. A invasão de um discurso intelectualizante foi se impondo à experiência, à atitude contemplativa, de modo que a necessidade de explicar tudo foi liquidando e diluindo a densidade do contato imediato com o concreto. O que não é explicado não pode ser aceito como verdadeiro: essa é a lei da ciência e da técnica!

No campo da liturgia, assistiu-se a uma crescente mania de substituir o fazer e o sentir pelo compreender. Basta avaliar o quanto as celebrações, ainda hoje, são entulhadas de explicações, legendas, comentários, teorizações a respeito das vivências da fé. Esquece-se, quase sempre, que os sentidos levam ao Sentido do rito, a saber, a experiência do encontro com Deus. Os ritos são fragmentados, realizados apressadamente, sem respeito algum à dinâmica psicológica e espiritual necessária à descoberta do sentido que cada coisa tem. Predomina uma linguagem de difícil compreensão, que se antecipa à experiência do sinal ou da escuta da Palavra, por exemplo.

Em vez de se abrir a porta para entrada na vivência ritual "pelos ritos e pelas preces", abriram-se janelas para se espiar a beleza ritual à distância e com pouco envolvimento, a saber, as janelas da teorização dos sacramentos, da obrigação de se passar por eles, do tempo do relógio (tempo *cronológico*) que rouba a experiência da graça de Deus (tempo *kairológico*), da pedagogia que abafa os caminhos da mistagogia, do assistir que substitui o participar, do "mínimo necessário" que dispensa "o máximo gratuito"[22] etc., como já acenava Romano Guardini, há mais de 90 anos: "o aspecto visível, concreto da religião, o rito e o símbolo, vem compreendido sempre menos, não é mais acolhido e vivido de modo imediato".[23] Essa pretensão de se ter uma relação com o transcendente, com Deus, fora da ação ritual, no entanto, acaba se tornando um engodo, pois se resume numa teoria sobre o sagrado e não numa verdadeira experiência de Deus.

---

21. BUCCIOL, Armando. *apud* GRILLO, Andrea. **Ritos que educam**: os sete sacramentos. Brasília: Ed. CNBB, 2017, p. 10.
22. Cf. GRILLO, Andrea. **Ritos que educam**: os sete sacramentos. Brasília: Ed. CNBB, 2017, p. 48.
23. GUARDINI, Romano. Formazione Liturgica. Saggi. Milano: Edizione O.R., 1988 (ed. Original. 1923), p. 34.

A compreensão e vivência da nossa fé não seriam possíveis sem os ritos. Talvez isso explique a superficialidade da fé de muitos dos cristãos católicos, que ainda não foram iniciados verdadeiramente ao ato de celebrar a vida e a fé! No dizer de Grillo, "o rito não é uma expressão segunda e secundária da vida de fé; não é uma manifestação acessória [...]; ele é experiência primeira, ação originária, comunhão radical, ato de identidade profunda. Pelo rito, a Igreja e o cristão recebem-se a si mesmos, e nele encontram, no modo mais íntimo, o Senhor Jesus".[24] E a liturgia se torna, sem sombra de dúvida, a primeira e mais importante transmissora e educadora da fé. A liturgia é, desse modo, uma catequese em ato! Fora da participação plena, ativa e consciente da ritualidade, especialmente dos sacramentos, os cristãos católicos se colocam, de algum modo, fora de uma compreensão e assimilação ativa e vivencial da sua própria fé.

---

24. GRILLO, 2017, p. 47.

CAPÍTULO II

BANHADOS EM CRISTO, SOMOS NOVAS CRIATURAS

O Sacramento do Batismo

I. VIVÊNCIA LITÚRGICA

Ambiente: *Sala com cadeiras em círculo. No centro, uma fonte ou vasilha transparente com água. Círio Pascal ou uma bonita vela ornamentada. Velinhas para todos. Música ambiente com som de água. Flores naturais, bem coloridas.*

1. REFRÃO ORANTE

Minha alma tem sossego em Deus![25]

2. ACOLHIDA

Animador: *Acolhe a todos com alegria, e motiva a dinâmica: todos em pé; um participante abraça quem está à sua esquerda com essas palavras: "O batismo fez de nós irmãos (irmãs). Por isso, eu lhe desejo todo o bem (o amor, a paz, a alegria etc.)", e lhe dá um abraço fraterno.*

3. RECORDAÇÃO DA VIDA

Animador: Hoje, vamos recordar a graça do dia em que fomos banhados em Cristo, nas águas batismais, e nos tornamos novas criaturas. A água, um dos principais sinais do Sacramento do Batismo, é elemento essencial para nossa vida. Sem ela, não há vida. Vamos recordar sua utilidade em nosso dia a dia? Quem quiser se expressar, poderá tocar na água e contar para nós o que está sentindo ou pensando sobre a água. Após três ou quatro partilhas, pode-se cantar o refrão: "Terra, planeta água! Terra, planeta água! Terra, planeta água!" Ao final, cantar ou ouvir a música toda: Planeta Água.[26]

---

25. TAIZÉ. Minh'alma tem sossego. *In*: **Alegria em Deus.** São Paulo: Paulinas-Comep. Disponível em: <https://www.youtube.com/watch?v=r_m7C75G2XU>. Acesso em: 6 ago. 2021.
26. PLANETA água. Intérprete: Guilherme Arantes. Compositor: Guilherme Arantes. *In*: ARANTES, Guilherme. **Amanhã.** [Compositor e intérprete]: Guilherme Arantes. [S. l.]: Warner Music Brasil, 1993. CD, 2.

4. A ESCUTA DA PALAVRA DE DEUS

a) Canto de escuta
Desça como a chuva a tua Palavra![27]

b) Anúncio do texto bíblico: Mt 3,13-17
(*Ler a Bíblia que está no centro da sala*).

c) Silêncio. Reflexão. Partilha.

d) Meditação

Leitor 1: O Batismo é, verdadeiramente, um novo nascimento. Uma primeira vez, somos gerados para a vida aqui na terra. Pelo Batismo nos tornamos, na graça de Deus, filhos no Filho amado (cf. Rm 8,15). Renascemos, dessa vez para a vida eterna! Como no batismo de Jesus, também para nós ressoa a voz do Pai, que nos diz: "Este é o meu amado, de quem eu me agrado" (Mt 3,17).

Todos: Somos filhos no Filho amado!

Leitor 2: "Esta voz paternal, imperceptível ao ouvido, mas bem audível pelo coração de quem crê, acompanha-nos durante a vida inteira, sem nunca nos abandonar. Durante toda a vida, o Pai nos diz: 'Tu és o meu filho amado, tu és a minha filha amada'. Deus nos ama muito, como um Pai, e não nos deixa sozinhos. E isto, desde o momento do Batismo".[28]

Todos: Somos filhos no Filho amado!

Leitor 1: Nossa filiação divina é dom precioso de Deus. Somos como que selados de maneira indelével: "Este selo não é apagado por pecado algum, embora o pecado impeça o Batismo de produzir frutos de salvação" (CIgC, n. 1.272). Para sempre seremos filhos, ainda que aconteça de rejeitarmos o amor do Pai.

Todos: Somos filhos, no Filho amado!

---

27. CO, n. 35. Autoria: Agostinha Vieira de Melo.
28. FRANCISCO. **Audiência geral.** Praça São Pedro. 9 mai. 2018a. Não paginado. Disponível em: <https://www.vatican.va/content/francesco/pt/audiences/2018/documents/papa-francesco_20180509_udienza-generale.html> Acesso em: 7 ago. 2021.

5. NOSSA RESPOSTA ORANTE À PALAVRA

(Enquanto se canta o refrão orante, todos acendem suas velinhas na grande vela. Em seguida, reza-se o Salmo 26(27), cantando sempre o refrão do Salmo).

a) Refrão orante
Luz radiante, luz da alegria![29]

b) Recitação do Salmo 26(27)

Animador: Com o salmista, proclamemos nossa alegria no Senhor, luz que ilumina a nossa vida e conduz com segurança os passos de seus filhos amados.

R.: O Senhor é minha luz! Ele é minha salvação! Que poderei temer, Deus, minha proteção![30]

Leitor 1: O Senhor é minha luz e minha salvação, a quem temerei? O Senhor é o protetor da minha vida, de quem terei medo? Se todo um exército se acampar contra mim, não temerá meu coração. Se se travar contra mim uma batalha, mesmo assim terei confiança.

Leitor 2: Uma só coisa peço ao Senhor e a peço incessantemente: é habitar na casa do Senhor todos os dias de minha vida, para admirar aí a beleza do Senhor e contemplar o seu santuário. Escutai, Senhor, a voz de minha oração, tende piedade de mim e ouvi-me. Fala-vos meu coração, minha face vos busca; a vossa face, ó Senhor, eu a procuro.

Leitor 1: Se meu pai e minha mãe me abandonarem, o Senhor me acolherá. Ensinai-me, Senhor, vosso caminho; por causa dos adversários, guiai-me pela senda reta. Sei que verei a bondade do Senhor na terra dos vivos! Espera no Senhor e sê forte! Fortifique-se o teu coração e espera no Senhor!

6. PAI-NOSSO

Animador: Pelo Batismo, nos tornamos uma só família, remida pelo mistério pascal de Jesus Cristo. Nele, fomos reconciliados com Deus, nosso Pai, a quem invocamos com confiança: Pai nosso, que estais nos céus...

---

29. CO, n. 322. Autoria: Reginaldo Veloso.
30. CO, n. 811. Autoria: Letra: Reginaldo Veloso (refrão), Jocy Rodrigues (estrofes); Música: Jocy Rodrigues.

7. BÊNÇÃO E ASPERSÃO

Animador: Invoquemos a graça do Espírito Santo para que abençoe esta água que será aspergida sobre todos nós. (*Silêncio*).

– Espírito de amor e bondade que, desde o início da criação, destes a vida ao pairar sobre as águas, derramai sobre essa água a vossa bênção. Vós que, do coração aberto de Cristo, fizestes jorrar para todo o ser humano um rio de água viva, dando-nos a redenção, vinde novamente comunicar-nos a salvação, assim como realizastes no dia do nosso Batismo. Por Cristo, Senhor nosso! Amém!

(*O animador asperge o grupo, enquanto se canta:*)

Refrão orante: *Banhados em Cristo*.[31]

8. CONCLUSÃO

– O Deus do amor, que é Pai, mas também é Mãe, nos abençoe e nos guarde fiéis à graça batismal até à vida eterna! **Amém!**
– Louvado seja nosso Senhor Jesus Cristo! Para sempre seja louvado!

---

31. CO, n. 1459f. Autoria: Ione Buyst/D.R.

II. A VIDA NOS SACRAMENTOS

1. O RIO E A ORAÇÃO

Assim canta Marisa Monte, em sua bela canção O Rio: "Quando amanhã, por acaso, faltar uma alegria no seu coração, lembra do som dessas águas de lá, faz desse rio a sua oração".[32] Do mesmo modo deveriam cantar os cristãos e cristãs que, mergulhados um dia nas águas batismais, para sempre são conduzidos pela graça da vida divina! Da fonte do coração da Trindade santa nasce esse rio de graças, que irriga a vida da humanidade e conduz a todos ao grande oceano do reino. Deste rio multidões bebem e saciam sua sede de Deus, e nele encontram a sua alegria!

Um dos principais sinais da vida nova, dom batismal, é a água, elemento fundamental do rito batismal. O ritual para o batismo faz questão de destacar que o uso da água seja abundante, preferencialmente imergindo nela o batizando, "o que demostra mais claramente a participação na morte e ressurreição de Cristo" (RBC, n. 22). Sobre ela é invocada a ação do Espírito santificador para que, como na primeira criação, lhe fecunde de vida. Por isso, dizemos que a água batismal é abençoada por Deus.

No entanto, em si mesma, a água já carrega uma bênção, enquanto um dos quatro elementos essenciais para a vida de todos os seres e de todo o universo (água, terra, fogo e ar). Nela estão a vida e a possibilidade da existência de todos os demais seres.

Em uma perspectiva evolucionista, admitida pela Igreja, a água está no início do surgimento dos seres mais simples que, pouco a pouco, foram se desenvolvendo e gerando outros seres mais complexos. E Deus, na sua sabedoria e bondade de Criador, preside esse processo, que continua em andamento até o fim dos tempos.

Plantas, animais e os seres humanos, todos dependem da água para existir. Basta contemplar a natureza, quando cai uma chuva, e veremos que tudo se renova e celebra o dom abençoado das águas que descem dos céus! E que maravilhas a água nos apresenta nos oceanos, rios, corredeiras e cascatas que encantam nossos olhos, elevam nosso espírito, relaxam nossas mentes e nossos corpos! Tudo isso, sem contar as fontes e mananciais que jorram a vida com gratuidade e generosidade! Daí se formam os córregos e os rios, desde os

---

32. O RIO. Intérprete: Marisa Monte. *In*: MONTE, Marisa; JORGE, Seu; BROWN, Carlinhos. **Infinito particular**. Rio de Janeiro: [s. n.], 2006. Disponível em: https://www.marisamonte.com.br/discografia_/infinito-particular/. Acesso em: 14 ago. 2021.

mais estreitos regatos dourados pela luz do sol, até os grandes rios que geram energia e levam a fertilidade ao sertão, possibilitando que, da terra molhada, brotem os alimentos para o sustento da vida.

O próprio ser humano é gerado e gestado nas águas do ventre materno. Ali ele encontra acolhida e garantia de vida, com todos os nutrientes necessários para se desenvolver. Também não podemos esquecer que grande parte da constituição de nosso organismo é de água, assim como a maior parte do nosso planeta. Nossa alimentação se constitui de parcela significativa de água. Ela mata a nossa sede quando, fustigados pelo cansaço, dela nos saciamos em um copo transparente ou em uma caneca que busca no pote ou na bica fresca o líquido precioso da vida. Ela nos restitui a limpeza do corpo e o alívio de um dia de trabalho, quando mergulhamos em uma banheira aquecida ou deixamos cair sobre nós uma ducha refrescante. Sem a água, seria impossível vivermos em ambientes assépticos e agradáveis, pois dela dependemos em tudo.

Podemos dizer que a água é carregada de poder, tanto para curar quanto para matar. Não é sem razão que alguns lhe atribuem forças especiais! Como outros símbolos, também a água tem significados contraditórios. Do mesmo modo que gera a vida, pode trazer a morte. Basta recordar aqui as grandes tempestades, *tsunamis*, trombas d'água e enchentes que destroem casas, propriedades, cidades inteiras e muitas vidas. Que tristeza quando temos notícias de alguém que se foi, vítima de algum afogamento! O peregrino do deserto encontra nela sua salvação, ao matar a sua sede. Mas se beber demais, pode morrer também!

Por ser sinal de vida e de morte e estar tão intimamente ligada à existência de todas as criaturas, especialmente da pessoa humana, a água está presente como elemento de profunda significação em todas as religiões. Algumas chegam a atribuir a ela poderes divinos! Temos, desse modo, as fontes abençoadas; as aspersões e persignações com água benta na Igreja Católica; a bênção de objetos e lugares importantes, como residências e ambientes de trabalho ou lazer; as abluções e purificações simbólicas do pecado; os mergulhos ou imersões em rios e fontes com sentido de morte mística para o mal e nascimento de um novo ser, de uma nova personalidade; as divindades ligadas às águas na concepção religiosa de alguns povos etc. Muitas canções de nosso cancioneiro popular celebram a força e grandeza do dom das águas, como *Água de Cachoeira*,[33] interpretada por Jovelina Pérola Negra e por Maria Bethânia. Nessa canção, a água é descrita em seu percurso de vir da pedreira e rolar da cachoeira, contendo a força para banhar, sendo também usada para benzer e rezar. Simbolicamente, a água é mencionada como algo que concede ao ser humano um banho de paz e o enche de fé, fazendo-lhe bem...

> *Lá na pedreira, rola da cachoeira*
> *uma água forte pra me banhar,*
> *uma água forte pra me banhar.*

---

33. ÁGUA de cachoeira. Intérprete: Maria Bethânia. Compositor: Jovelina Pérola Negra; Labre.; Carlito Cavalcante. *In*: PIRATA [*S. l.*]: Quitanda/Biscoito Fino, 2006.

III. OS SACRAMENTOS NA BÍBLIA

1. A ÁGUA NA SAGRADA ESCRITURA

Podemos afirmar, metaforicamente, que a Sagrada Escritura está ensopada da água da graça divina. A imagem da água inaugura, perpassa e finaliza os textos bíblicos. No Livro do Gênesis, já nos seus primeiros versículos, se pode ler: "No princípio, Deus criou o céu e a terra. A terra estava deserta e vazia, as trevas cobriam o oceano e um vento impetuoso soprava sobre as águas" (Gn 1,1-2). O Livro do Apocalipse, último da Bíblia, depois de conduzir o seu leitor a Jerusalém celeste – imagem da plenitude escatológica, isto é, da vida plena em Deus –, coloca na boca de Deus um forte convite: "O Espírito e a Esposa dizem: 'Vem'! Aquele que ouve também diga: 'Vem'! Aquele que tem sede, venha, e quem quiser, receba de graça a água da vida" (Ap 22,17). O Jardim do Éden, símbolo do projeto amoroso de Deus para seus filhos, era banhado por um rio caudaloso, que se dividia em quatro braços e levava a vida a todos os cantos (cf. Gn 2,10-15), imagem extremamente atraente e consoladora a um povo que vivia em uma região árida e carente de água. O Apocalipse retomará, no seu último capítulo, a imagem desse rio que banha a cidade, descrevendo-o como "um rio de água da vida, puro como cristal" (Ap 22,1).

O simbolismo da água está ligado à história da Aliança de Deus com o seu povo. De acordo com Scouarnec, "nos momentos importantes ou críticos da história, a água manifesta quem é Deus, revela todos os aspectos do seu amor através das diversas maneiras pelas quais Ele é criador, salvador, fiel".[34] Além da criação, é por meio da água que o mundo é recriado, segundo a épica história do dilúvio e da arca de Noé (cf. Gn 6–9). Não obstante, o caráter lendário desses episódios, a mensagem sagrada é afirmada: Deus não desiste do ser humano que criou com tanto amor e sempre lhe favorecerá um recomeço, desde que encontre em seu coração a fé e a confiança em sua misericórdia, bem como a disposição de agir com a mesma fidelidade do justo Noé.

A imagem da água servirá para designar o amor com que Deus se manifesta, fazendo nascer o novo no encontro das pessoas, como no caso de Rebeca que,

---

34. SCOUARNEC, Michel. **Símbolos cristãos:** os sacramentos como gestos humanos. São Paulo: Paulinas, 2004, p. 33.

à beira de um poço, é escolhida para Isaac (cf. Gn 24,1-27). Também é em um poço que a vida será garantida a Ismael, filho de Abraão e a sua escrava, Agar (cf. Gn 21,19). Ao seu povo sofrido no Egito, Deus concede que fuja das garras do faraó e do seu exército, passando a pé enxuto pelo Mar Vermelho, sorte que não tiveram os egípcios, mortos nas águas impetuosas do mar (cf. Ex 14,21-31). Do mesmo modo, milagrosamente, o povo atravessou o Rio Jordão para entrar na Terra Prometida: "Os sacerdotes que levavam a arca da aliança do Senhor se postaram imóveis no leito seco, no meio do Jordão, enquanto todo Israel passava a pé enxuto, até que toda a nação acabou de passar o Jordão" (Js 3,17). Também na longa travessia do deserto, Deus cuidará do seu povo escolhido, fazendo jorrar para ele a água fresca do rochedo (cf. Ex 17).

O simbolismo da água acompanha o imaginário do Povo de Deus, trazendo sempre a ideia da plenitude e da perfeição. O salmista irá descrever o homem justo como uma árvore plantada à beira de um riacho (cf. Sl 1,3). Sua necessidade de Deus e de sua graça será comparada ao desejo afoito de beber água: "Como a corça suspira pelas águas correntes, assim minha alma suspira por ti, meu Deus! Minha alma tem sede de Deus, do Deus vivo" (Sl 42,2-3); "Minha alma tem sede de ti; todo meu ser anseia por ti, como a terra ressequida, esgotada, sem água" (Sl 63,2). Sua misericórdia purifica os corações (cf. Sl 51,4). Deus é celebrado em seu poder, como aquele que "transformou o deserto em lagos e a terra árida em nascentes" (Sl 107,35), bem como o único que pode transformar o ser humano a partir de dentro: "Derramarei sobre vós água pura e sereis purificados" (Ez 36,25).

O Novo Testamento retoma esses simbolismos da água, aplicando-os à pessoa de Jesus Cristo. Já no seu Batismo, Jesus é apresentado como aquele que é ungido pelo Espírito e o Filho amado de Deus (cf. Lc 3,21-22). Já temos aí a fundamentação do batismo cristão. Nos evangelhos, sobretudo no de São João, a imagem da água está intimamente ligada à nova criação e à libertação realizada em Jesus Cristo. João aprofunda, ao longo de seu evangelho, toda a riqueza simbólica da água batismal: em Caná, antecipando sua hora salvífica, Jesus transforma a água em vinho (cf. Jo 2,9), anunciando a nova e definitiva aliança; a Nicodemos, declara que a proposta do reino exige um novo nascimento, da água e do Espírito (cf. Jo 3,5); à beira do poço, se revela à mulher samaritana como o Messias esperado, que oferece a água da vida eterna e sacia toda a sede (cf. Jo 4,14), ele próprio se declarando a água viva. Ao paralítico faz muito mais do que as antigas águas medicinais da piscina (cf. Jo 5), e ao cego de nascença traz a cura e a salvação pela mediação da sua saliva, imagem do Espírito que tudo renova (cf. Jo 9,6-7); aos discípulos, com a água do lava-pés, mostra o caminho da caridade e do serviço como o seu testamento de amor, purificando-os antecipadamente à cruz (cf. Jo 13), donde oferece a água misturada ao sangue como aspersão de graças e salvação a toda a humanidade (cf. Jo 19,34).[35]

---

35. Cf. SCOUARNEC, 2004, p. 34.

Nos Atos dos Apóstolos, encontramos referências à água, sempre ligada ao rito batismal, como por exemplo, o batismo do funcionário da rainha da Etiópia, realizado por Filipe (cf. At 8,36-38); o batismo aos gentios em casa de Cornélio (cf. At 10,47) e o batismo de Paulo, descrito por ele mesmo (cf. At 22,16). Outras referências, tanto nos Atos dos Apóstolos quanto nas cartas paulinas, ressaltam o batismo, mesmo sem falar diretamente da água, como a importante menção em Tito 3,5: "Ele nos salvou não por causa das obras da justiça que tivéssemos praticado, mas por sua misericórdia, mediante o batismo de regeneração e renovação do Espírito Santo".

IV. OS SACRAMENTOS NA VIDA

1. BATISMO: SACRAMENTO DE ADESÃO À FÉ PASCAL

A vida cristã é seguimento de Jesus Cristo e adesão à sua proposta de vida. Há um caminho a percorrer, um projeto a seguir e uma meta a alcançar, a saber, a participação plena no Reino de Deus. Assim como Jesus foi cuidadoso ao iniciar os doze discípulos ao seu seguimento e missão, do mesmo modo, a Igreja propõe um itinerário iniciático a todo aquele que deseja abraçar a fé, no caso de adultos, ou à mãe Igreja é apresentado pelos adultos que creem, como acontece no batismo de crianças. Há um processo progressivo, que tem seu início no Batismo-Crisma-Eucaristia, e irriga feito água boa a vida cristã até sua consumação terrena, na bonita experiência que se faz da vida sacramental. A fonte, que jorra vida e graça divina no batismo, corre fecunda e restauradora durante toda a vida, para o cristão nela se nutrir.

A Igreja nos ensina que o Batismo é o primeiro dos sacramentos e o fundamento para toda a vida sacramental. Sem ele, não há vida cristã nem a possibilidade da vivência dos outros sacramentos. Ele é porta da vida espiritual: "O santo batismo é o fundamento de toda a vida cristã, o pórtico da vida no Espírito e a porta que dá acesso aos outros sacramentos. Pelo batismo somos libertos do pecado e regenerados como filhos de Deus: tornamo-nos membros de Cristo e somos incorporados na Igreja e tornados participantes na sua missão" (CIgC, n. 1.213).

O batismo, prefigurado no Antigo Testamento em tantas imagens significativas (criação do mundo, dilúvio e recomeço com Noé, passagem do Mar Vermelho e do Jordão a pé enxuto rumo à vida nova etc.), abre-se, em Jesus Cristo e em sua Páscoa, como fonte de salvação para toda pessoa humana. "O sangue e a água que manaram do lado aberto de Jesus crucificado são tipos[36] do Batismo e da Eucaristia, sacramentos da vida nova: desde então, é possível 'nascer da água e do Espírito' para entrar no Reino de Deus (Jo 3,5)" (CIgC, n.1.225).

Desde o início, a Igreja vem celebrando o Batismo como rito necessário para a inserção do novo cristão na família dos remidos pela redenção de Cristo. Logo

---
36. O termo "tipo", aqui, refere-se a modelo, imagem, representação de algo.

em seguida à vinda do Espírito Santo sobre os apóstolos, Pedro sensibiliza toda aquela multidão presente em Jerusalém, e anuncia: "Arrependei-vos e cada um de vós seja batizado em nome de Jesus Cristo, para o perdão dos pecados, e recebereis o dom do Espírito Santo" (At 2,38). De acordo com o Apóstolo Paulo, "Nós, que já morremos para o pecado, como podemos viver ainda no pecado? Ou ignorais que todos nós, batizados para o Cristo Jesus, fomos batizados na sua morte? Pelo batismo fomos batizados com ele na morte para que, assim como Cristo ressuscitou dos mortos pela glória do Pai, também nós andemos em novidade de vida" (Rm 6,3-4).

Desse modo, aderir à fé pascal pelo batismo significa professar que o batismo está para a vida cristã como graça para a vida nova, como costumamos cantar: "Banhados em Cristo, somos uma nova criatura..."[37] (cf. 2Cor 5,17). A qualidade da vida do cristão batizado é a de ressuscitado, de homem/mulher capacitado(a) pelo Espírito para o testemunho da fé e a vivência do que Jesus nos propôs como caminho. O batizado torna-se um sinal do Reino já acontecendo em meio às realidades terrenas, enquanto sua vida aponta para os valores evangélicos e para o grande projeto de Jesus de um mundo de irmãos. Ele faz diferença pelo seu modo de vida, pelos exemplos que dá e as opções que faz, sempre pautadas pelos ensinamentos de Jesus Cristo. Não é alguém que foge do mundo, mas sabe posicionar-se diante dele, na perspectiva apontada por Paulo: "Não vos ajusteis aos modelos deste mundo, mas transformai-vos, renovando vossa mentalidade, para que possais conhecer qual é a vontade de Deus: o que é bom, agradável e perfeito" (Rm 12,2).

Batismo-Confirmação-Eucaristia são os chamados sacramentos da iniciação cristã. De acordo com Taborda, eles, na sua unidade, "introduzem a pessoa na comunidade eclesial: o Batismo a torna membro da Igreja; a Crisma acentua que a ação do Espírito Santo a faz Igreja. A Eucaristia oferece-lhe participação na realidade do Corpo de Cristo, permitindo-lhe que receba aquilo que já é pelo Batismo",[38] como observou Santo Agostinho: "Se sois o corpo de Cristo e seus membros, vosso mistério repousa sobre a mesa do Senhor, vosso mistério recebeis [...] Sede o que vedes; recebei o que sois".[39]

Com toda a tradição da Igreja, podemos afirmar que o Batismo é sacramento da fé, isto é, um sinal da graça de Deus agindo em nós, que nos permite acolher a fé como um dom, iniciar nossa caminhada na fé, sempre nos convertendo a ela. Diz-se, comumente, que o Batismo dá fé àquele que é mergulhado nas águas salvíficas. Trata-se de uma afirmação correta, se bem compreendida. É preciso cuidado, no entanto, para não concebermos isso como um passe mágico, como se, de modo automático, o derramar da água no Batismo despertasse a fé.

---

37. Cf. CO, n. 1459f. Autoria: Daniele de Souza; Ione Buyst.; Ir. Custódia e José Acácio Santana.
38. TABORDA, 2001, p. 36.
39. AGOSTINHO. *Sermo* 272. PL 38, 1247-1248, apud TABORDA, 2001, nota p. 36.

> A fé precede o sacramento e leva a ele. Quando se fala do efeito de um sacramento, tem-se presente todo o *processo sacramental*, isto é, o movimento pelo qual Deus leva a pessoa ao sacramento. A graça pré-sacramental já atua em vista do sacramento e a partir do sacramento, numa dinâmica que culmina na celebração. Assim, o desejo dos pais de batizarem a criança e o pedido do adulto para ser admitido ao catecumenato já estão sob a égide da graça do Batismo. Este expressa a gratuidade do processo e acrescenta a ele a dimensão de visibilidade eclesial.[40]

Se observarmos bem a prática do cristianismo primitivo, hoje resgatada pelo catecumenato com adultos, veremos que, de fato, é esse o caminho: o Evangelho é anunciado a todos; aquele que o acolhe na fé e revela disposições para assumi-lo como norma de vida é batizado. Portanto, a fé vem antes do rito batismal, acompanha-o e nela o batizado caminha a vida toda. Entende-se a fé como um presente de Deus, graça a animar a caminhada cristã. Muito além de ser um conteúdo racional, mero saber coisas sobre Deus (em *que* crer) ou um dado emocional, que mexe com os sentimentos (*como* crer), é a adesão a uma pessoa, Jesus Cristo, e a seu projeto de vida, que empenha a pessoa toda e em todo o tempo, isto é, durante toda a sua vida.

Viver sempre empenhado no projeto de Jesus não é um compromisso fácil para o cristão. Os desafios apresentados ao longo do caminho são inúmeros, o que exige dele que renove continuamente as suas disposições batismais. Por isso, podemos afirmar que a conversão à fé é um processo diário. A passagem do pecado para a vida nova, realizada no rito batismal com o banho de regeneração (cf. Tt 3,5) e a libertação da morte eterna, que é consequência do ser pecador e fechado à graça (cf. Rm 6,1-11), vão se renovando e se confirmando em cada passo dado no caminho cristão. O Batismo, desse modo, é um dom-compromisso!

A fé também tem um caráter processual, pois é construção. Não se chega à fé madura de um dia para o outro. E, nesse processo, as dimensões do ser humano, uma a uma, vão amadurecendo e deixando-se penetrar pela fé nas mais diversas experiências vividas ao longo da vida. É algo experiencial, que precisa levar a pessoa a sair de uma perspectiva teórica ou racional para se concretizar no vivido. É "fé em", "fé nesse momento", fé em Deus "naquela circunstância". Daí, a necessidade da iniciação à vida cristã como inserção do discípulo em um caminho de crescimento e amadurecimento, que se faz em comunidade e no contínuo aprendizado do ser cristão. No dizer de Tertuliano, não nascemos cristãos; tornamo-nos cristãos,[41] e isso se faz de maneira progressiva, processual, em uma contínua assimilação do projeto de Deus em nossa vida, e sua tradução na prática diária.

---

40. TABORDA, Francisco. **Sacramentos, práxis e festa:** para uma teologia latino-americana dos sacramentos. Petrópolis: Vozes, 1998a, p. 165-167 (grifo do autor).
41. Cf. TERTULIANO. *De Testimonio animae* (PL 1,608-618). *In*: CORDEIRO, José de Leão (org). **Antologia Litúrgica,** p. 208, Fátima, 2015.

A fé necessita da comunidade cristã para amadurecer, pois ela não é um dado simplesmente subjetivo. A fé que professamos é a fé trinitária, conservada e transmitida pela Igreja. Portanto, é a fé da Igreja. Aquelas pequenas comunidades da primeira primavera da Igreja, animadas pelo Espírito de Pentecostes, foram vivenciando sua fé pascal, e sobre o alicerce do testemunho dos apóstolos e dos primeiros cristãos, com o passar do tempo, se foram edificando um patrimônio existencial e um *corpus* doutrinário que compõem o nosso símbolo cristão católico, o Credo. No entanto, a fé não é somente o que está registrado no catecismo e exige nosso assentimento, mas o que professamos concretamente na vida, na fidelidade ao que está escrito. E a comunidade eclesial é a guardiã dessa riqueza, ao mesmo tempo que é sua educadora e motivadora. É na vivência comunitária que se "aprende" a fé e o modo de testemunhá-la no cotidiano. Daí, a dimensão iniciática atribuída à comunidade, primeira catequista e iniciadora dos novos cristãos. No dizer do Ritual de Iniciação Cristã de Adultos (RICA), "compete principalmente ao Povo de Deus, isto é, à Igreja, que transmite e alimenta a fé recebida dos apóstolos, preparar com o maior cuidado o Batismo e a formação cristã [...] O Povo de Deus, representado pela Igreja local, sempre compreenda e manifeste que a iniciação de adultos é **algo de seu e interessa a todos os batizados**" (RICA, n. 7 e 41, grifo meu).

2. DEIXAR-SE EDUCAR PELA RITUALIDADE DO BATISMO

Diz um ditado popular que "é fazendo, que se aprende". Por isso mesmo, o caminho que temos proposto é o da vivência ritual, do mergulho mistagógico na beleza dos ritos, para daí extrair sua teologia, sua catequese. Conhecendo melhor, passo a passo, o Rito do Batismo,[42] também poderemos crescer na consciência do seu significado para a nossa vida e para o conjunto dos sacramentos. Esse rio tão fecundo da vida sacramental, especialmente do Batismo, sacramento que fundamenta toda a vida cristã, por onde passa vai deixando seu rastro de vida e santificação dos fiéis. Contemplar suas paradas e sua força renovadora sempre nos fará bem! Bebamos desta água boa na própria fonte, de sua dinâmica e simbolismo, lá onde a Palavra vai se fazendo fato salvífico em cada etapa vivenciada, como nos convoca o Papa Francisco: "Portanto, regressar à nascente da vida cristã, leva-nos a compreender melhor o dom recebido no dia

---

42. Um excelente texto a respeito do tema pode ser encontrado em MUÑOZ, Hector. O Batismo. *In*: CELAM. CONSELHO EPISCOPAL LATINO-AMERICANO. **Manual de Liturgia III.** A Celebração do Mistério Pascal. Os Sacramentos: sinais do Mistério Pascal. São Paulo: Paulus, 2005, p. 47-65.

do nosso Batismo e a renovar o compromisso de lhe corresponder na condição em que estamos hoje".[43]

Para fazermos esse percurso de mergulho no rito batismal, acompanharemos as Orientações Gerais do Ritual de Batismo de Crianças (RBC) e as suas respectivas rubricas.

2.1 O TEMPO, A COMUNIDADE E O LUGAR DO BATISMO

Podem parecer simplesmente detalhes, mas, em liturgia, todo detalhe faz diferença, desde que se conheça bem a sua relevância. O rubricismo, tendência ao apego extremado às normas litúrgicas, é estéril e, muitas vezes, pode sufocar o sentido dos ritos, sua beleza e o fruir leve e sereno que conduz a comunidade celebrante ao coração do mistério de Deus. Como em um belo vitral colorido, no qual cada pedacinho de vidro cumpre sua função e faz resplandecer o encanto do conjunto, do mesmo modo, as rubricas estão a serviço do sentido teológico e espiritual esperado de um rito, sempre potencializado pela ação livre e soberana do Espírito Santo. A proposta ritual para um batizado já tem seu início bem antes da celebração, na preparação daqueles que farão parte do rito, bem como da escolha do dia, lugar e com quem ele será celebrado.

> Para pôr em evidência a índole pascal do Batismo, recomenda-se a sua celebração na **Vigília Pascal**, ou no **domingo**, dia em que a Igreja comemora a ressurreição do Senhor. Nesse dia, o Batismo pode ser celebrado durante a missa, para que **toda a comunidade** venha a participar do rito e apareça com maior clareza **a relação do Batismo com a Eucaristia** [...] Para que apareça com maior clareza que o Batismo é um sacramento de fé na Igreja e agregação ao Povo de Deus, seja ordinariamente celebrado na **igreja paroquial**, que deve ter sua **fonte batismal** (RBC, n. 9-10. Grifo meu).

Sabe-se que uma grande preocupação da constituição *Sacrosanctum Concilium*, documento do Concílio Vaticano II sobre a Sagrada Liturgia, foi recuperar a centralidade do mistério pascal. Especificamente sobre o Batismo, ela afirma: "Pelo batismo, os homens são inseridos no mistério pascal de Cristo, participando de sua morte, de sua sepultura e de sua ressurreição, recebam o espírito de adoção, como filhos, 'no qual clamamos: Abba, Pai' (Rm 8,15) e se tornem os verdadeiros adoradores que o Pai procura" (SC, n. 6). A reforma dos rituais precisou garantir esse princípio de fidelidade ao intento do Concílio. Para tanto, ao priorizar a celebração do Batismo na Vigília Pascal ou nos domingos, mostra-se a

---
43. FRANCISCO. **Audiência geral.** Praça São Pedro. 18 abr. 2018c. Não paginado. Disponível em: <https://www.vatican.va/content/francesco/pt/audiences/2018/documents/papa-francesco_20180418_udienza-generale.html> Acesso em: 7 ago. 2021.

natureza desse sacramento, bem como o efeito provocado na vida do batizado: uma verdadeira passagem das trevas da morte para a vida em plenitude, uma experiência de ressurreição. Isso nos ajuda a vencer concepções distorcidas desse sacramento, tão comuns ainda em meio ao nosso povo. Ao situar o Batismo dentro da celebração eucarística, a Igreja busca garantir a unidade teológica dos dois sacramentos, já que a Eucaristia realiza o que o Batismo anuncia: nossa plena participação no corpo de Cristo.

Há uma motivação bonita aqui, quando o Ritual prevê a participação de toda a comunidade eclesial, que "será não apenas testemunha do que ocorre, mas o âmbito em que a fé será proclamada, celebrada e testemunhada".[44] Mesmo que, infelizmente, por algumas razões, muitas celebrações batismais se realizem sem a presença de muitos representantes da Igreja-Povo de Deus, sempre ela é uma celebração na comunhão dos batizados e nunca um ato particular ou isolado. O batizado é inserido na grande família daqueles que foram salvos por Cristo, na multidão dos que "lavaram suas vestes e as alvejaram no sangue do Cordeiro" (Ap 7,14).

Quanto ao lugar da celebração, a ênfase dada à igreja matriz, ao redor de uma fonte batismal, não visa a uma centralização pastoral ou desvalorização das pequenas comunidades, mas a ressaltar a maternidade da Igreja, a matriz como a grande casa da família cristã e ponto inicial de onde se ecoa o Evangelho, o "útero" que gera novos cristãos. Em uma concepção mais descentralizada de Igreja, em nossa América Latina, as pequenas comunidades também passam a ser lugares teológicos significativos e espaços afetuosos e acolhedores dos batizados. E é bom lembrar que, em risco de morte, qualquer lugar se torna suficiente para que o Batismo seja ministrado, até mesmo um hospital.

2.2 ESTRUTURA GERAL DO RITO BATISMAL

À semelhança do que ocorre com a Eucaristia e com os demais sacramentos, o Rito do Batismo, de forma ordinária, se estrutura do seguinte modo:

- Ritos de Acolhida
- Liturgia da Palavra
- Liturgia Sacramental
- Ritos Finais

É muito significativa a relação direta que a Igreja procura fazer entre a Palavra e o sacramento celebrado. Também foi uma recomendação da reforma litúrgica

---

44. MUÑOZ, Hector. O Batismo. *In*: CELAM. CONSELHO EPISCOPAL LATINO-AMERICANO. **Manual de Liturgia III.** A Celebração do Mistério Pascal. Os Sacramentos: sinais do Mistério Pascal. São Paulo: Paulus, 2005, p. 47-65, p. 50.

que nenhuma celebração dos sacramentos ou sacramentais fosse realizada sem a iluminação da Palavra de Deus. É ela que esclarece e dá sentido aos sinais e símbolos, repetindo, em cada ação ritual, o mistério da encarnação de Deus nas realidades humanas. Quando a Palavra de Deus se junta à ação ritual, tudo ganha novo sentido e eficácia. A água, o óleo, a luz, enfim, todos os elementos, ganham contornos sagrados e passam a ser presença e graça de Deus a agir nas pessoas celebrantes. Ainda nos coloca na dimensão da acolhida à Palavra, como condição para ser verdadeiramente cristão. No catecumenato com adultos, o Batismo só é ministrado ao catecúmeno quando este já foi tocado pela Palavra de Deus e já se dispôs a conformar sua vida a ela. Por isso, a ritualidade batismal se faz articulando Liturgia da Palavra e Liturgia Sacramental, preparadas e seguidas de ritos complementares.

2.3 ELEMENTOS RITUAIS

2.3.1 Ritos de Acolhida (RBC, n. 32-46)

Os Ritos de Acolhida têm como finalidade criar um ambiente fraterno, alegre e acolhedor. Afinal de contas, a família cristã está feliz ao acolher seus novos irmãos e irmãs na fé. Devem ser realizados, sempre que possível, à porta principal da igreja, pois a riqueza do simbolismo já começa por aí.

Ritos de Acolhida

- ✓ A Porta
- ✓ A Apresentação
- ✓ O Pedido do Batismo
- ✓ O Sinal da Cruz
- ✓ A Procissão de Entrada

a) A Porta (RBC n. 33)

Na arquitetura de um templo, a porta tem lugar muito significativo, infelizmente pouco explorado. Faz-nos lembrar que Jesus Cristo é a porta (cf. Jo 10,9) que nos conduz ao Pai e nos dá acesso ao Reino. Ele é "o caminho, a verdade e a vida" (Jo 14,6). O rito já vai nos ensinando que o Batismo é o sacramento de abertura à vida cristã, o "pórtico da vida no Espírito e a porta que dá acesso aos outros sacramentos" (CIgC, n. 1.213). Demonstra, ainda, que o Batismo é um sacramento de passagem das trevas à luz, de ingresso na família cristã e acesso à graça divina: "Preparais para mim a mesa à vista de meus inimigos. Derramais o perfume sobre a minha cabeça. O meu cálice transborda" (Sl 23,5).

b) A Apresentação (RBC n. 35-37)

Logo após a saudação inicial, que deve acontecer em clima de muito afeto e alegria, quem preside pergunta pelo nome do batizando e pede a todos que o acolham e manifestem o seu compromisso sincero de ser, para o novo cristão, comunidade de fé e de amor. Não se trata de mera formalidade! Ser cristão não é ser mais um na massa, um anônimo, mas alguém com identidade definida, a de filho ou filha de Deus, que estabelece com ele e com os irmãos na fé uma relação de verdadeiro amor. Ser batizado é ser incorporado no rebanho cujo Bom Pastor é Jesus, que conhece pelo nome as suas ovelhas (cf. Jo 10,3). Na tradição bíblica, o nome está ligado a uma vocação, uma missão especial no mundo. Foi assim com Abraão (cf. Gn 17,5), com Pedro (cf. Jo 1,42) ou Paulo (cf. At 13,9), por exemplo. No passado, havia o costume do batizado adotar um nome bíblico ou nome de um santo, confirmando essa ideia de uma identidade nova e especial. Nomear também traz o sentido de tomar para si. Normalmente colocamos nosso nome em nossos livros ou em coisas que nos pertencem. Quem é batizado não pertence mais a si mesmo, mas a Deus, como proclama Paulo: "Já não sou eu que vivo; é Cristo que vivem em mim" (Gl 2,20). Aqui, quem preside pode tomar nos braços a criança ou abraçar o adulto, num gesto fraterno, que fala por si mesmo de amor.

c) O Pedido do Batismo (RBC n. 38-42)

Nesse momento, o rito faz um sério questionamento aos pais, padrinhos e a toda a comunidade: "O que vocês pedem à Igreja?". Antes de ser uma pergunta jurídica, ela tem forte cunho teológico. Faz com que todos tomem consciência do que é celebrado, pois a resposta irá indicar que se trata de acolher a fé e se comprometer em caminhar como comunidade que crê e se esforça para ser fiel ao Evangelho. Destaca-se, nesse breve diálogo, o compromisso que a comunidade tem, representada pelos pais e padrinhos, de oferecer condições para que o neófito (literalmente "plantinha nova", isto é, novo cristão) cresça sempre na fé e amadureça sob a luz do seu testemunho e amizade.

d) O Sinal da Cruz (RBC, n. 43-44)

Quanta riqueza o rito nos traz! Nesse momento, o presidente da celebração, juntamente com os pais e os padrinhos, marca a fronte do batizando com o sinal da cruz, sinal mais eloquente da nossa identidade cristã e pertença à família dos remidos pelo mistério pascal de Cristo. Todo batizado é incorporado no povo eleito, servos de Deus marcados na testa (cf. Ap 7,3) com o sangue do Cordeiro (cf. Ap 7,3) e chamado a aderir ao Cristo Salvador, pelo mistério da cruz: "Se alguém quer vir após mim, renuncie a si mesmo, tome a sua cruz e me siga" (Mt 16,24).

e) Procissão de Entrada (RBC n. 45-46)

Os Ritos Iniciais são encerrados com uma procissão de entrada com o Círio Pascal à frente e um bonito canto. É o povo de Deus em marcha, rememorando a caminhada rumo à Terra Prometida. Como na procissão de entrada da missa, aqui, também, seguir em direção ao altar é ir ao encontro dos bens prometidos por Deus, nesse caso, a vida nova, o Reino eterno. Conclui-se com uma bela oração, pedindo as luzes do Espírito Santo para a caminhada na vida cristã e disposições para acolher e viver a Palavra que em breve será anunciada.

2.3.2 Liturgia da Palavra (RBC, n. 47-60)

A Palavra de Deus esclarece e dá vida aos sinais, símbolos e gestos de toda a celebração. Com Muñoz, podemos afirmar que "a linguagem simbólica, gestual e sensível da celebração litúrgica é a Palavra em ação, a Palavra representada em sinais sensíveis, audíveis, palpáveis".[45] Um canto de escuta é recurso litúrgico muito significativo para despertar na assembleia as disposições do silêncio e da escuta amorosa à Palavra do Senhor.

Liturgia da Palavra

- ✓ Proclamação da Palavra
- ✓ Homilia
- ✓ Oração dos Fiéis
- ✓ (Invocação dos Santos)
- ✓ Oração para Libertação do Mal

a) A proclamação da Palavra e Homilia (RBC, n. 47-51)

O Ritual do Batismo serve fartamente a mesa da Palavra com uma variedade de textos bíblicos do Antigo e Novo Testamentos, incluindo leituras, salmos e evangelhos. Ouvir atentamente a Palavra, sobretudo aquelas que saem da boca da Palavra em pessoa, Jesus, Verbo encarnado, é uma forte catequese em si mesma, que muito incentiva a assembleia a conhecer e acolher sempre mais a graça batismal em sua vida. Como ressalta o Ritual, na homilia, espera-se que se evidencie a relação existente entre a vida das pessoas e os apelos do Senhor (cf. RBC, n. 50).

b) Oração dos Fiéis (RBC, n. 52-53)

O caráter comunitário do Batismo se confirma na Oração dos Fiéis, momento em que toda a comunidade é chamada a rezar por aqueles que estão sendo batizados. Ao mesmo tempo em que contam com a graça de Deus para viverem as exigências da vida cristã, contam também com o apoio dos irmãos na fé, com sua oração, seu exemplo de vida e empenho na missão. Pode-se, nesse momento, invocar a proteção dos santos e santas, daqueles que viveram de tal maneira sua vocação batismal, na fidelidade ao projeto de Jesus Cristo, que se tornaram modelos e intercessores nossos. Essa invocação também poderá se realizar no início da Liturgia Sacramental, se houver a possibilidade de se fazer uma procissão até a pia batismal (cf. RBC, n. 61-63).

c) Oração para Libertação do Mal (RBC, n. 55)

Ser cristão não é nada fácil! São muitas as tentações que temos de romper nossa comunhão com Deus, deixando de lado a sua vontade ou caindo em

---

45. MUÑOZ, 2005, p. 53.

tantas armadilhas que o mundo constantemente nos apresenta. No entanto, o Batismo nos fortalece para esta luta diária que devemos empreender, como nos ensina o Papa Francisco.[46] A liturgia prevê que se reze e depois se unjam os batizandos, para que sejam reforçados pela graça divina no seguimento de Jesus.

Usava-se muito o termo "exorcismo" para se falar dessa bonita oração. Mas não se trata, aqui, de expulsão do demônio, como se pode pensar, mas de curar e fortalecer a pessoa com o poder de Jesus Cristo, alimentando nela a esperança da vitória sobre o pecado e o mal. Costuma-se dizer que o Batismo nos livra do pecado original, que, sobretudo para um bebê, não é um ato pecaminoso realizado por ele, mas uma participação sua na natureza humana que, desde o início da criação, tende ao mal e ao afastamento de Deus. Por isso, com o gesto da imposição das mãos por parte do presidente da celebração, dos pais e dos padrinhos do batizando, em silêncio, e com as palavras da oração, invoca-se a libertação das trevas do pecado, que só podem ser superadas pela luz de Deus e de seu Espírito Santo.

d) Unção Pré-batismal (RBC, n. 56-60)

Para sinalizar e concretizar as palavras e intenções da oração, faz-se a unção com o Óleo dos Catecúmenos, que foi abençoado pelo bispo na Missa do Crisma. O Ritual ressalta a importância do óleo em "boa quantidade" (RBC, n. 56) e de uma unção "abundante e expressiva" (RBC, n. 57) no peito do catecúmeno. Para tanto, se a quantidade de óleo não for suficiente, o padre poderá abençoá-lo na própria celebração.

A catequese litúrgica desse momento é muito rica, tanto nas palavras da oração de ação de graças sobre o óleo quanto no gesto da unção: Deus criador jamais abandona seus filhos e filhas, mas sempre os sustenta no combate da fé. O óleo, que naturalmente é um elemento que dá à pele maciez e proteção, e no passado servia aos lutadores para ungir todo corpo e, desse modo, escapar de seus adversários, aqui se torna sinal da força, da sabedoria e das virtudes divinas para que as pessoas batizadas tornem-se generosas no serviço do Reino e, dignas da adoção filial, alegrem-se por terem renascido no batismo (cf. RBC, n. 58). A monição que acompanha a unção resume toda a profundidade do rito: "o Cristo Salvador lhe dê sua força. Que ela penetre em sua vida como esse óleo em seu peito" (RBC, n. 59).

---

46. cf. FRANCISCO. **Audiência geral.** Praça São Pedro. 25 abr. 2018b. Não paginado. Disponível em: <https://www.vatican.va/content/francesco/pt/audiences/2018/documents/papa-francesco_20180425_udienza-generale.html> Acesso em: 7 ago. 2021.

2.3.3 Liturgia Sacramental (RBC, n. 61-88)

Pode-se dizer que a Liturgia Sacramental é a parte central da celebração do Batismo. Porém, não se pode isolar esse momento do conjunto da ritualidade, como se fosse a única importante. Tudo é importante, pois Palavra e sinais constituem elementos de uma mesma e única experiência de nascimento para a vida em Cristo.

Liturgia Sacramental

- ✓ a. Invocação dos Santos
- ✓ b. Bênção da Água
- ✓ c. Renúncia e Profissão de Fé
- ✓ d. Banho Batismal
- ✓ e. Unção Pós-batismal
- ✓ f. Veste Batismal
- ✓ g. Rito da Luz
- ✓ h. Ritos Opcionais

a) Invocação dos Santos (RBC, n. 54 [61-63])

Se ainda não foi recitada a ladainha dos santos, e se houver uma procissão até o batistério, faz-se a invocação daqueles que nos precederam no caminho do seguimento de Jesus e do testemunho cristão. É um momento que qualifica o rito e deixa clara a dimensão de comunhão na qual o Batismo insere o novo cristão: os que chegam, os que estão no caminho e os que já estão na glória, junto de Deus. Há a possibilidade de inserir nomes de santos mais conhecidos do povo.

b) Bênção da Água (RBC, n. 64-67)

Um dos momentos mais significativos da liturgia batismal é esse: a bênção da água, elemento indispensável, inclusive para a validade do Batismo, que é uma liturgia da "água e do Espírito": "A Igreja pede a Deus que, por meio do seu Filho, o poder do Espírito Santo desça sobre essa água, a fim de que os que forem batizados nela, nasçam da água e do Espírito (Jo 3,5)" (CIgC, n. 1.238).

De acordo com Taborda, o simbolismo da água aqui é muito mais do que purificação; mas de salvação, pelo gesto da passagem pela água:

> Na profissão de fé e no banho batismal, Deus salva o batizando da morte do pecado e da idolatria e lhe dá vida nova, como salvou os hebreus do Egito, fazendo-os passar pelo Mar Vermelho. *A passagem pela água é o símbolo batismal básico: o batizando passa da esfera do pecado à vida nova, passa do não povo a povo de Deus, do pecado à graça.*[47]

É lamentável que, em grande parte dos templos católicos, não haja uma fonte batismal com água corrente, como sugere o Ritual de Batismo (RBC, n. 136). Em muitas igrejas nem mesmo uma pia batismal existe! Muitas vezes o rito batismal é realizado em uma pequena bacia, o que compromete seriamente o seu sentido (não a sua validade!). A imersão do batizando se torna inviável, tendo-se que fazer a infusão, gesto que, ainda que permitido, empobrece o significado da passagem pelas águas. Não havendo a fonte, o Ritual sugere que a água possa ser trazida pela comunidade, acompanhada com cantos e danças (RBC, n. 136).

---

47. TABORDA, 2001, p. 155 (grifo do autor).

Assim como em outros sacramentos, a oração de bênção da água tem uma forte inspiração bíblica e teológica, e possui um **prólogo** (introdução), uma **anamnese** (memória dos feitos libertadores de Deus), uma **epiclese** (invocação do Espírito para que abençoe a água) e **intercessões** por intermédio de Jesus Cristo. Portanto, tem uma estruturação trinitária.

A anamnese é muito bonita e recupera momentos significativos da história da salvação, ligados ao simbolismo da água, culminando em Jesus Cristo e na graça batismal: a água da criação, a água do dilúvio, a água do Mar Vermelho, a água do Jordão, a água do lado de Cristo transpassado na cruz e a água do Batismo.

c) Renúncia e Profissão de Fé (RBC, n. 68-71)

A profissão de fé na Trindade sempre esteve no coração do rito batismal. Na tradição, após o tempo de forte catequese (catecumenato), em que o iniciando consolidava seu processo de conversão e opção por Jesus Cristo e pela sua Igreja, tudo isso era visibilizado nas chamadas "promessas batismais", isto é, na renúncia ao mal (demônio) e às suas consequências, intimamente ligada à profissão de fé em Deus Pai, Filho e Espírito Santo. Anualmente, os cristãos renovam suas promessas batismais por ocasião da Vigília Pascal, mãe de todas as vigílias, deixando-se iluminar novamente pelo vigor do Ressuscitado. Desse modo, o batizando, se criança, representado pelos seus pais e padrinhos, assume como sua a fé da Igreja e a identidade de discípulo de Jesus Cristo.

d) Banho Batismal (RBC, n. 72-78)

Chega-se, então, ao momento do banho batismal. Como já lembramos, o tríplice mergulho na água (imersão) evidencia de modo mais significativo o mergulho no mistério pascal de morte e ressurreição de Jesus. O fato de ser válida também a tríplice infusão (derramar água três vezes sobre o batizando) não é motivo para que nos acomodemos, quando podemos aperfeiçoar esse belo sinal do morrer para o pecado e ressurgir, com Cristo, para uma nova vida, repensando nossos batistérios. Após o banho batismal, que também pode ser destacado, retirando-se a roupa do batizando, para depois revesti-lo de branco, a comunidade é convidada a acolher o neófito com palmas, cantos e beijos, e também pode ser aspergida com a água abençoada na ocasião.

e) Unção Pós-batismal (RBC, n. 79-80)

Como resquício do período em que, logo após o banho batismal, o novo cristão já era crismado pelo bispo, há uma segunda unção, desta vez com o óleo do santo crisma, consagrado na Quinta-feira Santa. Não se trata, obviamente, do Sacramento da Confirmação, ainda que aponte para ele, procurando garantir a unidade dos dois sacramentos. A pessoa batizada é inserida no novo Povo de Deus, remido por Cristo e conduzido pelo Espírito, para exercer no mundo, como Jesus, a missão de sacerdote (oferecer a vida como louvor a Deus), profeta (testemunha da vida cristã) e rei/pastor (cuidar das pessoas e do mundo como lugar onde o Reino tem seu início e eficácia).

f) Veste Batismal (RBC, n. 81-82)

Ainda que haja o costume do batizando já estar vestido de roupa branca, desde o início da celebração, é muito significativo o gesto de desvesti-lo do "homem velho" para revesti-lo do "homem novo", ressuscitado, transfigurado. Para tanto, sugere-se que ele esteja com roupas de uma outra cor para, depois do banho batismal, ser revestido de branco, a cor da vida, da festa, da "esposa", da ressurreição. A nudez faz referência à figura simbólica do primeiro homem, Adão, em estado de graça no Paraíso, e sobretudo à imagem de Jesus desnudo na cruz, senhor e doador da vida nova (cf. Jo 19,23).

g) Rito da Luz (RBC, n. 83-84)

A liturgia sacramental se encerra com o rito da luz, quando o Círio Pascal é apresentado como "luz de Cristo", à semelhança do que acontece na Vigília Pascal. Uma vela é nele acesa e entregue a quem foi batizado. Essa é a missão que, doravante, ele assumirá: refletir, no mundo, a luz de Cristo, caminhar como filho da luz (cf. 1Ts 5,5), ser um iluminado para iluminar outras pessoas.

h) Ritos Opcionais

Há alguns ritos opcionais (RBC, n. 85-88) que serão realizados de acordo com a sensibilidade da equipe de celebração e suas possibilidades: entrega do sal (na boca), Éfeta (abre-te, com toque nos ouvidos e na boca do batizado) e a entrega de um distintivo ou lembrança da comunidade àquele que se tornou um novo cristão e membro da família de Deus.

2.3.4 *Ritos Finais (RBC, n. 89-97)*

A liturgia batismal se encerra com a oração do Pai-nosso, da qual o batizado agora participa como membro da família de Deus. Em seguida, o ritual prevê bênçãos especiais para a mãe, o pai e os padrinhos. Pode-se fazer um momento de devoção a Nossa Senhora, antes da despedida, que acontece em um clima de festa e alegria.

Ritos Finais
- ✓ Oração do Senhor
- ✓ Bênçãos
- ✓ Ato devocional a Maria
- ✓ Despedida

V. CONSIDERAÇÕES FINAIS

Tendo percorrido esse tema do Sacramento do Batismo, pudemos descobrir inúmeras riquezas que se escondem na beleza e profundidade de cada palavra, de cada gesto, de cada rito. O rio das graças divinas seguirá seu curso, fecundando a vida cristã e fazendo nascer muita vida. Seguiremos nossa leitura e aprendizado sobre a vida sacramental, também motivados pela mesma canção da Marisa Monte, já lembrada no início deste capítulo: *"Lembra, meu filho, passou, passará...vai chover quando o sol se cansar, para que flores não faltem, para que flores não faltem jamais"*.

CAPÍTULO III

UNGIDOS PARA TESTEMUNHAR

Sacramento da Confirmação

I. VIVÊNCIA LITÚRGICA

Ambiente e material: *cadeiras em círculo; um pouco de penumbra; música instrumental. No centro do grupo, um Círio (ou uma vela grossa, ornamentada com fita vermelha ou o monograma de Cristo) dentro de um recipiente com água, já aceso quando o grupo chegar no local; sobre panos, a Bíblia, um vaso transparente com óleo, um frasco de perfume, imagens significativas que indiquem sinais de vida e morte na sociedade; pedaços pequenos de sabonete perfumado enrolados em paninhos.*

1. ACOLHIDA

(Fora do local da celebração, acolhem-se os participantes, orientando para que, ao entrarem, mantenham-se em silêncio, ouçam a música e contemplem os símbolos.)

2. REFRÃO MEDITATIVO

Espírito de Deus, toma conta de mim (nós), toma conta de mim (nós).
Espírito de Deus, Espírito de Deus, toma conta de mim! (nós)[48]

3. RECORDAÇÃO DA VIDA: OS SINAIS FALAM DA VIDA

Animador: *(Pede que cada um observe os símbolos e, depois, provoque uma conversa:)*
Estes símbolos são usados no nosso dia a dia? Eles falam de quê? São usados para quê? Que sentimentos despertam em você?

4. ESCUTA DA PALAVRA

a) Canto de escuta: A Palavra de Deus é luz.[49]

---

48. CO, n. 1459n. Autoria: Ir. Míria Kolling.
49. CO, n. 666. Autoria: Raimundo Galvão.

b) Proclamação da Palavra: At 2,1-4 e Lc 4,14-21

(*Escolhe-se previamente dois leitores que farão a proclamação da Palavra*).

Animador: Contemplemos uma vez mais o "fogo". Três pessoas são convidadas a partilhar seu significado (*A partir da partilha feita, fazer uma breve síntese, ressaltando sempre seu significado para a vida cotidiana. Por exemplo, o fogo serve para cozinhar alimentos, aquece e destrói; gera energia...*).

Leitor A: (*O leitor aproxima-se do Círio ou vela grande e proclama o texto de At 2,1-4*).

Animador: Contemplemos, uma vez mais, as imagens e o óleo. Três pessoas são convidadas a partilhar seu significado. (*A partir da partilha feita, fazer uma breve síntese, ressaltando o sentido e o uso do óleo na vida do dia a dia e comentar algumas imagens.*)

Leitor B: (*O leitor aproxima-se das imagens e do óleo e proclama o texto de Lc 4,14-21.*)

Animador: Que relação fazemos entre os textos bíblicos e os sinais que contemplamos? O que estas leituras têm a ver com o Sacramento da Confirmação?
- Ressaltar a centralidade do mistério pascal na celebração dos sacramentos; o Sacramento da Confirmação, como novo Pentecostes, expressando e evidenciando este aspecto do Mistério de Cristo, em íntima conexão com o Batismo (o Círio *está dentro da água*).
- Cristo, o ungido pelo Espírito, define sua missão e apresenta seu projeto de anúncio da Boa-nova de salvação e de libertação em favor da humanidade, especialmente, dos pobres e vulneráveis.
- O Sacramento da Confirmação, pela unção do Espírito, faz com que o crismado assuma a mesma missão de Jesus, hoje, aqui e agora, no contexto em que vive.

5. DA PALAVRA BROTA NOSSA ORAÇÃO

(*Alguém derrama o perfume no vaso com óleo. Caminha entre o grupo de modo que todos sintam o perfume. Após, fica no centro, em gesto de oferta.*)

Animador: Convida os participantes a estenderem a mão em direção ao vaso de óleo e rezarem:
Senhor,/ nós te agradecemos pelo óleo perfumado da unção./ Por ele nos dás o dom do teu Espírito.
R.: Vem, Espírito Santo! Revigora e renova a tua Igreja!

Unge-nos para a missão,/ unge-nos como profetas,/ comprometidos com a causa dos mais pobres e vulneráveis.
R.: Vem, Espírito Santo! Revigora e renova a tua Igreja!
Faz-nos instrumentos do teu amor, capazes de espalhar no mundo o perfume da tua misericórdia, da justiça, do perdão e da paz.
R.: Vem, Espírito Santo! Revigora e renova a tua Igreja!

6. UNGIDOS PARA A MISSÃO

Animador: O Apóstolo Paulo nos lembra que "somos o bom perfume de Cristo" (2Cor 2,15a). Por meio de nós, ungidos pelo óleo perfumado, o odor de Cristo se espalha na família, no trabalho, no lazer, na política, nas relações sociais, em todo lugar. Agradeçamos a Deus porque pelos sacramentos da iniciação cristã somos herdeiros da própria missão do Cristo e enviados para que o amor se estabeleça no mundo e para exalarmos sempre o cheiro de Vida! (cf. 2Cor 2,14-15a).
(*Formam-se duplas que se aproximam do vaso de óleo perfumado e um unge a testa do outro.*)

Canto: **Purifica-me, Senhor, com tuas águas** (Pe. João Carlos Ribeiro)[50]

7. BÊNÇÃO E ENVIO

Animador: Em meio a tanta violência, individualismo, desrespeito e egoísmo, cheiro de morte, você é chamado(a) a ser cheiro de Vida, pela força do Espírito.
(*Distribuir os pedaços de sabonete enrolados nos paninhos.*)

Animador: Que esta lembrancinha fale de nossa missão e que:
Deus Pai nos envolva com o perfume do seu amor. Amém!
Deus Filho, Jesus Cristo, caminhe conosco na missão. Amém!
Deus Espírito Santo faça que sirvamos com alegria e exalemos o perfume da Boa-nova da vida. Amém.
Que a bênção da Trindade fecunde nossos esforços de sermos ungidos para testemunhar!

Canto final: Povo novo[51]

---

50. RIBEIRO, João Carlos. **Purifica-me.** [Compositor e intérprete]: João Carlos Ribeiro. [S. l.: s. n.], [20--??]. Disponível em: https://www.youtube.com/watch?v=LM9gl_SXO0M. Acesso em: 11 ago. 2021.
51. POVO novo. Intérprete: Zé Vicente. Compositor: Zé Vicente. In: VICENTE, Zé. **Essa chama não se apaga.** [Compositor e intérprete]: Zé Vicente. São Paulo: Paulinas-COMEP, 2015. Disponível em: https://www.youtube.com/watch?v=lq9v14lztBl. Acesso em: 31/10/2021.

II. A VIDA NOS SACRAMENTOS

1. COMPREENDENDO MELHOR O SACRAMENTO DA CONFIRMAÇÃO

Que sensação gostosa, que alívio e refrigério, depois de um banho, principalmente quando o cansaço do trabalho diário nos rouba forças e nos faz provar o suor do trabalho!

Mais prazeroso ainda, quando o efeito da água é completado com o deslisar na pele de um óleo perfumado que amacia, hidrata e acarinha o corpo. Não há como esconder a fragrância do perfume e a admiração das pessoas que, provocadas pelo aroma benfazejo, exclamam: "Que cheiro bom!" "Que aroma delicioso!" O óleo por si já traz grandes benefícios, associado ao perfume só aumenta o frescor!

Que delicadeza do próprio Deus "a quem ninguém viu" (1Jo,4,12), permitir que, pudéssemos nos encontrar com Ele por meio de seu Filho Jesus "tão, tão humano, que só podia ser Deus" e por meio de tantos e tantos sinais que campeiam por nossa vida. Assim, após termos sido banhados em Cristo, pelo Batismo, na Confirmação, somos ungidos com óleo que fortifica, óleo que é perfumado, para exalarmos no mundo os valores do Reino.

Desde tempos remotos, as diversas culturas fizeram uso do óleo, atribuindo-lhe uma gama variada de significados. O óleo foi e é usado no campo econômico, religioso e culinário, entre outros.[52]

Na Antiguidade, foi usado como moeda no sistema de escambo, como produto de exportação, como oferta cultual aos deuses, como defesa pessoal, pois fazia o corpo deslizar das mãos do opositor, e como iguaria nos banquetes.

Na Idade Média, o vassalo o entregava ao senhor como pagamento de impostos; reis e imperadores eram ungidos, conferindo-lhes caráter sagrado; ofertava-se óleo aos deuses para que afastassem os malefícios e prescrições rigorosas eram impostas ao uso alimentar de gorduras e óleos.

A Idade Moderna contemplou grandes trocas comerciais, passando a posse do óleo ser expressão de *status* e riqueza.

---

52. Cf. RESENDE, Victória M. S. **O uso de óleos e gorduras ao longo da história humana.** 2018, 55 p. Trabalho de conclusão de curso (Técnico em alimentos integrado ao ensino médio) – Instituto Federal de Educação, Ciência e Tecnologia de São Paulo, São Paulo, 2018. Disponível em: <https://brt.ifsp.edu.br/phocadownload/userupload/>. Acesso em: 7 ago. 2021.

A partir do século XVIII até nossos dias, o óleo passou a ser industrializado, oriundo de várias fontes, especialmente vegetais, e é a base para a fabricação de inúmeros produtos. A variedade de óleos e seus derivados é incontável, multiplicada pela tecnologia avançada que permite a extração e a passagem por processos sofisticados de produção.

Hoje, o óleo é usado como alimento, como lubrificante, como hidratante, como combustível e para iluminação. Tem uso amplo com fins terapêuticos e estéticos. Muito óleos estão presentes nas linhas de cosméticos e o mercado explora desde os mais raros até os mais comuns, tendo, cada um, sua utilidade própria. Misturados a essências como bálsamo, alfazema, bétula, mirra, lavanda, alecrim e outras o óleo também povoa o mundo da aromaterapia e realça o prazer e o bem-estar pessoal e dos ambientes.

Ainda mais... a linguagem artística e poética emprega o óleo. Quanta maravilha eternizada na pintura "a óleo" pelos pincéis de gênios como Leonardo da Vinci, Picasso, Tarsila do Amaral e outros. Que comparações bonitas, que falam ao coração, permitidas pelo óleo: "Carinho é o óleo que lubrifica as engrenagens da vida", "Vida cristã sem o azeitamento da oração não gera vida nova", entre outras.

III. OS SACRAMENTOS NA BÍBLIA

1. O ÓLEO NA SAGRADA ESCRITURA

Presente nas diversas culturas, o óleo também faz parte da cultura dos povos da Bíblia, quer no Antigo quer no Novo Testamento, já que relata experiências de homens e mulheres de diversas regiões, diversas épocas e diversas situações, lendo-as à luz da fé.

Além do uso na vida do dia a dia, pois o cultivo da oliveira era abundante em Israel, o povo hebreu fez uso religioso do óleo. Este, quando perfumado, teve grande relevância para marcar a presença, a pertença e a bênção de Deus sobre os seus escolhidos, os seus eleitos, e sobre objetos e espaços de culto. Moisés ungiu como sacerdote a Aarão (cf. Ex 30,22-33). Ungidos eram reis e profetas, pois Elias ungiu Hazael e Eliseu (cf. 1Rs 19,15-16), Samuel ungiu Saul (cf. 1Sm 10,1). Assim, na Bíblia, o óleo simboliza a presença do Espírito Santo, do próprio Deus, na vida pessoal e comunitária.

Óleo, sinal de alegria, de prosperidade, de intimidade, de bênção, de cura, de pureza e de acolhida para o Povo de Deus (cf. Sl 133,2; Ct 1,12, Is 1,6) levou o salmista a cantar, numa feliz comparação: "Vejam como é bom, como é agradável os irmãos viverem unidos. É como o óleo fino que desce sobre a barba de Aarão; espalhando por suas vestes [...], porque assim Javé manda a bênção e a vida para sempre" (Sl 133,1-2.3b).

E a vida para sempre é garantida por Jesus de Nazaré que, na cidade onde havia sido criado, entra na sinagoga, recebe o livro, lê o Profeta Isaías e aplica a si mesmo o verbo "ungir". Usa o mesmo verbo aplicado na consagração de sacerdotes, reis e profetas (cf. Lc 4,14-21) e Pedro pode assegurar, mais tarde, em Cesareia: "Eu me refiro a Jesus de Nazaré: Deus o ungiu com o Espírito Santo e com poder. E Jesus andou por toda parte, fazendo o bem... porque Deus estava com Ele" (At 10,38). Habitado pelo Espírito, proclama a que veio, apresenta seu projeto de vida plena para todos. É o profeta que anuncia a Boa-nova; é o rei servidor dos pobres; é o sacerdote, que glorifica o Pai, proclamando um ano de graça, realizando-o definitivamente com sua entrega na cruz. Ele é o Messias, o ungido, o Cristo que realiza as promessas de Deus.

Os seguidores de Jesus, de ontem, continuadores de sua missão, não somente usaram e curaram com óleo (cf. Mc 6,13; Tg 5,14), mas o próprio Jesus, ao acolher a unção de uma mulher, tida como pecadora, curou-a com seu perdão libertador (cf. Lc 7,38-50). O próprio Mestre também deixa-se ungir por uma mulher, na casa de Simão, o leproso. Dela Jesus afirma que seu nome seria lembrado no mundo inteiro porque antecipara o que outras mulheres gostariam de ter feito ao prepararem e levarem unguentos perfumados para ungirem seu corpo ferido (cf. Mc 14,3-8; Lc 23,56.24,1). Não o fizeram porque foram surpreendidas com o anúncio: "Não está aqui, ressuscitou!" (Lc 24,6).

Nós, hoje, seguidores de Jesus – o Messias, o Cristo de Deus –, herdamos dele o nome de cristãos. A Igreja, em circunstâncias especiais de nossa vida, recorda que somos "cristãos", ungindo-nos sacramentalmente. Uma dessas circunstâncias é no Batismo-Confirmação.

IV. OS SACRAMENTOS NA VIDA

1. CONFIRMAÇÃO: QUE SACRAMENTO É ESSE?

Os pais ou responsáveis, quando os adolescentes recebem o Sacramento da Confirmação, de modo geral, consideram que o dever foi cumprido. Até mesmo julgam que não há mais obrigações de vida cristã. E, um fato agravante, nesse entendimento, é quando, pela ordem que é conferida a confirmação, dá-se a impressão de estar sendo o que a eucaristia é: "cume da vida da Igreja". Tudo isso denota, infelizmente, pouca compreensão do valor dos sacramentos chamados da "iniciação" e da sua importância na vida de seguimento de Jesus, vendo-os desligados do compromisso do discípulo missionário. Por isso, é bom uma conversa que esclareça.

As primeiras comunidades cristãs, na certeza da riqueza do mistério pascal de Jesus, encontraram diversas maneiras de expressar a bondade e a gratuidade de Deus que, neste mistério, encontram sua plena manifestação. Desde o início, o mergulho nas águas batismais agregava à comunidade cristã os que, atraídos pela força do querigma, aderiam à Boa-nova do Reino e queriam participar da comunidade dos seguidores de Jesus. A este mergulho, seguiam-se a imposição das mãos, juntamente com a unção, e a participação na ceia do Senhor como sinais eloquentes dos elementos significativos do mistério pascal. Preferencialmente, na noite da solene Vigília Pascal, numa única celebração, tendo o bispo como ministro, os adultos participavam sacramentalmente da vida em Cristo!

Era tal a seriedade desta adesão a Cristo e entrada na comunidade cristã, que era exigida uma preparação esmerada, um processo iniciático, o catecumenato, que culminava com a celebração dos três sacramentos: Batismo-Crisma-Eucaristia. Os três constituem uma única iniciação que forma a identidade cristã: ser discípulo de Jesus Cristo e membro ativo da Igreja. Os sacramentos conferidos numa mesma celebração não eram entendidos como níveis de pertença, como se fossem galgados graus de importância ou passagem a diversas categorias de cristãos a serem vencidas em épocas e circunstâncias diferentes. Os três juntos, em unidade, foram e devem ser considerados como incorporação num só mistério, o mistério pascal, que é "unidade estruturada em três momentos significativos: ressurreição, ascensão, Pentecostes",[53] sendo o Sacramento da Crisma explicitação deste último.

E foi assim até o século IV, quando alguns fatores contribuíram para o desaparecimento do catecumenato e a separação dos sacramentos, especialmente do distanciamento entre batismo/confirmação. A prática do batismo de crianças, a admissão de hereges na comunidade cristã, sem o batismo, mas somente com a imposição das mãos do bispo e a difusão do cristianismo na zona rural estão entre as causas desta separação.[54] Presidindo comunidades na cidade, era impossível a presença do bispo nas paróquias, na celebração dos sacramentos. Então, delegou-se ao presbítero celebração dos sacramentos do Batismo e da Eucaristia, nas paróquias, e ao bispo ficou reservada a celebração da crisma quando este visitasse as comunidades ou quando a pessoa viesse à cidade.

Nas Igrejas do Oriente, manteve-se a unidade dos sacramentos da iniciação, cabendo ao bispo ou patriarca a consagração do óleo do crisma (*myron*) e ao presbítero a celebração dos três sacramentos em suas respectivas paróquias. Na Igreja Latina, afirmou-se a imposição das mãos como característica da chamada "confirmação" e progrediram a separação e a alteração da ordem dos sacramentos da iniciação cristã.

Foi a partir do século XII, que se consumou a separação dos sacramentos e se deu o nome de "confirmação" à parte separada do batismo que, então, se caracterizou como sacramento. Separação feita, era necessário justificar teologicamente e estabelecer a identidade do sacramento autônomo da crisma ou confirmação. E surgiram muitas justificativas e efeitos atribuídos a este sacramento: tornar-se soldado e cavaleiro de Cristo, nas dificuldades da vida cristã; obter a plenitude da vida cristã e a plenitude dos dons do Espírito; habilitação para proclamar o Evangelho e mais.

E algumas perguntas se impuseram, talvez como uma das razões, até mesmo atuais, da desvalorização da confirmação: "Para que este sacramento, se o batismo ao qual ele estava unido já é completo e produz os mesmos efeitos?", "A presença-atuação do Espírito Santo é uma no batismo e na confirmação é outra?

O Concílio Vaticano II, tratando sobre a Igreja (LG, n.11) e sobre a liturgia (SC, n. 71), trouxe nova luz a estas questões. Afirma que a confirmação está integrada no processo de iniciação cristã, constituindo um todo com o batismo e a eucaristia. Pela força do sacramento, o crismando assume com responsabilidade os compromissos do batismo e se integra pessoalmente na comunidade

---

53. TABORDA, Francisco. Crisma, sacramento do Espírito Santo?: para uma identificação da crisma, a partir de sua unidade com o batismo. **Perspectiva Teológica**, Belo Horizonte, v. 30, n. 81, p. 183-209, 1998b, p.194. Disponível em: <http://faje.edu.br/periodicos/index.php/perspectiva/article/view/675> Acesso em: 06 ago. 2021.
54. Cf. GRILLO, 2017, p. 73.

missionária a serviço do Reino, deixando-se guiar com consciência pela força impulsionadora do Espírito, dado no batismo, que o capacita mais ainda a perfumar o mundo e a sociedade com o bom odor de Jesus Cristo.

Ainda quando persistem dúvidas, Pe. Taborda esclarece que: "O Batismo por si já é um sacramento completo, já dá tudo o que a confirmação dará. A aparente duplicação de efeitos só faz sentido, se considerada na dimensão da visibilidade, que é estritamente a dimensão sacramental. A presença do Espírito Santo e a missão decorrente são aspectos tão importantes da vida no seguimento de Jesus, que não bastava serem celebrados no banho batismal. Era preciso sublinhá-los por um gesto simbólico próprio que lhe fosse adequado".[55] Sobre a necessidade do sacramento para a salvação, admite-se não ser necessário, mas nem por isso é opcional. Sendo constitutivo do ser cristão, a iniciação cristã não seria plena sem ele e, assim afirma o Catecismo da Igreja Católica: "sua recepção é necessária para a plenitude da graça batismal" (CIgC, n.1.285).

A Igreja considera que, na confirmação, celebramos nossa condição de testemunhas e mensageiros do Evangelho, dando-nos a força necessária para assumir os desafios e riscos da vida de fé. Com o simbolismo da unção com óleo na fronte e pela fé da Igreja, o dom do Espírito Santo nos é dado, mais uma vez, como força, a fim de que, no meio do mundo, sejamos sal, luz e fermento e vivamos intensamente nosso batismo. Somos ungidos para testemunhar e colaborar para realizar o projeto para o qual o próprio Jesus foi ungido: edificação da justiça, da paz e da fraternidade e de um mundo novo, sinais do Reino, no já-aqui! Por onde passar e onde viver, o ungido com óleo perfumado é chamado a fazer com que se sinta o bom odor de Cristo, o perfume das maravilhas do ser cristão!

Em 1971, São Paulo VI, na constituição apostólica *Divinae Consortes Naturae* (DCN), ao prescrever a atualização do rito da confirmação, esclarece sua essência:

> Pelo sacramento da confirmação, os renascidos no batismo recebem o dom inefável, o próprio Espírito Santo, pelo qual ficam *enriquecidos de um vigor especial e,* marcados pelo caráter deste mesmo sacramento, *ficam vinculados mais perfeitamente à Igreja* e ficam também *mais obrigados a difundir e a defender a fé, por palavras e por obras, como verdadeiras testemunhas de Cristo.* Por fim, a confirmação está tão intimamente relacionada com a sagrada eucaristia, que os fiéis, já marcados pelo batismo e pela confirmação, se inserem plenamente no Corpo de Cristo, pela participação na Eucaristia.[56]

Se a prática, até agora, com a fragmentação do processo iniciático e com a ordem invertida da confirmação e eucaristia, intercalando ainda a reconciliação,

---
55. TABORDA, 1998b, p. 199-200.
56. PAULO VI. **Constituição Apostólica *Divinae Consortes Naturae*.** Vaticano: 1971. Não paginado. DCN. Disponível em: <https://www.vatican.va/content/paul-vi/it/apost_constitutions/documents/hf_p-vi_apc_19710815_divina-consortium.html> Acesso em: 7 ago. 2021.

obscurece a compreensão da riqueza e da natureza da confirmação, algo nos dá esperança. Em 2005, a XI Assembleia Geral do Sínodo dos Bispos, sobre a eucaristia, apontava para a necessidade da revisão da ordem dos sacramentos da iniciação e, recentemente, os bispos do Brasil indicaram a necessidade de estudos para o mesmo fim.[57] Assim, tornar-se-á evidente o que é preconizado sobre o Sacramento da Confirmação no Ritual de Iniciação Cristã de Adultos: "exprime a unidade do mistério pascal, a relação entre a missão do Filho e a efusão do Espírito Santo e o nexo entre os sacramentos pelos quais ambas as pessoas divinas vêm pelo Pai àquele que foi batizado" (RICA, n. 34).

2. DEIXAR-SE EDUCAR PELA RITUALIDADE DO SACRAMENTO DA CONFIRMAÇÃO

Afirmamos que liturgia é "catequese em ato" e que as duas são "duas faces do mesmo mistério". Isto é verificado quando percebemos a força educativa de cada rito litúrgico e, no nosso caso, do Rito da Confirmação.

Se a liturgia é dinâmica, a vida dos ritos também. Após variantes no decorrer do tempo, o rito atual para celebração da confirmação, estabelecido pela *Divinae Consortes Naturae* (*DCN*), contempla vários elementos que a tradição da Igreja assumiu para expressar a grandeza do sacramento considerado da maturidade cristã.

2.1 COMUNIDADE EM FESTA

A fim de evidenciar a ligação da Confirmação com toda a iniciação cristã, ela é celebrada preferencialmente, numa Eucaristia, pois, na comunhão do corpo e sangue do Senhor, a iniciação atinge sua plenitude. Para a ceia do Senhor, reúnem-se confirmandos, famílias, amigos, padrinhos, madrinhas, catequistas e demais membros, ministros ordenados, sob a presidência do bispo.

O ministro originário da Confirmação é o bispo, sucessor dos apóstolos, que receberam a força do Espírito em Pentecostes e a transmitiram aos demais seguidores de Jesus. Ele pode, em circunstâncias especiais, delegar esta função. Muito louvável é que os crismandos, por algum meio, tenham contato com o bispo, durante a preparação para o sacramento. É a Igreja, no dizer de Severo de Antioquia, que "impregnada do aroma de Cristo",[58] celebra seu crescimento com

---

57. Cf. CONFERÊNCIA NACIONAL DOS BISPOS DO BRASIL. **Iniciação à vida cristã**: itinerário para formar discípulos missionários. 2. ed. Brasília: Edições CNBB, 2017, p. 97; Doc. n. 107, 240-243.
58. OÑATIBIA, Ignacio. Batismo e Confirmação: sacramentos de iniciação. São Paulo, Paulinas, 2007, p. 295-296.

a chegada de novos crismandos que, também, irão enriquecer a ela e ao mundo com o mesmo perfume.

No ambiente festivo e digno, ressalta-se a vasilha com óleo (consagrado na Quinta-feira Santa), em boa quantidade. Sugestiva é a ideia de perfumar o recinto com um aroma suave, para realçar o perfume do óleo, que muitas vezes, passa despercebido. Para recordar o Batismo, colocar também o óleo dos catecúmenos, o Círio Pascal e um enfeite com água (caso não haja pia batismal junto ao presbitério). Lugar de destaque ocupam os confirmandos.

Seguindo o ritmo próprio da celebração eucarística, a Liturgia da Palavra privilegiará textos relacionados ao "dom do Espírito". Antes da homilia, os confirmandos são apresentados ao bispo e à assembleia, de preferência, em forma personalizada, assegurando a devida preparação dos mesmos.

2.2 RITO ESPECÍFICO DA CRISMA

Após a homilia, segue o rito específico da Confirmação, com três atos:

Rito da Confirmação
- ✓ Homilia
- ✓ Renovação das promessas do batismo
- ✓ Imposição das mãos
- ✓ Unção com o crisma

a) Renovação das promessas do Batismo

O sinal da luz, também usado no Batismo, é retomado agora, a fim de que cada crismando, com a vela acesa, renove de modo pessoal e consciente as promessas batismais e professe a fé na Trindade. Recomenda-se não substituir esta fórmula e nem mesmo fazer a renovação em outra ocasião que não seja a celebração do sacramento.

b) Imposição das mãos

O bispo convida a comunidade para, em silêncio, invocar o Espírito Santo, a fim de que ele consagre com sua unção e configure os crismandos a Cristo. Atualizando o gesto bíblico pelo qual se abençoa, invoca e transmite o Espírito Santo (cf. Gn 48,14-15; Nm 8,10; Nm 27,18-23; Mt 9,18b; At 6,1-6; At 8,15-19; At 19,1-7; 2Tm 1,6) e que, desde o início, caracterizou este sacramento, juntamente com os demais concelebrantes, estende as mãos sobre os crismandos, proferindo uma bonita oração. Nela, recorda o Batismo e invoca para eles os dons do Espírito. Este gesto, que perpetua a graça de Pentecostes, não é o gesto essencial do sacramento, mas deve ser tido em grande consideração.

c) Unção com o crisma

Parte essencial do rito, a unção é feita com óleo de oliveira misturado com bálsamo, consagrado na Missa da Unidade, na Quinta-feira Santa. Nesta celebração, após a bênção do óleo dos catecúmenos e dos enfermos, o bispo consagra o crisma. Convoca a assembleia a orar e, numa expressiva oração, louva a Deus, pelos dons do óleo e do perfume, pela unção régia, sacerdotal e profética, na Primeira Aliança, e pela unção de Jesus que, com seu mistério pascal, encheu do Espírito a Igreja. Mais ainda, louva a Deus porque, "pelo sagrado mistério do crisma, enriqueceis de graças os vossos filhos; renascidos pela água batismal, são fortalecidos pela unção do Espírito, e, configurados com o vosso Cristo, nosso Senhor, participam do seu múnus de profeta, sacerdote e rei".[59]

Significativa ainda a estrofe do hino "Aceitai, ó Redentor", da procissão de apresentação dos óleos: "Bendito seja o óleo cujo aroma vossos eleitos há de revestir. Senhor, a vossa Igreja vos encontre naqueles que chamais para a servir".[60] Se a unção configura o crismado mais plenamente com Jesus sacerdote, profeta e rei, remete também à ação do Espírito em seus discípulos que, em Pentecostes, revigorados e animados, como Igreja, tornam-se continuadores de sua presença e missão até os confins da terra (cf. At 2,1-13; Mc 16,15). Servir, é o jeito do "rei" Jesus e eis o aroma que difunde quem é ungido com o seu Espírito. De posse do Espírito de Deus, o perfume do serviço à justiça e ao direito, no respeito à dignidade das pessoas, na ajuda e na defesa, especialmente dos mais vulneráveis e pobres deve impregnar a vida pessoal, comunitária e social, onde o crismado está inserido. Ser voz profética, anunciando, por palavras e gestos, o projeto de Deus, que é justiça, fraternidade e paz, e se comprometendo com as causas em prol do bem comum permitem-lhe unir vida e fé e, assim, oferecer um sacrifício de suave odor, um culto que agrade a Deus. Quem mergulhou nas águas e recebe a graça de se besuntar com o óleo perfumado da crisma é enviado para testemunhar, com alegria, o Evangelho, numa Igreja em saída, samaritana e servidora.

Padrinho ou madrinha, de preferência o mesmo do Batismo, apresenta, pelo nome, o afilhado ao bispo, um pouco antes da unção, significando a decisão do crismando em celebrar este sacramento e o próprio compromisso de se tornar companheiro(a)-testemunha na sua caminhada de fé, para que seja fiel à ação do Espírito.

O bispo, ao traçar com óleo uma cruz na testa (signação), parte do corpo bem visível, e pronunciar as palavras: "N., recebe, por este sinal, o dom do Espírito", marca o crismando como o "selo do Espírito" (cf. 2Cor 1,21-22) para que testemunhe publicamente sua fé. Respondendo "Amém" este acolhe a graça que lhe foi concedida: "É o sinal de uma consagração. Pela Confirmação, os cristãos, isto é, os que são ungidos, participam mais intensamente da missão de Jesus

---

59. CONFERÊNCIA EPISCOPAL PORTUGUESA. **Pontifical Romano:** bênção dos óleos e consagração do crisma. Fátima: Secretariado Nacional de Liturgia, [19--], p. 22; PR 25. Disponível em: <https://www.liturgia.pt/pontificais/Oleos.pdf>. Acesso em: 12 ago. 2021.
60. PR, n. 17.

e da plenitude do Espírito Santo, de que Jesus é cumulado, a fim de que toda a vida deles exale o bom odor de Cristo" (CIgC, n. 1.294).

É desejável que o óleo seja abundante e que a signação abranja toda a testa.

A Crisma não se repete. Esta marca de pertença a Cristo é para sempre. O selo com o qual Jesus assinalou um cristão com seu Espírito, que é dado em abundância, conduzirá o ungido, ao longo de sua vida, para que, em todas as circunstâncias, aqui-agora, seja fiel aos compromissos batismais e, assim, o mesmo Espírito testemunhará a seu favor, na vida eterna e feliz.

Encerrando o rito, há a saudação da paz, expressão do vínculo de fraternidade, comunhão e alegria que une o crismando mais intensamente à Igreja, representada pelo bispo e pela assembleia reunida em festa.

A Oração dos Fiéis, nesta celebração, deslocada para depois do rito, adquire um sentido especial. É feita com a participação dos crismandos que, de modo mais pleno integrados na Igreja local, exercem seu papel de "povo sacerdotal em favor do mundo".[61] A bênção solene, no final da Eucaristia, é própria para a ocasião.

Educados pelos ritos da Confirmação, percebemos o que Pe. Taborda, com muita propriedade, esclarece ao considerar que o Batismo e a Confirmação celebram o mesmo mistério pascal, mas cada qual visibiliza ritualmente um aspecto de sua riqueza. O mergulho nas águas, no Batismo, com o dom do Espírito, torna visível a vitória da vida sobre a morte e o pecado e nos capacita para a missão de sermos alegres anunciadores da Páscoa de Jesus. Na Confirmação, a imposição das mãos, a assinalação, a unção com o óleo perfumado, visibilizam que, possuído pelo próprio Deus, fortificado pelo dom do Espírito, o crismado exalará e impregnará com o perfume do Evangelho os ambientes onde se encontrar.[62]

---

61. RUSSO, Roberto. Confirmação. *In*: CELAM. CONSELHO EPISCOPAL LATINO-AMERICANO. **Manual de Liturgia III.** A Celebração do Mistério Pascal. Os Sacramentos: sinais do Mistério Pascal. São Paulo: Paulus, 2005, p. 67-118, p. 103.
62. Cf. TABORDA, 1998b, p. 199.

V. CONSIDERAÇÕES FINAIS

Um rito tão simples, uma realidade profunda e uma história meio complicada que suscita inúmeras reflexões. É o que se dá com o Sacramento da Confirmação. Se lhe dermos seu devido lugar, no conjunto da iniciação à vida cristã, radicalmente unido ao Batismo e tendo a Eucaristia como culminância e plenitude, nele, o cristão bebe uma vez mais do manancial inesgotável de graça que jorra do mistério pascal de Jesus.

Um rio caudaloso vai irrigando cada sacramento e, em cada um, o cristão pode rezar com o salmista "como a corça anseia por águas correntes, a minha alma anseia por ti, ó Deus. A minha alma tem sede de Deus, do Deus vivo" (Sl 42,2-3) E como a corça só bebe água na nascente, é no Sacramento do Batismo que o crismado encontra o ponto de partida para saciar sua sede. Purificado pelo banho regenerador, ungido com o óleo perfumado, que visibiliza em sua vida a ação do Espírito, qual novo Pentecostes, cabe-lhe ser fiel ao seguimento de Jesus. Participar da unção do Ungido é espargir o perfume do evangelho da vida e assumir a missão para a qual o Espírito o ungiu: "Que todos tenham vida e vida em abundância" (Jo 10,10)

CAPÍTULO IV

PÃO DA VIDA, PÃO DO CÉU, FORÇA NO CAMINHO

O Sacramento da Eucaristia

I. VIVÊNCIA LITÚRGICA

Material: *Pães ázimos (preparados pelos próprios participantes do encontro), pratos, material para ornamentação (velas, tecidos), cestos ou bandejas, crucifixo com a imagem de Cristo, Bíblia e folha com os textos e letras das músicas do encontro (opcional).*

Antes do encontro: *Pedir com antecedência que os participantes preparem os pães ázimos para o dia do encontro, com a ajuda de familiares e amigos. Outra opção é reunir o grupo para fazer os pães antes ou no dia mesmo do encontro, cada um levando um ingrediente.*

A experiência de preparar o pão já é parte do encontro. O ato de fazer o pão ajudará os participantes a compreenderem melhor o sinal do pão que fala por si, como símbolo de unidade dos elementos que o compõem, do trabalho, da vida e da partilha dos dons recebidos de Deus.

Receita de Pão Ázimo

Ingredientes

- ½ xícara de farinha de trigo
- 1 colher de sopa de açúcar
- 1 colher de sobremesa de sal
- ½ xícara de água morna
- 1 colher de sopa de óleo

Modo de fazer

1. Misturar os ingredientes secos (farinha, açúcar, sal)
2. Abrir um buraco no meio, colocar a água e misturar um pouco com uma colher.
3. Acrescentar o óleo e misturar tudo para incorporar os líquidos.
4. Sovar um pouco até desgrudar das mãos. Se estiver grudando, colocar pitadas de farinha, aos poucos.
5. Dividir a massa em três partes mais ou menos iguais.
6. Abrir uma das partes da massa com as mãos numa frigideira antiaderente. Se estiver muito difícil, pode abrir antes com um rolo de abrir massa. Quando aberta com as mãos, fica com uma textura melhor.
7. Cozinhar em fogo baixo, com a frigideira tampada (para manter a umidade), uns 2 a 3 minutos de cada lado.
8. Repetir o processo (etapas 6 e 7) para as outras duas partes.

Ambiente: *Local preparado como para uma refeição festiva: uma toalha bonita, velas acesas, arranjo com flores verdadeiras. Próximo à mesa ou sobre ela, colocar o crucifixo em destaque, criando unidade com os cestos ou bandejas que receberão os pães, devidamente embalados ou envolvidos com um guardanapo. Cadeiras dispostas em círculo ou semicírculo, ao redor da mesa, de modo que todos tenham contato visual entre si e possam ver o crucifixo e os pães. Colocar a Bíblia em destaque.*

1. REFRÃO ORANTE: ONDE REINA AMOR[63]

2. ACOLHIDA

Animador: Em nome da Trindade, nos reunimos como irmãos e irmãs (*Sinal da cruz rezado ou cantado*). Que o Espírito Santo nos ilumine e que nas mãos ternas de Maria, Mãe da Eucaristia, nos entreguemos a fim de que ela esteja à frente e interceda pelos frutos do nosso encontro.
(*Em seguida, dá boas-vindas a todos e convida a ficarem de pé, em círculo. Pede a cada um para dizer seu nome e fazer um gesto que represente um dom que possui. Após cada pessoa dizer seu nome e fazer o gesto, o grupo deve repetir o nome e o gesto, como forma de acolhida da pessoa (nome) e reconhecimento de suas capacidades (dom).*)

3. RECORDAÇÃO DA VIDA

Animador: Hoje, iremos recordar a Eucaristia, sacramento pelo qual Cristo se faz pão e vem a nós como alimento. O pão, fruto da terra e do trabalho humano, é símbolo da sobrevivência e da partilha, alimento cotidiano que permite a vida. É sinal também da diversidade dos dons que "amassados juntos" formam uma unidade e fazem a Igreja crescer.
(*Fazer algumas perguntas que podem motivar a partilha: Como foi a experiência de preparar o pão? Conseguiram fazer o pão? Fizeram sozinhos? Alguém ajudou? O que foi bom? O que foi difícil?*)

Animador: No início desse encontro, tivemos a oportunidade de refletir sobre os dons que o Senhor nos concedeu e de reconhecê-los nos nossos irmãos. Os dons que recebemos de Deus não são apenas para nós. Foram dados a cada

---
63. CO, n. 1459j. Autoria: Taizé.

um para serem partilhados. Essa troca dos talentos que todos temos é que faz a vida mais rica e feliz.

Iremos, agora, depositar os pães que trouxemos, na cesta, aos pés de Jesus. Com esse pão, convido vocês a colocarem também seus dons, para que o Senhor os multiplique e faça frutificar. Mesmo que alguém não tenha conseguido trazer os pães, é convidado a fazer esse gesto, depositando na cesta os dons recebidos de Deus e seu desejo de colocá-los à disposição do Senhor, no serviço dos irmãos.
(*Enquanto fazem o gesto, cantar o refrão do canto.*)

Canto: Ofertório do povo[64]

4. ESCUTA DA PALAVRA

a) Canto de escuta: Essa palavra que Deus Pai dizia. (Pe. Lúcio Floro e Ir. Miria T. Kolling)[65]

b) Proclamação da Palavra: 1Cor 10,16-17 (*Ler da Bíblia que está no centro*).

c) Silêncio. Reflexão. Partilha.

d) Meditação

Leitor 1: Nesse trecho que acabamos de ouvir, São Paulo desperta a nossa fé neste mistério de comunhão. Segundo o Papa Francisco, o apóstolo enfatiza dois efeitos do cálice partilhado e do pão partido: o efeito *místico ou espiritual* e o efeito *comunitário* da Eucaristia. O efeito místico é expresso por Paulo nas palavras: "O cálice da bênção que nós abençoamos, não é comunhão com o sangue de Cristo? O pão que partimos não é comunhão com o corpo de Cristo?" (v. 16). A Eucaristia promove a união com Cristo, que se faz presente e se dá a nós como alimento, que nos renova e restabelece as forças para nos pormos a caminho. Para que isso de fato aconteça é preciso o nosso consentimento para nos deixar transformar, uma disposição da vontade para mudar

---

64. CO, n. 719. Autoria: Zé Vicente.
65. ENCONTRO DE LITURGIA E CANTO PASTORAL. Essa palavra que Deus Pai dizia. [S. l.: s. n.], 2009, p.16. Disponível em: <http://www.irmamiria.com.br/Pages/Musicas/Partituras/29-07-2013%2011-26-37.pdf> Acesso em: 6 ago. 2021.

o nosso modo de pensar e de agir; caso contrário, as celebrações eucarísticas em que participamos reduzem-se a ritos vazios e formais. Muitas vezes há quem vá à missa, mas porque se deve ir, como um dever social, respeitoso, mas social. Contudo, o mistério é outra coisa: é Jesus presente que vem para nos alimentar.[66]

Leitor 2: O efeito comunitário da Eucaristia é expresso por São Paulo com as palavras: "E como há um único pão, nós, embora sendo muitos, somos um só corpo" (v. 17).

Comungamos o mesmo pão, nos tornamos, em Cristo, um só corpo. A Eucaristia nos faz um só corpo, o corpo de Cristo. Somos uma comunidade que se alimenta do único pão que se dá a nós e é partido para nós, que é Cristo. "A comunhão com o corpo de Cristo é sinal eficaz de unidade, comunhão e partilha. Não se pode participar na Eucaristia sem se comprometer numa fraternidade recíproca, que seja sincera".[67]

Leitor 1: Essa fraternidade deve nos levar além, a sair de nós mesmos e até mesmo dos limites das nossas comunidades. O Papa Francisco, na Carta *Fratelli Tutti*, nos alerta que não basta crer em Deus, adorá-lo e conhecer todos os preceitos (cf. FT n. 74). Viver a comunhão fraterna implica a abertura de nosso coração aos irmãos como sinal de nosso amor a Deus.

> São João Crisóstomo expressou, com muita clareza, este desafio que se apresenta aos cristãos: "Queres honrar o Corpo de Cristo? Não permitas que seja desprezado nos seus membros, isto é, nos pobres que não têm o que vestir, nem o honres aqui no templo com vestes de seda, enquanto lá fora o abandonas ao frio e à nudez". O paradoxo é que, às vezes, quantos dizem que não acreditam podem viver melhor a vontade de Deus do que os crentes.[68]

É a isso que o Catecismo da Igreja Católica se refere quando afirma que a Eucaristia também nos compromete com os pobres: "Para receber na verdade o Corpo e o Sangue de Cristo entregues por nós, devemos reconhecer o Cristo nos mais pobres, seus irmãos" (CIgC, n.1.397).

---

66. FRANCISCO. **Angelus**. Vaticano, 14 jun. 2020b. Não paginado. Disponível em: <https://www.vatican.va/content/francesco/pt/angelus/2020/documents/papa-francesco_angelus_20200614.html (grifo do autor).
67. Idem.
68. FRANCISCO. **Carta Encíclica Fratelli Tutti.** Vaticano: 2020a. Não paginado. FT 74. Disponível em: <https://www.vatican.va/content/francesco/pt/encyclicals/documents/papa-francesco_20201003_enciclica-fratelli-tutti.html> Acesso em: 6 ago. 2021.

5. RESPOSTA À PALAVRA: SALMO 104(103) 1-2;10-15[69]

R.: Bendize o Senhor, ó minh'alma!

Senhor meu Deus, és tão grande!
Vestido de esplendor e de brilho,
revestido de luz como um manto,
estendes os céus como um toldo.

Ele envia a água das fontes aos vales:
ela escorre entre as montanhas;
dessedenta todos os animais dos campos,
os asnos selvagens saciam sua sede.
Junto dela abrigam-se os pássaros do céu
que cantam na folhagem.

Das suas moradas ele dá de beber às montanhas,
A terra sacia-se do fruto do teu trabalho:
Fazes brotar a relva para o gado,
as plantas que o homem cultiva,
extraindo seu pão da terra.

O vinho alegra o coração do homem
fazendo os rostos brilharem mais que o óleo.
O pão reconforta o coração do homem.

6. PARTILHANDO A VIDA E O PÃO

Animador: A marca que identificava os primeiros cristãos é que eles tinham tudo em comum (cf. At 4,32). Não só os bens materiais eram partilhados, mas a dores e alegrias e mesmo as misérias. Algumas pessoas irão distribuir os pães que aqui trouxemos. Conserve-o em suas mãos, rezando e refletindo sobre "o quê" você quer partilhar e "com quem" partilhar.

(Após a distribuição, os pães que sobrarem serão devolvidos à mesa. Pedir que fiquem de pé, ergam os pães e repitam:)

---
69. BÍBLIA Tradução ecumênica. São Paulo: Loyola; São Paulo: Paulinas, 2002; Sl 104(103) 1-2;10-15.

> **Oração de Bênção dos Pães**
>
> Senhor, Pai de infinita bondade,
> Vós que nos dais a graça das sementeiras
> e a força para o trabalho,
> abençoai este pão que nossas mãos prepararam.
> Seja ele um sinal que nos desperte
> para o amor, a justiça e a partilha
> e que, assim vivendo,
> possamos participar dignamente
> da mesa eucarística
> e do banquete do teu Reino. Amém.

(Convidar a saborear o pão ou escolher um irmão ou irmã para partilhar, dando-lhe a metade. Depois, partilhar brevemente a experiência vivida até esse momento.)

Animador: O que faremos com os pães que sobraram? Cada um preparou três pães. Eis algumas sugestões:
- **1ª porção:** A primeira porção partilhamos nessa refeição. É a nossa parte do fruto de nosso trabalho.
- **2ª porção:** Podemos levar a segunda porção para dividirmos com nossos amigos e familiares, com as pessoas que nos ajudaram.
- **3ª porção:** A terceira porção podemos partilhar com alguma pessoa necessitada.
  (Decidirem juntos como farão. Pode ser que daqui surja a ideia de uma partilha ainda maior, por exemplo, montarem uma cesta básica e levarem a uma família carente que todos ou algum dos presentes conheçam.)

7. ENCERRAMENTO

Animador: No Batismo, fomos inseridos na família de Deus, nos tornamos irmãos e irmãs em Cristo. A Eucaristia nos alimenta e nos mantém unidos nessa família. Para expressar nossa comunhão fraterna, rezemos com amor e confiança, a oração que Cristo nos ensinou: **Pai nosso,...**

Maria, nossa Mãe, participa do mistério de Cristo, desde sua encarnação até sua paixão, morte e ressurreição e, por isso, é a Mãe da Eucaristia. Peçamos a ela que nos ensine a alegria de vivermos esse mistério de comunhão, na partilha e no serviço a nossos irmãos e irmãs: **Ave Maria...**

Rezemos juntos: Ó Pai, vós nos reunistes, hoje, em torno dessa mesa de fraternidade e partilha. Fazei com que possamos viver de tal modo unidos a seu Filho Jesus Cristo, que cheguemos à plenitude da caridade e da vida. Por nosso Senhor Jesus Cristo, vosso Filho, na unidade do Espírito Santo. Amém.[70]

Animador: Voltemos com alegria para nossas casas, para partilharmos com nossa família tudo o que experimentamos neste encontro. Antes, desejemos a paz, como bons amigos e irmãos na fé.

---

70. Adaptação da Oração depois da comunhão do V Domingo do Tempo comum do Ano A. Cf. CONGREGAÇÃO PARA O CULTO DIVINO E DISCIPLINA DOS SACRAMENTOS. V Domingo do Tempo Comum. In: MISSAL ROMANO. 1º Ed. 18º reimpressão. São Paulo: Paulus, 2018, p. 349.

II. A VIDA NOS SACRAMENTOS

1. DO GRÃO AO PÃO, DA UVA AO VINHO

Por onde passa, o rio vai gerando vida onde havia morte. Em seu percurso, encontra obstáculos, perde sua força e seu vigor. Após as quedas, recomeça, fortalecido. Aquecido pelo sol, sobe aos céus e, renascido como chuva, desce à terra para fecundar o solo.

Caído na terra, regado por essa água que do céu desce às profundezas, o grão de trigo morre. Mas não é o fim. Começa uma nova aventura, inicia uma vida nova. De sua morte nascem outras vidas; de um que era, torna-se muitos. Renascido do ventre da terra, cresce e amadurece apontando para o alto. Quando dourado está no campo; já maduro, é ceifado e armazenado. É moído, triturado. Parece o fim. Mas, novamente mergulhado na água, renasce do fogo: é o pão.

Essa aventura do grão que se faz pão é tão antiga quanto a civilização. Saber ancestral, passado de geração em geração, conservado pela tradição, o pão é um alimento que está presente de algum modo em todas as culturas do mundo. Sua origem remonta há mais de 14.000 anos, antes mesmo do desenvolvimento da agricultura pelo ser humano.

Dos alimentos processados pelo homem, podemos dizer que o pão é um dos mais simples, podendo ser constituído apenas de farinha e água. Por outro lado, também é complexo, se levarmos em conta o trabalho necessário, todas as transformações e reações químicas e biológicas pelas quais passa, desde a semente até se tornar pão.[71] Assim, composto de vários elementos, é também sinal de unidade na diversidade. Os elementos, uma vez unidos, tornam-se inseparáveis e transformam-se em algo novo de sabor diverso.

Nas mais diversas culturas, o pão é considerado um símbolo universal de alimento e saciedade. Traduz a satisfação das necessidades básicas de sobrevivência, de subsistência e também expressa o resultado do trabalho humano. Daí a expressão "ganhar o pão de cada dia", ou "ganha-pão", significando o

---

71. Cf. VEIGA, Edison. Pão: os primeiros 14 mil anos de história. **Revista Super Interessante.** São Paulo, 2018. Não paginado. Disponível em: <https://super.abril.com.br/historia/pao-os-primeiros-14-mil-anos-de-historia/> Acesso em: 5 jun. 06 2021.

sustento conseguido por meio do trabalho. "Comer o pão que o diabo amassou" significa passar por muitas tribulações para garantir a vida.

Sua falta é sinal de indigência. Por isso, em todos os tempos, o gesto que mais expressa a natureza fraterna da humanidade é a partilha do pão. O pobre, que pede o pão, é espelho de nossa própria indigência, em diferentes áreas da vida. Nenhuma pessoa se basta a si mesma. Todos, de algum modo, experimentamos carências, sejam elas materiais ou emocionais, de dons e talentos. Nessa vida há sempre algo que nos falta. Por isso, ao partilharmos o "pão" que temos em abundância, recebemos do outro o "pão" que nos falta. Na partilha, o pão se multiplica. A alegria é maior para quem dá do que para quem recebe, diz o Senhor (cf. At 20,35).

Também presente na terra, antes mesmo do aparecimento do ser humano, a uva passa por aventura semelhante à do trigo. De uvas amassadas esquecidas num recipiente qualquer nasce uma bebida mágica que cura e traz conforto ao corpo e alegria à alma: é o vinho.

Segundo pesquisas arqueológicas, as vinhas mais antigas cultivadas datam da Idade da Pedra, entre 7.000 a 5.000 a.C.,[72] existindo registros, datados de 3.000 a.C., do processo de fabricação do vinho e de seu uso em celebrações e rituais no Egito. Assim, do Egito à Grécia, de lá a Roma e, então, ao mundo, o vinho conquista o planeta.[73]

Por suas propriedades, o vinho povoa, desde muito tempo, o universo dos mitos, ligado ao desejo da imortalidade e da alegria plenas. Se, simbolicamente, o pão representa a satisfação da necessidade básica de subsistência, o vinho, por sua vez, significa a festa e a alegria que renovam a esperança e nos levam a sonhar. O pão é alimento que dá vida ao corpo; o vinho alimenta a alma. O vinho se destina à alegria, que é sempre maior, quando partilhada. Por isso, é bebido em comunidade, pois convida à partilha e aos vínculos sociais.

Pão e vinho se unem sobre a mesa e reúnem pessoas ao seu redor: é o banquete. Dos vários significados que a comida tem, nas diversas culturas, ao longo de todos os tempos, os ritos de comer juntos significam partilhar a vida, expressam a comunhão, reafirmam e fortalecem os vínculos familiares, de amizade e sociais. Indicam o sentido de pertença a um grupo ou comunidade.

---

72. Cf. GRIZZO, Arnaldo. A história do vinho: fatos e personalidades que marcaram a trajetória da bebida desde a Antiguidade até os nossos dias. In: **Revista Adega,** não paginado. São Paulo: Inner, 2016. Disponível em: <https://revistaadega.uol.com.br/artigo/historia-do-vinho-e-o-vinho-na-historia_9693.html>. Acesso em: 10 jun 2021.

73. Cf. BARBOSA, Edson. A história do vinho: a bebida que foi além das civilizações. **Vinitude:** revista online do Clube dos Vinhos, não paginado. São Paulo, 2017. Disponível em <https://www.clubedosvinhos.com.br/historia-do-vinho/>. Acesso em: 10 jun 2021.

Além de serem sinais de comunhão, estão presentes em momentos de mudança.[74] A refeição, como rito de passagem, visa marcar uma mudança na vida de um indivíduo ou coletividade. Exemplo disso são as comemorações de nascimentos, aniversários, casamentos e funerais. Os banquetes também podem servir como manifestação e ostentação de poder e riqueza, como no caso dos banquetes oferecidos pelos reis da Antiguidade e nos grandes eventos da atualidade.

Assim, os frutos da terra, dons de Deus, transformados pelo trabalho humano, geram comunhão e riqueza. O grão de trigo e a uva que morrem geram o pão e o vinho que, consumidos, são fonte de vida e alegria: é o sacrifício.

Para os povos antigos, a oferta de sacrifícios aos deuses tinha o sentido de serviço à divindade. Com o tempo, foram-se desenvolvendo formas de sacrifício ritual, que se tratava basicamente de uma refeição em honra a um deus que se alimentava de modo "espiritual". O pão e o vinho faziam parte das oferendas para a refeição sacrifical, juntamente com os animais sacrificados.

Pão e vinho, banquete e sacrifício, elementos do cotidiano escolhidos por Cristo para nos trazer alimento, alegria e nos conduzir a relações mais fraternas, ao redor da mesa do banquete do Cordeiro que nos dá a vida.

---

74. Cf. VITORINO, Raquel Santos et al. A ética alimentar nos banquetes bíblicos: passagem, comunhão e poder. **Demetra:** Alimentação, Nutrição & Saúde, [S.l.], v. 11, n. 2, p. 275-296, jul. 2016. ISSN 2238-913X. Disponível em: <https://www.e-publicacoes.uerj.br/index.php/demetra/article/view/15976>. Acesso em: 7 ago. 2021.

III. OS SACRAMENTOS NA BÍBLIA

1. PÃO E VINHO NA SAGRADA ESCRITURA

O relato da saída do povo de Israel do Egito é o rito que prepara a aliança que o Senhor fará com seu povo. O sangue do cordeiro oferecido em sacrifício assinala as portas das casas daqueles que se colocam sob a proteção do Senhor (cf. Ex 12,13). O pão sem fermento é sinal de prontidão, da pressa para sair da escravidão, para seguir o mandato do Senhor. Não há tempo a perder. Deus tem pressa em socorrer seu povo e livrá-lo da escravidão do pecado. A carne do cordeiro é partilhada entre a família e os vizinhos, de modo que não reste nenhuma parte e ninguém fique excluído.

Esse acontecimento se torna rito na festa dos Pães sem Fermento, que deve ser observada de idade em idade, tornando-se uma lei perene (cf. Ex 12,17). É o memorial do dia em que o Senhor fez o povo sair da terra do Egito. É o dia da passagem do Senhor no meio do povo para libertá-lo. É a Páscoa do Senhor (cf. Ex 12,11).

Liberto das mãos dos egípcios, o povo atravessa o mar a pé enxuto e caminha no deserto rumo à Terra Prometida. No caminho, sente fome. Em resposta ao pedido de pão, Deus faz ao povo uma promessa: "Eu farei chover pão do céu para vós" (Ex 16,4). E, assim, lhes envia o maná. Para comer esse pão que vinha do céu, o povo deveria recolhê-lo a cada dia (cf. Ex 16,4), na medida da necessidade de cada um, de modo que: "não sobrava a quem tinha recolhido mais, nem faltava a quem tinha recolhido menos" (Ex 16,18). Entretanto, se fosse acumulado, perdia-se (cf. Ex 16,20).

O pão é sinal dessa vida nova que o Senhor quer para o seu povo. Uma vida que se vive na comunhão dos bens e dos dons de modo que todos tenham o necessário para viver. No relato da viúva de Sarepta, o pão aparece também como sinal de vida em abundância, mesmo em meio ao deserto da vida. Com a última porção de farinha e óleo que lhe restava, a viúva confiou na palavra do Profeta Elias, fez pão e lhe ofereceu. Por isso, sua vasilha de farinha não se esvaziou e o óleo da jarra não acabou, até o dia em que o Senhor fez chover sobre a superfície do solo (cf. 1Rs 17,15-16).

A promessa do Senhor é sempre de abundância e fartura: "Se o grão de trigo não cair na terra e não morrer, ficará só; mas se morrer, produzirá muito fruto" (Jo 12,24). Ele faz uma promessa aos que têm fome e sede de justiça: serão saciados (cf. Mt 5,6). Não importa qual seja a sua fome, o Senhor a saciará.

O maná que o povo comeu no deserto e essa fonte inesgotável de pão apontam para o mistério de Cristo, em quem se realiza a promessa de Deus: "O pão de Deus é aquele que desce do céu e dá vida ao mundo" (Jo 6,32). "Eu sou o pão da vida. Quem vem a mim já não terá fome, e quem crê em mim jamais terá sede" (Jo 6,35), diz Jesus. Ele é pão vivo que desceu do céu e dá a vida eterna (cf. Jo 6,51). Jesus é o pão que descido do céu sacia toda a fome de uma vez para sempre. Não somente a fome do pão material, mas a fome de justiça, a fome de paz, a fome de amor.

A Eucaristia é o cumprimento dessa promessa; é a fonte inesgotável de alimento e saciedade. Por meio dela, Cristo, nosso alimento, se faz presente, está conosco todos os dias, até o fim dos tempos (cf. Mt 28,20). O que torna efetivamente perene essa promessa é a passagem (páscoa) do Filho de Deus no meio de nós, em Jesus Cristo. É essa a páscoa que realiza em plenitude a primeira páscoa dos judeus. Em Cristo a Aliança com Deus é eterna, pois sua presença é garantia da nova Aliança, que liberta de uma vez por todas da escravidão do pecado e da morte (cf. Mt 26,28; Hb 8,1–9,18).

O relato do milagre da multiplicação dos pães aponta para a Eucaristia como multiplicação dos dons, por meio da ação de Deus (bênção) e dos homens, que entregam o pouco que têm para saciar a fome das multidões. Esse gesto será repetido por Jesus na ceia que antecede sua paixão e morte, conforme descrito nos relatos dos evangelhos de Mateus, Marcos e Lucas (cf. Mt 26,26-29; Mc 14,22-25; Lc 22,15-20): Tomou o pão e o vinho, deu graças, e repartiu a todos os presentes. O pão é o seu Corpo entregue para o perdão dos pecados; o cálice é o sangue da verdadeira e eterna Aliança. Esse gesto é perene e repeti-lo é uma ordem: "Fazei isto em memória de mim" (Lc 22,19).

No Evangelho de João, a ênfase recai no objetivo central da Eucaristia e de sua inevitável consequência para os que dela vivem: a unidade e a fraternidade. A partir dos poucos dons oferecidos – cinco pães de cevada e dois peixinhos – Jesus alimentou uma multidão de cerca de cinco mil homens e ainda sobraram doze cestos (cf. Jo 6,9). A fraternidade, portanto, se realiza na partilha dos dons e se multiplica na união a Cristo.

A Eucaristia é o sacramento que nos mantém unidos a Cristo. Às vésperas de sua paixão e morte na cruz, Jesus pede ao Pai por seus discípulos e por todos os que, por meio deles, iriam crer em sua Palavra, para que todos sejam um, do mesmo modo que Ele e o Pai são um (cf. Jo 17,20-21).

Na oração do Pai-nosso (cf. Mt 6,9-13; Lc 11,2-4), Jesus reforça as dimensões da unidade e da fraternidade. Ao rezarmos o Pai-nosso, reconhecemos que temos um só Pai, que nos une em família, comunidade de irmãos. Ao pedirmos o pão nosso de cada dia, afirmamos que o pão não é só meu ou para mim, é pão "nosso". Assim, tanto o alimento diário que recebemos como os demais dons materiais, intelectuais, espirituais ou de qualquer ordem, não nos são dados para acumulação e vanglória, nem para tornar uns melhores do que outros, mas para serem partilhados, de modo que não haja necessitados nessa família de irmãos (cf. At 2,45).

Trata-se da dimensão social da Eucaristia. É responsabilidade daquele que faz parte do corpo de Cristo trabalhar e cuidar para que todos tenham o necessário para viver. Que a ninguém falte o pão de cada dia e o vinho da alegria é nossa missão como irmãos em Cristo, participantes da mesma mesa, comensais da Trindade Santa. Ao afirmar que o que fizermos a um necessitado é a ele que estamos fazendo, Jesus quer dizer que está presente nos que sofrem, principalmente nos pobres, que se tornam, assim, sacramentos de Cristo (cf. Mt 25,40).

O serviço aos irmãos é a resposta esperada daqueles que participam da mesa eucarística. Na ceia em que instituiu a Eucaristia, Ele, sendo o Mestre e Senhor, lavou os pés dos apóstolos e fez o convite a segui-lo: "Também vós deveis lavar os pés uns aos outros. Dei-vos o exemplo para que façais como eu fiz" (Jo 13,14-15). "Ele, subsistindo na condição de Deus, não se apegou à sua igualdade com Deus. Mas esvaziou-se a si mesmo, assumindo a condição de escravo, tornando-se solidário com os seres humanos" (Fl 2,6-7). Com isso nos ensina que, na prática, a lei do Amor, o serviço a Deus, é feito por meio do serviço aos irmãos.

É a isso que Paulo se refere ao interpelar a comunidade de Corinto: "O cálice da bênção abençoamos, não é comunhão como sangue de Cristo? E o pão que repartimos não é a comunhão com o Corpo de Cristo?" (1Cor 10,16-17). Aqui temos a essência da Eucaristia: comer e beber do corpo e sangue de Cristo implicam comunhão de vida com Deus e com o próximo. Essas são duas relações indissociáveis, pois a participação no corpo de Cristo implica a filiação divina e a vivência da comunhão entre irmãos. A fraternidade se expressa na partilha, na doação de si e dos bens materiais e espirituais que recebemos como dons.

Não se pode, portanto, resumir o culto eucarístico a um momento profundo de intimidade com Deus nem somente na adoração ao Deus inefável, misterioso e poderoso. A misericórdia que experimentamos na Eucaristia nos pede uma resposta de misericórdia para com nossos irmãos. Esse é o sacrifício que agrada a Deus: "soltar as algemas injustas, soltar as amarras do jugo, dar liberdade aos oprimidos e acabar com qualquer escravidão; repartir o pão com o faminto, acolher em casa as pessoas sem teto, vestir os nus" (Is 58,6-7); "assistir os órfãos e as viúvas em sua aflição" (Tg 1,27). Isso porque, de algum modo, todo ser humano, em algum momento da vida, experimenta necessidade.

Nas bodas de Caná, Maria nos mostra esse olhar atento às necessidades do próximo. Sua observação, "Eles não têm mais vinho" (Jo 2,3), manifesta a mais profunda indigência humana, após o pecado original: "eles não têm mais vida". Atendendo ao pedido de sua mãe, Jesus antecipa sua hora e transforma a água em "vinho novo para odres novos" (Mc 2,22). E o vinho novo é melhor do que o antigo (cf. Jo 2,10). O vinho novo é a vida nova que o Senhor nos dá ao participarmos da Eucaristia, banquete da nova e eterna aliança.

Esse vinho é o sangue de Cristo que corre na videira da qual o Pai é o agricultor (cf. Jo 15,1-11). Enxertados nessa videira pelo Batismo e fortalecidos pelo Sacramento da Confirmação, nos tornamos membros de um mesmo corpo. Na Eucaristia, somos alimentados com o pão que desceu do céu, carne de Cristo, Cordeiro imolado no único e verdadeiro sacrifício. Desse modo, comungamos da mesma vida que deve ser partilhada de modo que todos tenham o suficiente para viver em plenitude suas potencialidades.

O alimento que permanece é pão e vinho, corpo e sangue de Cristo oferecidos como sacrifício, no banquete das núpcias do Cordeiro, para o qual são convidados todos aqueles que se vestiram do linho resplandecente e puro das obras justas dos santos (cf. Ap 19,7-9).

IV. OS SACRAMENTOS NA VIDA

1. EUCARISTIA: ALIMENTO PARA A VIDA ETERNA

Os elementos do pão e do vinho, servidos na mesa do banquete e do sacrifício, nos apontam para as diversas dimensões da Eucaristia. Falam de morte e vida. Vida que não é tirada pela morte, mas transformada. Durante nossa caminhada entre esses dois extremos, existem momentos em que nossas forças se enfraquecem como as do Profeta Elias. O Senhor vem ao nosso encontro: "Levanta-te e come!" (1Rs 19,5) E renova a energia para prosseguir no caminho.

Eucaristia é, portanto, em primeiro lugar, alimento. Alimento enviado pelo Pai, que desce do céu e dá vida ao mundo (cf. Jo 6,32-33). Conforme nos disse Jesus: quem come desse alimento não mais terá fome e quem bebe desse vinho não mais sentirá sede (cf. Jo 6,34-35). Ao ser consumido, o alimento se transforma em nós. Na Eucaristia, o processo se inverte: alimentados pelo corpo e sangue de Cristo somos nós os transformados em Cristo.

A Eucaristia é alimento servido na mesa do banquete da nova e eterna aliança pelo qual se presta um culto de ação de graças a Deus.

> O gesto de Jesus, cumprido na Última Ceia, é o extremo agradecimento ao Pai pelo seu amor, pela sua misericórdia. "Agradecimento" em grego se diz "Eucaristia". E por isto o Sacramento se chama Eucaristia: é o supremo agradecimento ao Pai, que nos amou tanto a ponto de dar-nos o seu Filho por amor. Eis por que o termo Eucaristia resume todo aquele gesto, que é gesto de Deus e do homem junto, gesto de Jesus Cristo, verdadeiro Deus e verdadeiro homem.[75]

Por ser um ato realizado por Cristo que se faz presente, a Eucaristia é o culto perfeito de ação de graças ao Pai, porque realizado pelo Filho, pela ação do Espírito Santo. Nele, celebramos o mistério pascal de Cristo, da sua "passagem" em nosso meio. Nesse culto, se faz presente toda a vida de Cristo, desde a sua

---

75. FRANCISCO. **Audiência Geral. Trad.** Jéssica Marçal; Paula Dizaró. Praça São Pedro. 05 fev. 2014d. Não paginado. Disponível em: <https://noticias.cancaonova.com/especiais/pontificado/francisco/catequese-com-o-papa-francisco-050214/>. Acesso em: 24 mai 2021.

encarnação no ventre da Virgem Maria, seu nascimento, sua infância, a sua vida pública, sua paixão, morte e ressurreição, sua ascensão aos céus, a vinda do Espírito Santo e a espera do retorno de Cristo (cf. informação verbal).[76]

O culto de ação de graças oferecido por Cristo atualiza a ceia da páscoa judaica, cumprindo a promessa de perenidade da aliança. A celebração eucarística é bem mais do que um simples banquete: é o mistério memorial da Páscoa de Cristo, mistério da nossa salvação. Memorial não significa simplesmente a recordação de um fato passado. Toda vez que celebramos a Eucaristia, somos transportados ao evento único da paixão, morte e ressurreição de Cristo. Não somos meros espectadores, mas participamos efetivamente desse acontecimento único e irrepetível.

Memorial, no sentido utilizado pelo povo judeu, não significa uma simples lembrança, mas presença. Então, quando Jesus diz na última ceia: "Fazei isto para celebrar a minha memória", ele quer dizer: "Fazei isto para celebrar a minha presença".[77]

Toda vez, portanto, que celebramos a missa, não repetimos o que Jesus fez. Não fazemos de novo. "É o mesmo ato, do qual nós participamos. Quando celebramos um sacramento, e mais especificamente a Eucaristia, nós voltamos ao Getsêmani, somos transportados para a última ceia, para o calvário, para o santo sepulcro e ressuscitamos com Cristo".[78] É a perpetuação do único ato salvífico de Deus realizado por e em Jesus Cristo.

Isso porque, na Eucaristia, Cristo se faz presente e realiza, junto com a comunidade, o culto de ação de graças ao Pai. A Eucaristia é, portanto, presença de Cristo e seu mistério em nosso meio. Como nos demais sacramentos, essa presença de Cristo ocorre de modo sacramental, por meio de sinais perceptíveis por nossos sentidos, sinais sensíveis. Pela força de sua Palavra e sob ação do Espírito Santo se dá essa presença de Cristo no pão e no vinho consagrados. É a sua presença, também que, pela ação do Espírito Santo, nos faz parte de seu corpo que é a Igreja.

A constituição *Sacrosanctum Concilium* do Concílio Vaticano II nos diz que Cristo também está presente no sacerdote que age *in persona Christi*[79] e na assembleia reunida, pois Ele mesmo disse que onde dois ou mais se reunissem em seu nome Ele estaria no meio deles (cf. Mt 18,20). Sua presença se dá ainda na Palavra proclamada, pois Ele mesmo é a Palavra, Verbo encarnado (cf. SC, n. 7).

---

76. Cf. Fala de Dom Marcony Vinicius Ferreira no evento de formação Liturgia e Músicas na Missa, realizado em Brasília, em 2021. Disponível em <https://www.youtube.com/watch?v=95hxHvGYcnM&feature=youtu.be> Acesso em: 8 jul. 2021.

77. Cf. Fala de Dom Marcony Vinicius Ferreira no evento de formação Liturgia e Músicas na Missa, realizado em Brasília, em 2021. Disponível em <https://www.youtube.com/watch?v=95hxHvGYcnM&feature=youtu.be> Acesso em: 8 jul. 2021.

78. Idem.

79. Expressão em latim que significa "na pessoa de Cristo".

Daqui temos que, na Eucaristia, nos alimentamos não somente do pão consagrado, mas também da Palavra que é Cristo. Na Eucaristia, palavra e pão se unem. Na última ceia, antes de seu sacrifício na cruz, todas as palavras e gestos de Jesus, tudo o que Ele disse e fez condensou-se no ato de partir o pão, de oferecer o cálice e nas palavras: 'Tomai, comei, isto é o meu corpo... entregue. Tomai, bebei, isto é o seu sangue... derramado.[80] Do mesmo modo que a Palavra e pão são, sacramentalmente, o único Pão da Vida, ao participarmos ativamente da celebração eucarística e nos alimentarmos da Eucaristia, também nós somos transformados num só corpo. Pelo Batismo, passamos a fazer parte do corpo de Cristo e a Eucaristia nos mantém unidos nesse corpo. Por isso, a Eucaristia é comunhão.

A participação na mesa de Cristo nos torna membros de sua família e deve nos levar à partilha dos dons recebidos. Na e pela Eucaristia temos a oportunidade de partilhar a vida e o mesmo pão com uma comunidade de fé. A ela recorremos para nos alimentar e refazer nossas forças, para juntos oferecer a Deus os nossos dons, alegrias e tristezas, vitórias e derrotas, depositando-os aos pés da cruz para que sejam transformados.

Jesus instituiu a Eucaristia numa ceia pascal antecipada, uma ceia entre amigos. Se, antes, a relação entre Deus e os homens era entre servos e Senhor, Jesus eleva essa relação a outra dimensão: "Já não vos chamo escravos, [...] chamo-vos amigos" (Jo 15,15). Àqueles que antes eram apenas discípulos, seguidores, após ter dado a conhecer sua intimidade, Jesus chama de amigos. Mais do que isso, sua paixão, morte e ressurreição torna-os irmãos, filhos do mesmo Pai: "Vai aos meus irmãos e dize-lhes[...]" (Jo 20,17).

A Eucaristia reúne em si toda a Lei e os profetas; é o cumprimento perfeito do mandamento do amor dado por Jesus Cristo: "Amarás o Senhor teu Deus com todo o teu coração...e ao próximo como a ti mesmo" (Mt 22,37.39). A cruz de Cristo é o sinal que revela e realiza essa dupla aliança de amor que se dá em duas direções: uma vertical, entre Deus e a humanidade; outra, horizontal, dos seres humanos entre si. Nela se concretiza diariamente nossa re-ligação com Deus: no eixo vertical, que nos permite participar da vida divina e, no eixo horizontal, que se manifesta pela caridade, vínculo da unidade.

Essa dupla dimensão do sacrifício de Cristo, na Eucaristia, está presente tanto no culto de adoração ao santíssimo sacramento, nas espécies consagradas do pão e do vinho, nas graças individualmente concedidas a cada comungante como também na doação, na partilha e no serviço recíprocos entre os irmãos.

A participação na Eucaristia deve nos levar ao êxodo de nós mesmos, a sair de nosso mundo autorreferenciado para nos realizarmos na doação da vida recebida. Uma vez "eucaristizados", transformados em corpo de Cristo, temos a missão de fazer ressoar a boa notícia: Cristo está vivo e reina no meio de nós! Com nossa resposta de misericórdia anunciaremos que, de fato, participamos da vida divina.

---

80. Cf. FRANCISCO, 2014d. Não paginado.

2. COMPREENDER A EUCARISTIA A PARTIR DA RITUALIDADE

Toda a ação de Deus é marcada pela simplicidade. Seu maior dom à humanidade constitui-se apenas em pão e vinho repartidos ao redor de uma mesa de família. Existe algo mais corriqueiro do que isso? Ao banquete da refeição do Reino de Deus todos são convidados. Ocupados com seus muitos afazeres, muitos são os que recusam o convite. A essa mesa são convidados os pobres, os aleijados, os cegos e os coxos (cf. Lc 14,21), os órfãos, as viúvas, os desprezados de todos os tempos, enfim, cada um de nós, com nossas limitações e pecados. Ao redor dessa mesa, o Pai partilha sua Palavra, pela qual instrui seus filhos e os alimenta com o pão da vida e o cálice da salvação.

Nessa mesa, participamos do culto perfeito de ação de graças que é oferecido por Cristo ao Pai, no Espírito Santo. É Cristo quem celebra ao Pai, pelo poder do Espirito Santo. Na Eucaristia, é o Cristo total quem celebra: cabeça, na pessoa do sacerdote, e corpo, na assembleia reunida. Tudo na liturgia deve nos levar a Cristo.

A unidade de Cristo e de seu mistério pascal também se expressa na celebração eucarística, formada de diversas partes que compõem um único ato de culto. "A mesa preparada para nós na Eucaristia é, ao mesmo tempo, a da Palavra de Deus e a do Corpo do Senhor" (CIgC, n. 1.346). A Palavra anunciada é Deus, Verbo que se faz carne, e encaminha a comunidade para a comunhão eucarística que a Palavra anunciou. A aliança divina anunciada na Palavra se atualiza na Eucaristia em nova e eterna aliança. A Palavra recorda a história da salvação que se faz presente nos sinais sacramentais da liturgia (cf. IELM, n. 10):[81]

- na palavra, "se lê o que se refere a Cristo na Escritura", enquanto na Eucaristia, se "exerce a obra da salvação";
- na palavra, "progride-se no conhecimento", e na Eucaristia, "em sua santificação";
- na palavra, "se proclama a aliança divina"; e no sacramento, "se renova a mesma aliança";
- na palavra, "se evoca a história da salvação", e na Eucaristia, "a mesma história é apresentada através dos sinais sacramentais";
- a palavra "lida e anunciada, conduz ao sacrifício da aliança e ao banquete da graça como a seu próprio fim".[82]

No rito, a unidade entre a Palavra e Eucaristia se verifica, por exemplo, no gesto de colocar o Livro dos Evangelhos (Evangeliário) sobre o altar. Isso porque lugar de pão é na mesa: trata-se do mesmo Pão, o Verbo que se faz carne, alimento para nossa vida (cf. DV, 21). Esse gesto, portanto, sela essa unidade

---

[81]. Cf. CNBB. Instrução Geral do Missal Romano e Introdução ao Lecionário. Brasília: CNBB, 2008, p. 199.
[82]. ALDAZÁBAL, José. **A mesa da Palavra I:** elenco de leituras da missa, texto e comentário. Trad. Ricardo Souza de Carvalho. São Paulo: Paulinas, 2007 (Coleção comentários), p. 27.

entre a Palavra e o Pão, fazendo com que tudo aconteça sobre um só lugar. O ambão torna-se, então, uma extensão do altar, onde ocorre o único banquete e o único sacrifício.

2.1 ESTRUTURA GERAL DO RITO EUCARÍSTICO

A unidade da celebração eucarística está presente nas diversas partes do rito, que, conectadas entre si, ditam o ritmo e dão sentido a toda a celebração:

- Ritos Iniciais
- Liturgia da Palavra
- Liturgia Eucarística
- Ritos Finais

Os **Ritos Iniciais**[83] abrem a celebração e preparam para a escuta da Palavra que será anunciada, meditada e atualizada, na Liturgia da Palavra. A história da salvação, trazida pela Palavra, é atualizada no memorial vivenciado na Liturgia eucarística. Comungamos o corpo de Cristo, que se faz presente na Eucaristia e, uma vez transformados em outros "Cristos", somos depois, nos Ritos Finais, enviados para a missão de anunciar com a vida o mistério que celebramos e no qual vivemos.

2.1.1 Ritos iniciais

Que alegria quando me disseram, vamos à casa do Senhor (Sl 121,1).

Como nos demais encontros humanos, os Ritos Iniciais fazem, entre outras coisas, o papel de "quebra-gelo". Têm por objetivo constituir em assembleia as pessoas convocadas pelo próprio Deus para o culto de ação de graças que se irá realizar. Cada um que chega traz consigo uma história, um estado de espírito, alegrias e dores, necessidades e dons. Nos ritos iniciais, as pessoas são acolhidas com o que têm e são levadas a entrar em comunhão entre si e com o Senhor que as convocou. Assim, entram com Ele para participar de sua alegria (cf. Mt 15,34).

Ritos Iniciais

✓ Preparação do ambiente interno e externo
✓ Canto de Entrada
✓ Saudação ao altar e ao povo reunido
✓ Recordação da vida (opcional)
✓ Ato Penitencial
✓ *Kyrie Eleison* (Senhor tende piedade)
✓ Glória (Domingos e festas)
✓ Oração da Coleta

---

83. O Missal Romano contempla ritos próprios para diversas situações e tempos do ano litúrgico. Esse texto foi baseado no Rito da Missa celebrada com o povo.

À primeira vista, pode parecer que a figura central na celebração eucarística seja o padre, pela dignidade de suas vestes especiais, por seu lugar na presidência da celebração. Tudo isso, no entanto, quer nos manifestar que nosso rei é Cristo, que entra para celebrar o seu mistério, "como entrou em Jerusalém aclamado por todos: Hosana ao Filho de Davi!" (cf. Mt 21,9). Esse é o sentido da Procissão de Entrada. Tudo na liturgia tem o sentido de nos levar a Cristo. É Cristo que nos leva a celebrar e a viver os seus mistérios.[84]

Ao chegar ao altar, o sacerdote o saúda com um gesto de inclinação profunda e, depois, o beija. Esses gestos manifestam o reconhecimento de que o

> altar é Cristo, luz do mundo que aponta para o alto, o Cristo elevado na cruz, o altar do mundo. Não se trata de uma direção horizontal, mas vertical, para o sagrado, para o infinito. Mas o altar é a mesa da ceia pascal do Cordeiro imolado e vitorioso, onde o próprio Deus é comida e bebida, na atitude do corpo dado e do sangue derramado.[85]

O Sinal da Cruz que traçamos sobre nosso corpo é o início do diálogo que nos coloca na presença da Trindade, nos reúne em seu amor e nos promete graça e paz. Diante da grandeza de sua misericórdia, que nos acolhe, reconhecemos nossa pequenez. Por isso, clamamos por seu perdão. É o Ato Penitencial. Esse pedido de perdão não se confunde com o Sacramento da Reconciliação. É mais um reconhecimento da bondade de Deus que nos permite entrar em sua vida divina e participar de seu mistério. Ele é o Senhor a quem se deve toda honra e toda glória. Para manifestarmos essa realidade, entoamos o hino do Glória nos domingos e festas. Esse é um hino muito antigo, pelo qual a Igreja, congregada no Espírito Santo, glorifica e suplica a Deus Pai e ao Cordeiro, e, por ser parte da tradição da Igreja, não pode ser substituído por outro (cf. IGMR, n. 31).

Com a Oração do Dia, os Ritos Iniciais completam seu papel de reunir a assembleia na presença de Deus, introduzindo-a no mistério celebrado. Essa oração também se chama Oração da Coleta, porque reúne as intenções de todos os fiéis que serão apresentadas a Deus Pai, por Cristo, no Espírito Santo. Essa oração, própria para cada dia, introduz o mistério celebrado que será proclamado na Liturgia da Palavra. Agora, sim, temos uma assembleia devidamente preparada, reunida, pronta para escutar o que o Senhor irá falar.

---

84. Cf. fala de Dom Marcony Vinicius Ferreira no evento de formação Liturgia e Músicas na Missa, realizado em Brasília, em 2021. Disponível em <https://www.youtube.com/watch?v=95hxHvGYcnM&feature=youtu.be> Acesso em: 8 jul. 2021.
85. BECKHÄUSER, Frei Alberto ofm. **Celebrar bem**. Petrópolis: Vozes, 2008, p. 114.

2.1.2 Liturgia da Palavra

"Fala, Senhor, que teu servo/tua serva escuta" (1Sm 3,10).

A Liturgia da Palavra é o momento em que nos colocamos na presença de Deus para escutar o que Ele tem a nos dizer nesse dia, individual e comunitariamente. Mais que isso, é momento de estabelecer um diálogo com Ele. É interessante observar esse caráter dialogal da Liturgia da Palavra, pela qual Deus fala (nas leituras bíblicas, principalmente no Evangelho e em sua aplicação à vida na homilia) e o povo responde (salmo responsorial, aleluia, silêncio, profissão de fé e oração dos fiéis). O povo responde à Palavra pelo silêncio e pelos cantos; adere a ela pela profissão de fé e, uma vez alimentado pela mesma, reza na oração universal pelas necessidades da Igreja e pela salvação do mundo inteiro (Cf. IGMR, n. 23).[86]

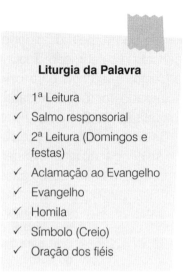

Liturgia da Palavra
- 1ª Leitura
- Salmo responsorial
- 2ª Leitura (Domingos e festas)
- Aclamação ao Evangelho
- Evangelho
- Homila
- Símbolo (Creio)
- Oração dos fiéis

DEUS FALA	O POVO RESPONDE
✓ 1ª Leitura	✓ Silêncio
✓ 2ª Leitura	✓ Salmo responsorial
✓ Evangelho	✓ Aclamação
✓ Homilia	✓ Creio
	✓ Oração dos fiéis

A Liturgia da Palavra herdou sua estrutura de um rito judaico, vivido por Jesus. Sabemos que, num dia de sábado, Jesus chegou à sinagoga de Nazaré e levantou-se para fazer a leitura. Recebeu o livro do Profeta Isaías, desenrolou-o e leu a passagem onde está escrito: "O Espírito do Senhor está sobre mim[...]. Depois, enrolou o livro, entregou-o para o servente e sentou-se. Todos na sinagoga tinham os olhos fixos nele. Então ele disse: 'Hoje se cumpriu esta passagem da Escritura que acabais de ouvir'" (Lc 4,18-21).

O que aconteceu naquele dia, acontece, hoje, na liturgia. Do mesmo modo que a última ceia inaugura a Eucaristia, essa cena de Jesus na sinagoga de Nazaré inaugura a Liturgia da Palavra. "Em Nazaré, o Verbo de Deus, a Palavra encarnada, leu as Escrituras. Desde aquele 'hoje' (Lc 4,21), a leitura feita por

---
86. Cf. CONGREGAÇÃO PARA O CULTO DIVINO E DISCIPLINA DOS SACRAMENTOS, 2018, p. 38.

Jesus tornou-se a maneira com a qual os cristãos leem as Escrituras até hoje".[87] Após o "evento" Jesus Cristo, no qual as Escrituras se cumprem, não lemos mais o Antigo Testamento do mesmo modo. Também, o Novo Testamento só tem sentido a partir de Jesus.

Esse acontecimento se repete em nossa liturgia de tal modo que a constituição *Sacrosanctum Concilium* sobre a Sagrada Liturgia afirma que é Cristo quem fala quando, na Igreja, se leem as Escrituras (SC, n. 7). Apesar dos milênios que separam esse evento da atualidade, a Igreja conserva os mesmos elementos constitutivos daquele momento:[88]

- Assembleia reunida em torno da Palavra
- O Livro das Escrituras
- O leitor que proclama a leitura

◆ Assembleia reunida em torno da Palavra

Não existe Liturgia da Palavra se não houver pelo menos duas pessoas reunidas. Na sinagoga, Jesus proclamou o texto de Isaías para uma assembleia de fiéis reunida. Entrar na sinagoga (ou na Igreja) é juntar-se aos fiéis convocados por Deus para constituir uma comunidade dos que creem e, por isso, desejam ouvir a sua Palavra.[89]

Diferente de um círculo bíblico, de um grupo de oração e também da exegese bíblica, esse momento litúrgico reúne toda a Igreja, que se faz presente na comunidade local em torno da Palavra de Deus.

◆ O Livro das Escrituras

Para proclamar a leitura, vemos que Jesus recebe o rolo com o texto a ser proclamado naquele dia e, ao terminar a leitura, o devolve. Jesus recebe o livro da comunidade e a ela o devolve, porque ela é a sua única guardiã autorizada.[90] Do mesmo modo, colocado sobre a mesa da Palavra, nem o livro e nem a Palavra pertencem ao leitor, mas à Igreja, não como instituição, mas como Povo de Deus. Ninguém é dono da Palavra de Deus. É a fé da Igreja, seu alimento, o pão vivo a ser repartido com o povo.

Para isso, desde sua instituição, a Igreja desenvolveu gradativamente um programa catequético-evangelizador, que se expressa num elenco de leituras distri-

---

87. BOSELLI, 2014, p. 52. O aprofundamento desse tema pode ser encontrado em BOSELLI, Godofredo. **O sentido espiritual da liturgia.** Brasília: Edições CNBB, 2014. (Coleção Vida e Liturgia da Igreja).
88. Cf. BOSELLI, 2014, p. 53.
89. Cf. BOSELLI, 2014, p. 54.
90. CF. BOSELLI, 2014, p. 60.

buídas ao longo do tempo litúrgico. As leituras estão dispostas de tal modo que permitem aos fiéis mergulharem e, cada vez mais, se aprofundarem no conhecimento da Palavra de Deus.

No gesto de colocar o Livro dos Evangelhos sobre o altar, a Igreja atribui ao Livro a mesma dignidade dos dons eucarísticos. Ressalta-se, com isso, que o Evangeliário e mesmo o Lecionário não são apenas objetos "do" culto, como a vela, as flores, as alfaias; o Livro dos Evangelhos é um objeto "de" culto, para ser venerado e cultuado. Cultuamos a Palavra de Deus e não o objeto livro.[91]

Portanto, "o cristão se alimenta do pão da vida tanto na mesa da Palavra de Deus quanto do corpo de Cristo" (cf. DV, n. 21). Por isso, é urgente resgatarmos o verdadeiro valor sacramental da Palavra de Deus, que foi sendo obscurecido pela exaltação apenas da Eucaristia, digna, sim, de todo culto, honra e glória que lhe são devidos. Entretanto, é preciso também valorizarmos a Palavra, que também é Cristo alimentando seu povo, ainda que de modo diverso.

◆ O proclamador da Palavra

Jesus "abriu o Livro" ... "fechou o Livro". Esses gestos lembram o texto do Apocalipse: Só o Cordeiro e nenhum outro é digno de realizar esse ato porque Ele foi imolado (cf. Ap 5,9).[92] Ele é o único que pode abrir o livro da revelação de seu mistério. Ele é a porta que abre e fecha, porque Ele é a própria revelação. Por isso, o livro pode ser fechado diante dele, uma vez que Ele é o próprio Verbo que está ali.

Dado que a Liturgia da Palavra é um diálogo, a comunidade tem necessidade de uma voz que proclame a Palavra. Essa voz se apoia sobre o que está escrito, o que impede o leitor de tomar o lugar da Escritura. Não é ele que deve aparecer, estar em evidência, mas a Palavra. O leitor, assim como o salmista, é um instrumento da Palavra e tem como missão dar vida à Palavra escrita para torná-la vida para o povo.[93]

◆ O silêncio

É de se imaginar o silêncio profundo que deve ter tomado conta daquela sinagoga, enquanto Jesus proclamava a Palavra e quando a explicava, a ponto de se espantarem com a mensagem da graça que saía de sua boca. Hoje, também, em sua Palavra e na homilia, Cristo se faz presente no meio de seu povo reunido. Por isso, a atitude da assembleia deve ser de fé, de acolhida, de escuta profunda e disposição para entrar em diálogo e comunhão com o

---

91. Cf. BOSELLI, 2014, p. 65.
92. Cf. BOSELLI, 2014, p. 71.
93. Cf. BOSELLI, 2014, p. 71-74.

Deus da Aliança. Para isso é necessário se promover um clima de silêncio e de escuta atenta. Para que isso aconteça, a liturgia prevê breves momentos de silêncio: antes do início da própria Liturgia da Palavra, após a primeira e a segunda leitura e após a homilia. Esses momentos permitem que a assembleia, pela ação do Espírito Santo, escute melhor a Palavra, medite, acolha em seu coração e possa responder com a oração.

2.1.3 Liturgia Eucarística

"Fazei isso em memória de mim" (Lc 22,19).

A Liturgia da Palavra conecta-se, como que por uma dobradiça, à Liturgia eucarística. Se, na Liturgia da Palavra, repetimos os gestos de Jesus na sinagoga de Nazaré, na Liturgia eucarística, repetimos, por ordem sua, seus gestos na última ceia que para nós se tornou a Primeira Eucaristia celebrada, plenitude e memorial da nova e eterna Aliança entre Deus e seu povo.

Naquela ceia, Jesus ordena aos apóstolos reunidos: "Fazei isso em memória de mim" (Lc 22,19). E o que Ele fez? Tomou o pão, pronunciou a bênção, partiu o pão e o entregou a seus discípulos. Desde então, a Igreja organiza a Liturgia eucarística de acordo com esses gestos. Em seu conjunto, a Liturgia eucarística é composta de diversos elementos intimamente conectados entre si.

Para os iniciados que participam da Eucaristia não será difícil reconhecer esses gestos na estrutura da missa:[94]

- Tomou o pão e o vinho → Preparação das oferendas
- Pronunciou a bênção → Oração eucarística
- Partiu e distribuiu o pão → Rito da Comunhão

Essa correspondência entre os gestos de Jesus na última ceia e as partes da celebração eucarística foi desenvolvida e mantida pela tradição da Igreja de tal modo que:

1. na preparação dos dons, levam-se ao altar o pão e o vinho com água, isto é, aqueles elementos que Cristo tomou em suas mãos;
2. na Oração eucarística, rendem-se graças a Deus por toda obra da salvação e as oferendas tornam-se corpo e sangue de Cristo;
3. pela fração do mesmo pão manifesta-se a unidade dos fiéis e, pela comunhão, os fiéis recebem o corpo e o sangue do Senhor como os apóstolos os receberam das mãos do próprio Cristo (IGMR, n. 48).

---

94. Cf. PARO, Pe. Thiago Faccini. **As celebrações do RICA:** Conhecer para bem celebrar. Petrópolis: Vozes, 2019. 5ª reimp., p. 70.

◆ **Tomou o Pão e o Vinho** ⟶ **(Preparação das oferendas)**

Em procissão, a comunidade leva os dons do pão e do vinho que serão consagrados e se converterão no corpo e sangue de Cristo e entregue nas mãos do presidente da celebração. Junto com o pão e o vinho, nessa procissão, pode-se levar também – e este é o momento adequado de se fazê-lo – os donativos para a Igreja e para os pobres, como uma extensão do pão e do vinho, como consequência desse pão e desse vinho, e nada além disso, como símbolos ou outras alegorias. (cf. IGMR, n. 49)

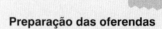

Preparação das oferendas

✓ Procissão das oferendas
✓ Oração sobre as oferendas

Na oração de bênção, feita pelo sacerdote, após receber os dons do pão e do vinho, temos as respostas a três perguntas fundamentais que sintetizam esse momento litúrgico:[95]

- Quem apresenta?
- O que é apresentado?
- A quem é apresentado?

Bendito sejais, Senhor, Deus do universo, pelo pão/vinho que recebemos de vossa bondade, fruto da terra/videira e do trabalho humano, que agora vos apresentamos, e para nós vai se tornar pão da vida/vinho da salvação.

◆ *Quem apresenta?*

A assembleia apresenta ao *Senhor, Deus do Universo* (... *agora vos apresentamos*) os dons do *pão e do vinho*.

◆ *O que apresenta?*

Pão e vinho, respectivamente, necessidade humana e gratuidade divina, saciedade e alegria; banquete e sacrifício. Frutos da terra e do trabalho humano. Nos dons do pão e do vinho está contido o trabalho humano unido à graça divina que tem o poder de transformar o mundo e instaurar o Reino. Cada fiel é representado no gesto de quem leva os dons e depõe sua vida inteira no altar.

---

95. Cf. BOSELLI, 2014, p. 85-93.

- *A quem apresenta?*

Ao Senhor, Deus do Universo, de quem recebemos os dons que a Ele apresentamos. O mais interessante é que Ele não é o destinatário final desses dons. *Ele os devolve a nós*, como "pão da vida e vinho da salvação".

- **Pronunciou a bênção (Oração eucarística)**

A Oração eucarística é o coração da celebração da Eucaristia. É uma única oração de ação de graças constituída de várias partes, todas encadeadas entre si. A Oração Eucarística segue a estrutura da Oração de Aliança[96], que é o modo de rezar do povo do Antigo Testamento e da Igreja primitiva. O judeu primitivo não ia direto ao pedido. Fazia um pedido dentro de um contexto, fazendo memória de todo um passado. Essa memória da ação de Deus é que o encoraja a fazer o pedido (cf. informação verbal).[97]

Oração Eucarística

✓ Diálogo inicial
✓ Prefácio
✓ Sanctus
✓ 1ª Epiclese – sobre os dons do pão e do vinho
✓ Narrativa da Instituição
✓ Anamnese
✓ Oblação/Ofertório
✓ 2ª Epiclese – sobre a assembleia
✓ Intercessões
✓ Doxologia
✓ Amém

Por meio dessa oração, fazemos memória (anamnese) de tudo o que Cristo fez em nosso favor e pedimos que o Espírito Santo (epiclese) santifique os dons do pão e do vinho e santifique o povo, incorporando-o no corpo de Cristo.

No Diálogo Inicial, que abre a Oração eucarística, reconhecemos que nada podemos sem Deus, nem mesmo quem preside a assembleia, se não fosse a presença de Cristo em sua pessoa por força do Sacramento da Ordem. A Eucaristia (ação de graças) só é possível porque Cristo está no meio de nós como prometeu. Por isso, é preciso que nosso coração se volte a Deus para que possamos fazer Eucaristia, confessando nossos pecados e pedindo a salvação e a misericórdia de Deus.

Esse diálogo é seguido pelo Prefácio, que contém o sentido espiritual da celebração, principalmente nas festas e solenidades, apresentando o motivo

---

96. A Oração de Aliança do povo judeu se estrutura dessa forma: na primeira parte, o povo recorda o que Deus fez em favor dele e, na segunda parte, faz um pedido: "Senhor, Deus do céu, o Deus grande e temível, que guarda a aliança e a misericórdia..." e, por isso, "...que teus ouvidos estejam atentos e teus olhos abertos, para ouvir a prece do teu servo". Exemplos de Oração de Aliança no AT: Oração penitencial de Esdras (cf. Ne 9,5-37); Oração de Neemias (cf. Ne 1,5-11); Oração da Igreja perseguida (cf. At 4,24-30).
97. Cf. Fala do Monsenhor Antonio Luiz Catelán, na palestra Liturgia Eucarística, realizada na Diocese de Uberlândia, MG, em 16 Set. 2020. Disponível em: <https://youtu.be/BS1UW8praI8>. Acesso em: 23 jun. 2021.

fundamental do agradecimento que é Cristo. E quem faz o agradecimento é a Igreja inteira: os anjos, os santos e nós, aqui na terra, pedimos permissão para juntar a eles o nosso louvor. O motivo do louvor é sempre Cristo.[98]

Assim reunida, a Igreja entoa o *Sanctus*,[99] que une o canto da assembleia do céu ao canto da assembleia da terra. É a experiência da comunhão dos santos. Nesse momento, estamos reunidos em oração com todos os santos que participam da liturgia celeste, e, inclusive, com os fiéis defuntos, nossos entes queridos que nos precederam e já se encontram na glória do céu ou no purgatório.

Com esse "reforço" dos céus, podemos então invocar o Espírito Santo (1ª epiclese) sobre os dons que apresentamos, pedindo que o Espírito Santo transforme o pão e o vinho no corpo sacramental de Cristo. Para reforçar nosso pedido recordamos, com a Narrativa da Instituição, o que Jesus fez na última ceia, e a ordem que nos deu de repetir seu gesto: "Fazei isso em memória de mim" (Lc 22,19). Nesse momento da Oração eucarística, cumprimos essa ordem: fazemos memória da morte e ressurreição de Cristo (Anamnese), de tudo o que Ele fez para nossa salvação. Essa memória é que nos encoraja a pedir que o Espírito Santo nos congregue num só corpo (2ª epiclese): "Fazei de nós um só corpo e um só espírito".

Em resumo, primeiramente pedimos que o pão e o vinho sejam transformados, então, fazemos memória das palavras de Jesus que fazem com que o pão e o vinho sejam seu corpo e sangue, para que nós, recebendo dele, nos tornemos, pelo Espírito Santo, um único corpo eclesial. Desse modo, unidos a Cristo, podemos realizar o verdadeiro ofertório da missa: oferecemos ao Pai o próprio Filho, Jesus Cristo, no pão e vinho consagrados, transformados em seu corpo e sangue. Na preparação das oferendas, "o pão e o vinho não são *ofertados*, mas *apresentados* a Deus, que os criou, para o sacrifício de Cristo".[100] Isso porque o dom verdadeiro é Cristo. "Os cristãos oferentes respondem a esse dom com a entrega de si mesmos a Deus".[101]

As intercessões representam a dimensão eclesial da Eucaristia. Por meio delas, os comungantes pedem para o mundo o que pedem para si. Pedem que o mundo inteiro seja incluído no corpo de Cristo: a Igreja que se faz presente pelo mundo inteiro, com o papa, os bispos e todos os ministros do Povo de Deus (cf. Oração eucarística II), os nossos irmãos e irmãs que partiram dessa vida, todos os que morreram na amizade de Deus e todos os filhos e filhas de Deus dispersos pelo mundo inteiro (cf. Oração eucarística III).

---

98. Idem.
99. Esse canto antiquíssimo da Igreja é extraído do canto dos serafins (cf. Is 6,3), do ruído das rodas do carro da glória de Deus (cf. Ez 3,12) e da aclamação da multidão na entrada triunfal de Jesus em Jerusalém, montado no jumentinho (cf. Mt 21,9).
100. CAVACA, Osmar. Horizontes antropológicos da Eucaristia. Teologia em Questão 13 (2008). Taubaté, p. 9-31, p. 29. (grifo nosso).
101. Idem.

A Doxologia "Por Cristo, com Cristo e em Cristo..." é o grande "Amém", solene, cantado, que conclui a Oração eucarística. É a nossa assinatura no contrato de aliança que Deus faz conosco. O termo doxologia significa louvor. É o ponto alto da Oração eucarística. Por meio desse Amém, a assembleia afirma que crê no mistério que se realiza.

- **Partiu o pão e distribuiu entre os apóstolos → Rito da Comunhão**

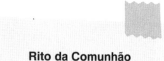

Rito da Comunhão
- ✓ Pai-nosso
- ✓ Rito da Paz
- ✓ Fração do pão e Cordeiro de Deus
- ✓ Procissão da comunhão
- ✓ Oração após comunhão

Essa parte do rito se inicia com a oração do Pai-nosso, pelo qual a assembleia, transformada num só corpo pelo Espírito, proclama que o Pai é de todos, pois a Eucaristia não é um sacramento individualista, intimista. É um sacramento que nos insere na mesma família, a família de Deus. O "pão nosso" é o pão material de nossa luta diária pela sobrevivência e é também o corpo de cristo que iremos comungar. O perdão que recebemos de Deus é um perdão condicionado ao perdão aos que nos ofenderam.

Preparação imediata para a Eucaristia, o Rito da Paz é expressão da exigência ética a quem se aproxima da Eucaristia: "se diante do altar você se lembrar que seu irmão tem algo contra você, vai primeiro reconciliar-se com ele" (Mt 5,23-24).

Reconciliados com os irmãos, podemos, enfim, ser alimentados do mesmo pão. Na tradição judaica, a função de partir o pão cabe ao pai de família. Na ceia de Emaús, é Jesus quem parte o pão e é reconhecido nesse gesto. Na celebração eucarística, esse gesto da Fração do Pão se repete, mas não durante o relato da instituição, como poderíamos pensar. Sua posição dentro do Rito da Comunhão tem uma finalidade prática: para que todos comam do mesmo pão, é preciso parti-lo.

Esse gesto tem também um sentido eclesiológico que expressa e realiza a unidade da Igreja; e cristológico, pois o pão partido é o corpo de Cristo que é partido como a vida de Cristo foi despedaçada em favor da humanidade.[102] "Porque há um só pão, nós todos somos um só corpo, pois todos participamos desse único pão" (1Cor 10,17). Sobre essa unidade, assim se expressa a Didaqué, o catecismo dos primeiros cristãos: "Do mesmo modo como este pão partido tinha sido semeado sobre as colinas, e depois recolhido para se tornar um,

---

102. Cf. Fala do Monsenhor Antonio Luiz Catelán, na palestra Liturgia Eucarística: Oração Eucarística, realizada na Diocese de Uberlândia, MG, em 18 Set 2020. Disponível em: <https://youtu.be/BS1UW8pral8>. Acesso em: 23 jun. 2021. *Liturgia Eucarística: Oração Eucarística*, 2020.

assim também a tua Igreja seja reunida, desde os confins da terra, no teu Reino" (Didaqué IX,4).[103]

A fração da hóstia, que é colocada no cálice pelo sacerdote, significa, também, a unidade do corpo e sangue de Cristo. O corpo entregue e o sangue derramado na cruz são inseparáveis na obra da salvação e estão unidos para sempre no corpo glorioso de Jesus que vive para sempre.

O rito da fração do pão é acompanhado pela ladainha do "Cordeiro de Deus", hino que recorda seu sentido cristológico: o Cordeiro imolado tira o pecado do mundo e nos dá a verdadeira paz! É Cristo o Cordeiro imolado cujo corpo é entregue. Sentindo-nos ainda longe de viver tal doação, gritamos: Tende piedade de nós!

Na Procissão da Comunhão, os fiéis vão ao encontro do Cristo que vem, para serem alimentados por Ele. Por isso, o canto da comunhão deve expressar a alegria de ir ao encontro do Senhor para participar de sua vida, morte e ressurreição, retomando, em sua letra, os textos da Liturgia da Palavra.

Na oração após a Comunhão, pedimos ao Pai que, uma vez transformados pela Eucaristia que recebemos, possamos "viver de tal modo unidos em Cristo, que tenhamos a alegria de produzir muitos frutos para a salvação do mundo" (MR, p. 349).[104]

2.1.4 Ritos Finais

"Ide pelo mundo inteiro e anunciai o Evangelho" (Mc 16,15).

Ritos Finais

✓ Breves comunicações, caso necessárias
✓ Saudação e bênção
✓ Despedida do povo

Saciados pelo pão da vida, nos Ritos Finais, os fiéis recebem a bênção do sacerdote e são despedidos, enviados em missão, para viverem aquilo que se realizou na Eucaristia: "Ide pelo mundo inteiro e anunciai o Evangelho a toda criatura" (Mc 16,15).

No início da celebração, fomos inseridos no seio da Trindade Santa, ao traçarmos a cruz sobre nossos corpos. Agora, esse mesmo sinal é traçado pelo sacerdote sobre a assembleia: a missa termina e continua na missão.

---

103. DIDAQUÉ: o catecismo dos primeiros cristãos para as comunidades de hoje. Trad. Ivo Storniolo; Euclides Martins Balancin. São Paulo: Paulus, 1989, p. 21; Didaqué IX,4.
104. Oração depois da comunhão da 5ª semana do Tempo Comum.

V. CONSIDERAÇÕES FINAIS

Grão caído na terra, trigo moído pelo sacrifício, Cristo é o pão que o Pai faz chover do céu. Na Eucaristia, comemos desse pão dos anjos que se torna pão dos homens, alimento que sacia nossa fome de felicidade, nossa saudade do Paraíso e nos compromete a saciar a fome de nossos irmãos e irmãs, fazendo com que o Reino de Deus se faça presente no meio de nós.

Sigamos, então, navegando nesse imenso rio da vida, que nasce do lado aberto do coração transpassado de Jesus e, com ele, levemos vida por onde quer que passemos.

CAPÍTULO V

RESTAURADOS PELA MISERICÓRDIA

Sacramento da Reconciliação

I. VIVÊNCIA LITÚRGICA

Ambiente: *O local do encontro deve estar na penumbra, se possível. As cadeiras, as almofadas ou outros assentos estejam dispostos em círculo ou semicírculo. Ao centro, uma toalha, vela apagada, Bíblia fechada (com a leitura bíblica marcada), fósforo, bacia transparente com água perfumada, um crucifixo.*

1. REFRÃO ORANTE: ONDE REINA AMOR[105]

2. ACOLHIDA

Animador: *(Acolhe os participantes com alegria e incentiva a experienciar um momento de oração.)*

Irmãs e irmãos, sintam-se acolhidas e acolhidos, neste momento em que buscamos a graça do perdão e o fortalecimento da fé, uma busca que só é possível graças à força do Espírito que nos dá sempre ânimo renovado. Em nossa caminhada, sintamos a presença da Santíssima Trindade. **Em nome do Pai e do Filho e do Espírito Santo.**

Todos: Amém.

Animador: Graça a vós, e paz da parte de Deus nosso Pai, e do Senhor Jesus Cristo no sopro do Espírito Santo.

Todos: Bendito seja Deus que nos reuniu no amor de Cristo.

3. RECORDAÇÃO DA VIDA

(O animador incentiva as pessoas a recordarem situações do cotidiano em que vivenciaram e experimentaram as quedas e os reerguimentos, pela graça e misericórdia de Deus.)

---
105. CO, n. 1459j. Autoria: Taizé.

a) Partilha (*A cada memória, cantar*).

b) Refrão: Indo e vindo, trevas e luz, tudo é graça, Deus nos conduz![106]

c) Conclusão

(*Alguém levanta o crucifixo e as pessoas estendem as mãos em sua direção.*)

Animador: Tudo isso, Senhor, apresentamos diante de vós e esperamos que a vossa presença nos ilumine e anime, na caminhada como Povo de Deus. Amém!

4. ESCUTA DA PALAVRA

Animador: O Senhor fala conosco e por nosso meio, quando lemos, escutamos e proclamamos a sua Palavra sempre atual. É a presença de Deus na vida, na existência de seu povo. Vamos nos colocar em escuta da Palavra de Deus.

a) Canto de Escuta: Ó, Luz do Senhor[107]

(*Todos de pé. Enquanto se canta, uma das pessoas acende a vela, e outra, previamente escolhida, toma a Bíblia, que está no espaço preparado, abre e aguarda a finalização do canto.*)

b) Anúncio da Palavra: Jo 8,1-11.

Evangelho de Jesus Cristo, segundo João, capítulo 8, versículos de 1 a 11.

c) Silêncio. Reflexão. Partilha.

d) Meditação

Homilia do Papa Francisco, na Celebração Penitencial, Basílica de São Pedro, 29 de março de 2019:[108]

Leitor 1: Ficaram, ali, apenas Jesus e a mulher, a miséria e a misericórdia. Jesus não se atem à lei, mas a uma pessoa que clama por Ele: uma mulher que se mantém calada, durante muito tempo. Contudo, o Senhor, por duas vezes, se inclina e escreve com o dedo no chão (cf. Jo 8,8).

Todos: Misericórdia, Senhor! Misericórdia!

---

106. CO, n. 1459q. Autoria: Adolfo Temme.
107. CO, n. 104. Autoria: Comunidade G. Champs.
108. FRANCISCO. **Homilia da celebração penitencial.** Vaticano, 29 mar. 2019. Não paginado. Disponível em: <https://www.vatican.va/content/francesco/pt/homilies/2019/documents/papa-francesco_20190329_omelia-penitenza.html> Acesso em: 12 ago. 2021.

Leitor 2: O que foi escrito, não se sabe; o ato de Jesus escrever que é o centro da ação. Vem à memória o acontecido no Sinai, quando Deus escreveu as tábuas da Lei com seu dedo (cf. Ex 31,18), assim como fez Jesus. Pelos profetas, Deus prometeu que não escreveria mais em placas de pedra, mas diretamente nas tábuas de carne dos corações humanos (cf. 2Cor 3,3).

Todos: Misericórdia, Senhor! Misericórdia!

Leitor 1: Jesus, a misericórdia encarnada de Deus, escreve no coração das pessoas, dando uma sólida confiança à sua miséria: oferecer a lei do Espírito, que invade o coração e o liberta e não leis terrenas que, tantas vezes, colocam distância entre Deus e o ser humano.

Todos: Misericórdia, Senhor! Misericórdia!

Leitor 2: É o que acontece com aquela mulher que, ao encontrar Jesus, redimensiona toda sua existência. Ela segue o seu caminho, para não mais pecar (cf. Jo 8,11). Jesus, com a força do Espírito Santo, nos liberta do mal interior, do pecado que a Lei podia encobrir, mas não apagar.[109]

Todos: Misericórdia, Senhor! Misericórdia!

5. NOSSA RESPOSTA ORANTE À PALAVRA

(Enquanto se canta o refrão orante, todos acendem suas velinhas na grande vela.)

Refrão orante: **Perdão, perdão**[110]

(Em seguida, rezam-se alguns versículos do Salmo 26(27), cantando sempre o refrão do Salmo).

a) Recitação do Salmo *(em dois coros ou dois leitores)*

---

109. cf. FRANCISCO. Homilia da celebração penitencial. Vaticano, 29 mar. 2019. Não paginado. Disponível em: <https://www.vatican.va/content/francesco/pt/homilies/2019/documents/papa-francesco_20190329_omelia-penitenza.html> Acesso em: 12 ago.2021.
110. PERDÃO, perdão. Intérprete: [s.n]. Compositor: Luiz Turra. In: TURRA, Luiz. **Mantras:** para uma espiritualidade de missão. [Compositor e intérprete]: Luiz TURRA. [São Paulo]: Paulinas--Comep, [19--]. Disponível em: https://www.youtube.com/watch?v=tGYxQnSX4hM. Acesso em: 12 ago. 2021.

Refrão:

O Senhor é minha luz e salvação; de quem eu terei medo?

O Senhor é a proteção da minha vida; perante quem eu tremerei?

1. Ao Senhor eu peço apenas uma coisa, e é só isto que eu desejo:
   habitar no santuário do Senhor por toda a minha vida;
   saborear a suavidade do Senhor e contemplá-lo no seu Templo.

2. Ó, Senhor, ouvi a voz do meu apelo, atendei por compaixão!
   Meu coração fala convosco confiante, e os meus olhos vos procuram.

1. Senhor, é vossa face que eu procuro; não me escondais a vossa face!
   Não afasteis em vossa ira o vosso servo, sois vós o meu auxílio!
   Não me esqueçais nem me deixeis abandonado, meu Deus e Salvador!

2. Ensinai-me, ó Senhor, vossos caminhos e mostrai-me a estrada certa!
   Por causa do inimigo, protegei-me, não me entregueis a seus desejos!
   Sei que a bondade do Senhor eu hei de ver na terra dos viventes.
   Espera no Senhor e tem coragem, espera no Senhor!

b) Exame de consciência

Animador: O exame de consciência é um momento de oração que nos ajuda a ver, à luz de Deus, nosso esforço de crescimento e conversão. Manoel Bandeira, em seu poema O Rio,[111] demonstra sua afeição ao rio, dizendo que se pode imitá-lo, pois podemos atravessar as trevas da noite sem fazer ruído, espelhando, tanto na superfície das águas quanto na tranquilidade de sua profundeza, o brilho das estrelas. Do mesmo modo que o rio, permitamos que a misericórdia divina, como as estrelas, possa clarear a nossa escuridão interior. Reflitamos sobre nossas ações diárias e peçamos ao Espírito Santo que nos ajude a reconhecer as nossas faltas. (*tempo de silêncio*)

6. RITO DA ASPERSÃO DA ÁGUA

Animador: Deus nos pede os frutos da conversão, da mudança de vida. Ele nos encoraja para que em nós haja amor, caridade, perdão e paz. Verifiquemos se tudo isso acontece conosco e, com esta aspersão, renovemos o compromisso de alimentar nosso ardor de discípulos missionários.

---

111. Cf. o poema em https://www.escritas.org/pt/t/11078/o-rio.

(Dirigindo-se à bacia com água perfumada, convida os participantes à oração. Todos acompanham, em silêncio:)[112]

> Ó Deus nós te bendizemos por esta água
> que criaste para fecundar a terra,
> lavar nossos corpos e refazer nossas forças.
> Por ela, libertaste o teu povo do cativeiro
> e aplacaste no deserto a sua sede;
> por ela os profetas anunciaram uma nova aliança
> e, consagrada pelo Cristo no Jordão, criaste uma nova humanidade.
> Que esta água, recordando o nosso batismo,
> nos faça participar da alegria
> dos que foram batizados.
> Por Cristo, nosso Senhor.

Todos: Amém.

(Após a bênção da água, alguém toma a bacia e oferece a cada pessoa, para que mergulhe a sua mão e se benza. Ouvir a música "Retorno".)[113]

7. ORAÇÃO DO POVO REUNIDO

Animador: Agradecendo o amor misericordioso que o Pai nos doou em seu Filho, acolhamos o perdão e paz do Ressuscitado, na certeza da presença do Santo Espírito, rezemos:
Pai-nosso...

8. BÊNÇÃO E DESPEDIDA

Animador: Irmãs e irmãos, que a cruz de Cristo marque para sempre as nossas vidas e, para que tenhamos todos a vida eterna, desça sobre nós a bênção de Deus que é Pai, e Filho e Espírito Santo.

Todos: Amém.

Canto: **Reencontro**[114]

---

112. REVISTA DE LITURGIA. Celebração da Palavra: Vigília Pascal. *In*: REVISTA DE LITURGIA. **Revista de Liturgia.** [S. l.], 20 abr. 2019. Disponível em: https://revistadeliturgia.com.br/celebracao-da-palavra-vigilia-pascal/. Acesso em: 29 abr. 2021.
113. ATHAYDE, Élio. **Retorno.** Intérprete: Élio Athayde. [S. l.: s. n.], [20--?]. Disponível em: <https://www.youtube.com/watch?v=GwKVknPbzjM>. Acesso em: 12 ago. 2021.
114. ATHAYDE, Élio; LARA, Jairo. **Reencontro.** Intérprete: Élio Athayde. [S. l.: s. n.], [20--?]. Disponível em: <https://www.youtube.com/watch?v=K6lzj1TFmSM>. Acesso em: 12 ago. 2021

II. A VIDA NOS SACRAMENTOS

1. REVIVER O RIO DA VIDA

Todos nós, desde os primórdios da humanidade, experienciamos a fragilidade, a propensão para o mal e a capacidade de romper com as regras, caindo no pecado. Daí as relações humanas serem marcadas por constantes desentendimentos e conflitos, às vezes, leves, mas, em diversos casos, confrontos duros, implacáveis.

Lidar conosco mesmos não é fácil; mas relacionar com o outro é tarefa ainda mais difícil, pois é alguém muito distinto de nós, e tudo aquilo que é diferente nos incomoda, nos causa estranheza, gerando enfrentamentos e hostilidade.

Imaginemos a vida humana como um rio, da nascente à foz ou desembocadura. Ao longo do seu curso, o rio passa por muitas modificações, encontra obstáculos ou oportunidades. Observando o rio, percebemos que não se intimida diante de barreiras; ele rodeia pedras e madeiras, transpõe ramas e folhagens, passa por baixo de galhos e por cima de bancos de areia. O rio deixa-se levar pela correnteza, silencioso, calmo e sereno; apenas continua seu caminho.[115]

As águas, no percurso de um rio, não se mantêm límpidas e cristalinas como na nascente. Recebem detritos, dejetos, rejeitos de indústrias, tornando-se poluídas. Fica difícil "conviver" e ficar perto dessas águas, devido ao seu aspecto de abandono, ao mau cheiro e à proliferação de doenças!

Reflitamos! O rio nasce limpo, sadio. Por que, então, deve morrer sujo e doente? O que fazer para o rio voltar à vida? Uma solução seria a sua revitalização, o processo de despoluição de suas águas e do seu entorno, como já aconteceu em vários rios ao redor do mundo, como os rios Tâmisa, Reno, Tietê etc.

O processo de despoluição dos rios é relativamente simples, porém, exige esforços conjuntos e de várias naturezas. Ousamos dizer que o primeiro esforço passa pelo "querer". Querer eliminar e garantir que nenhum tipo de contaminante seja lançado nas águas, sem tratamento. Esse processo de "salvação das águas" deve acontecer em larga escala, isto é, desde o cuidado que cada

---

115. Conferir o poema em DELICADO, João. Quanto tempo perde um rio a discutir com os obstáculos?. In: COMISSÃO BÍBLICO-CATEQUÉTICA DA CNBB-REGIONAL LESTE 2. Catequese hoje. [S. l.], 4 ago. 2020. Disponível em: https://www.catequesehoje.org.br/veredas/poemas/2036-quanto-tempo-perde-um-rio-a-discutir-com-os-obstaculos. Acesso em: 10 jun. 2021.

pessoa precisa ter com esse bem precioso, até a consciência planetária da importância da preservação do ambiente, dos recursos hídricos, de nossa casa comum. O Papa Francisco, na Encíclica Laudato Si', n.13, nos faz um apelo:

> O urgente desafio de proteger a nossa casa comum inclui a preocupação de unir toda a família humana na busca de um desenvolvimento sustentável e integral, pois sabemos que as coisas podem mudar. O Criador não nos abandona, nunca recua no seu projeto de amor, nem se arrepende de nos ter criado. A humanidade possui ainda a capacidade de colaborar na construção da nossa casa comum (LS, n. 13).

Podemos tomar emprestado o que afirmamos sobre a poluição das águas com os vários produtos que as degradam e comparar tudo isso com as faltas, transgressões, pecados que cometemos ao longo de nossa existência e que "contaminam suas águas". Também o que dissemos a respeito da revitalização das águas poderá servir de metáfora para nossa reflexão.

Deus "formou o ser humano do pó da terra, soprou-lhe nas narinas o sopro da vida" (Gn 1,7), favoreceu-o com muitos dons, sendo o maior deles a liberdade. Ela nos foi dada para que seguíssemos no caminho de obediência e de plenitude, mas, em várias situações, usamos de nosso livre-arbítrio de maneira errada. Bento XVI nos diz: "assim como o pecado destrói a criação, esta é também restaurada quando se fazem presentes 'os filhos de Deus', cuidando do mundo para que Deus seja tudo em todos".[116]

Para compreender o sentido do pecado (o poluente), é interessante tratá-lo considerando que Deus é rico em misericórdia (cf. Ef 2,4), e fez, ao logo da história, alianças de amor e de amizade com os homens e as mulheres. Aliança é um pacto, um acordo que os une a Deus. As alianças indicam os direitos e deveres, definem as bênçãos para aqueles que sabem conhecer e reconhecer normas, limites e os guardam, do mesmo modo que estabelecem as penas para aqueles que as rompem. Por isso, em muitas culturas, os pactos entre as pessoas eram selados com sangue, para confirmar que suas vidas estavam unidas para sempre.

Deus propõe relacionamentos verdadeiros, uma ligação especial entre Ele e as pessoas. Ele é bom e sempre oferece aos seres humanos amparo e suporte, estende-lhes a mão para levantar e conduzir ao seu caminho, levá-los de volta a Ele. De maneira especial, a Igreja também oferece aos cristãos a experiência do retorno ao caminho, que é Deus, por meio do Sacramento da Reconciliação, também conhecido como Sacramento da Penitência, da Conversão, da Reconciliação e do Perdão.

---

116. BENTO XVI. **Mensagem para a Campanha da Fraternidade no Brasil.** Vaticano, 9 mar. 2011. Não paginado. Disponível em:<https://pt.zenit.org/articles/respeitar-a-natureza-implica-reconhecer-condicao-de-criatura-diz-papa/>. Acesso em: 6 de ago. 2021.

III. OS SACRAMENTOS NA BÍBLIA

1. O PERDÃO MISERICORDIOSO NA SAGRADA ESCRITURA

Papa Francisco escreve:

> Precisamos sempre contemplar o mistério da misericórdia, que é fonte de alegria, serenidade e paz. É condição da nossa salvação. Misericórdia: é a palavra que revela o mistério da Santíssima Trindade; é o ato último e supremo pelo qual Deus vem ao nosso encontro; é a lei fundamental que mora no coração de cada pessoa, quando vê com olhos sinceros o irmão que encontra no caminho da vida; é o caminho que une Deus e o homem, porque nos abre o coração à esperança de sermos amados para sempre, apesar da limitação do nosso pecado (MV, n. 2).[117]

Vamos fazer um passeio pela Sagrada Escritura. Comecemos pelo Antigo Testamento, lembrando o diálogo interessante de Deus e Abraão, quando o Senhor pensa em destruir Sodoma e Gomorra e Abraão intercede pelo povo (cf. Gn 18,22b-32).

Num primeiro momento, podemos achar Abraão persistente, até mesmo inconveniente, ao colocar-se diante do Senhor. Pergunta se Deus exterminaria justos e ímpios como se fossem iguais. O Senhor, pacientemente, responde que pouparia toda a cidade, mesmo que ali só houvesse apenas dez justos.

Lendo e refletindo mais a fundo, carecemos ter claro a quem nos dirigimos, quando rezamos. Podemos nos perguntar se estamos apresentando, com humildade e coragem, nossa prece a Deus, que é todo poderoso, mas também todo amoroso. A exemplo de Abraão, temos que ser sinceros, abertos e confiantes em nossa conversa com o Senhor e, ainda, pedirmos uns pelos outros, sendo intercessores daqueles que, mesmo em sua fragilidade humana, procuram ser justos, mesmo sem conseguir.

É fundamental termos nítido que o Senhor é bom (cf. Sl 100,5), ouve e responde às nossas indagações. Basta abrir a mente e o coração para acolher as respostas e levá-las para a vida.

---

[117]. FRANCISCO. **Misericordiae Vultus:** o rosto da misericórdia. Bula de Proclamação do Jubileu Extraordinário da Misericórdia. São Paulo: Paulinas, 2015b. Col. A Voz do Papa, 200.

Continuemos o nosso passeio pelo caminho das Escrituras. Deus sempre concedeu à humanidade o perdão, mesmo que na vida de uma pessoa, de uma família, de uma comunidade, essa prática não seja fácil.

No Eclesiástico (cf. 27,30–28,7), é clara a súplica que o ser humano faz para que seja vencida a lógica do "olho por olho e dente por dente" e o pedido de assumir sentimentos e atitudes de misericórdia e perdão. Em contrapartida, é interessante perceber a relação radical que Jesus fez entre o perdão divino e o perdão humano: quem, primeiramente, não perdoar seu irmão, quem não viver em harmonia com ele, não deve oferecer presentes, apresentar oferendas e nem pedir o perdão de Deus (cf. Mt 5,23-24).

No Salmo 103 está o exemplo de Deus. O Senhor é clemente e misericordioso, lento para a cólera e rico de amor (v. 8). Ao longo de toda a história, que está repleta de rupturas e reconciliações, Deus adverte as pessoas a respeito de seus pecados (cf. Sl 50,21; 89,8) e aconselha mulheres e homens a se converterem, pois só assim viverão (cf. Ez 18,32; 33,11).

Deus manda profetas, no decorrer da história, que denunciam os pecados do povo: exploração dos pobres, a adoração de falsos deuses, a injustiça, abandono de órfãos e viúvas e convidam à conversão (cf. Am 8,4-7; Mq 6,1-15; Os 13, 1-4; 1Rs 17,7-16).

O Antigo Testamento, portanto, apresenta o Senhor como o Deus misericordioso (cf. Sl 85) cuja misericórdia é eterna (cf. Sl 99; 102; 135) e mostra que a condição para o perdão divino é a conversão sincera, completa e profunda, a mudança radical no modo de viver (cf. Sl 50).

Deus, sendo misericórdia e querendo que os seres humanos pertençam a Ele sem reservas, chama-os a serem santos à sua imitação (cf. Lv 19,2) e ensina que o caminho para a santidade passa pelo agir com ética e pelo amor ao próximo (cf. Lv 19,17-18).

O Novo Testamento mostra que Deus fez a maior revelação da sua misericórdia para conosco quando enviou seu Filho, Jesus Cristo, para nos salvar (cf. Ef 2,3-5). A misericórdia do Pai alcança seu ápice em Jesus, o Nazareno. O Pai, "rico em misericórdia" (Ef 2,4), após ter anunciado qual era e seu nome a Moisés, "Deus compassivo [misericordioso] e clemente, lento para a cólera, rico em amor e fidelidade" (Ex 34,6), não deixou de revelar sua natureza divina, de diversas maneiras, ao longo da história da humanidade.

As parábolas são fonte rica e inesgotável de aprendizado sobre a misericórdia de Deus, pois nelas Deus é mostrado como um Pai incansável, que não desiste enquanto não destrói o pecado, vencendo a indiferença com compaixão e misericórdia. Estas parábolas são conhecidas, especialmente, as da ovelha extraviada e a da moeda perdida, bem como a do pai com os seus dois filhos (cf. Lc 15,1-32). Nelas, Deus é apresentado repleto de alegria ao perdoar. Aqui, encontra-se a essência do Evangelho e da nossa fé, pois a misericórdia plenifica o coração humano com a graça do perdão, sendo uma força que vence tudo.[118]

Jesus indica que o perdão deve ser concedido sem limites, primando não pela quantidade, mas pela qualidade e magnitude de coração. Ele nos aponta o caminho da reconciliação, ao contar a parábola de um empregado que devia grande fortuna e, por compaixão do senhor, foi perdoado. Porém, esse mesmo empregado, sem clemência, não perdoou seu companheiro que lhe devia uma pequena soma. O senhor, enfurecido, castigou rigorosamente o primeiro. Jesus conclui: "Assim também fará convosco meu Pai celeste, se cada um de vós não perdoar seu irmão de todo o coração" (Mt 18,21-35).

Na parábola do Pai misericordioso (cf. Lc 15,11-31), Jesus apresenta que o amor paterno resgata o filho "perdido". Leva o filho a refletir e reconhecer suas faltas (v. 17-18). O reconhecimento dos pecados levou-o ao arrependimento e à conversão (v. 19). A conversão impulsionou o filho a fazer o caminho de volta (v. 20). A festa, a alegria, a roupa nova, as sandálias e o anel são expressões significativas da celebração da conversão de um pecador que voltou à vida (v. 22-24). A nossa condição de filhos de Deus não depende dos nossos erros ou acertos, mas é fruto do amor do coração do Pai.[119]

Em outro episódio, levaram à presença de Jesus uma mulher surpreendida em adultério que, segundo a Lei de Moisés, deveria ser apedrejada. Jesus surpreendeu-os todos com sua resposta, tirando os acusadores da posição "cômoda" e mostrando que eles também estavam na condição de pecadores (cf. Jo 8,1-11).

Depois que os acusadores se retiraram, Jesus permaneceu ali, naquele lugar, em companhia da mulher (cf. Jo 8,9), "porque lá ficou o que era precioso a seus olhos: aquela mulher, aquela pessoa. Para Ele, antes do pecado, vem o pecador. No coração de Deus, eu, tu, cada um de nós vem em primeiro lugar; vem antes dos erros, das normas, dos juízos e das nossas quedas".[120]

"Vai, e de agora em diante não peques" (Jo 8,11) é um convite que Jesus faz às pessoas para que renunciem à vida de pecado. Mesmo que a condição humana seja frágil, podendo cair no erro novamente, mulheres e homens são amparados pela justiça concedida por Jesus Cristo e podem experienciar, pela ação do Espírito Santo de Deus, a libertação do poder do pecado.

Jesus crucificado presenteou aos que o torturavam e o matavam com o perdão: "Pai, perdoa-lhes porque não sabem o que fazem" (Lc 23,34). O "bom ladrão", em sua agonia, sentiu o perfume do perdão oferecido por Jesus do alto da

---

118. Cf. MV. n. 9.
119. Cf. FRANCISCO. **Audiência geral.** Vaticano: 11 mai. 2016. Disponível em: <https://www.vatican.va/content/francesco/pt/audiences/2016/documents/papa-francesco_20160511_udienza-generale.html>. Acesso em: 12 ago. 2021.
120. FRANCISCO, 2019, não paginado.

cruz. Envolvido por este aroma, reconheceu-se pecador, arrependeu-se e, humildemente, pediu perdão (cf. Lc 23,41-42). Jesus acolheu a sua contrição sincera e prometeu, ali mesmo, àquele homem, o paraíso (cf. Lc 23,43).

Para o arrependimento, não há restrição de tempo, porém, quanto mais ao "alvorecer" a pessoa se converter, mais cedo experimentará, impregnado em si, o bálsamo do perdão, a alegria de ser perdoada no amor divino e liberta para viver uma nova vida. Todo aquele que é perdoado, é impulsionado a louvar a bondade e o amor infinitos de Deus e a render graças ao Senhor da misericórdia (cf. Lc 15,9-10).

Dirigindo-se aos cristãos de Roma, Paulo recomenda que a comunidade cristã seja um lugar propício para o cultivo do amor, para a aceitação das diferenças, para o respeito mútuo e o perdão (cf. Rm 14,7-9). Relevante é que as pessoas permaneçam unidas no que é essencial e deixem de lado as desigualdades.

Podemos nos sentir felizes e, de certa forma, aliviados, pois o reinado de Deus, que o Senhor Jesus veio inaugurar no mundo, é para curar os doentes (cf. Mt 9,12b), aproximar e libertar os pecadores (cf. Mt 9,13c), salvar a humanidade do mal, por sua graça e decisão (cf. 2Tm 1,9). Hoje, somos convidados a acolher a mesma missão, sendo discípulos missionários. É o próprio Jesus quem nos chama: "Se alguém quiser vir após mim renuncie a si mesmo, tome a sua cruz e me siga" (Mt 16,24). O Diretório Nacional de Catequese nos diz: "O discipulado, que é o aprofundamento do seguimento, implica renúncia a tudo o que se opõe ao projeto de Deus e que diminui a pessoa. Leva à proximidade e intimidade com Jesus Cristo e ao compromisso com a comunidade e com a missão" (DNC, n. 34).[121]

---

121. CONFERÊNCIA NACIONAL DOS BISPOS DO BRASIL. **Diretório Nacional de Catequese.** 4 ed. Brasília: CNBB, 2006. p. 46; Doc. CNBB 84, n. 34.

IV. OS SACRAMENTOS NA VIDA

1. POR QUE CONFESSAR?

Na viagem pelo rio, pensamos, refletimos e conversamos sobre a misericórdia divina, conversão humana e perdão dos pecados. Chegou o momento de nos perguntar: mas o que é o pecado?

Pecado é a ruptura da aliança e amizade com Deus. O ser humano se recusa a navegar no rio de águas límpidas e cristalinas da misericórdia e amor divinos. Pecar é abandonar a fidelidade a Deus, recusar-se à aliança (cf. Os 2 e Jr 3,13). É agir contra as pessoas, pois é agir contra o próprio Deus.

"O pecado é sempre pessoal, mas suas consequências, em geral, vão além da pessoa".[122] Toda mulher e todo homem estão propensos a tropeços, deslizes e quedas que retardam sua caminhada ou atrapalham a caminhada dos outros.

Há que se fazer uma observação muito importante aqui, em termos de espiritualidade pessoal, mas também de cuidado pastoral. Hoje, percebem-se três posturas diferentes em relação à experiência do pecado:

- Há os que cultivam uma espiritualidade saudável, pautando sua vida cristã pelo bom-senso e pela clareza quanto à consciência ou sentido do pecado. Sabem, de fato, com liberdade e noção exata de seus atos, quando transgridem o amor a Deus, ao próximo e a si mesmos. Estes se arrependem, suplicam a graça de Deus e buscam a reconciliação.
- Um outro grupo, mais escrupuloso e quase sempre imbuído de uma religião do medo de Deus, sente que tudo é pecado e da mesma gravidade, não suportando ficar sem o Sacramento da Reconciliação e buscando-o quase como que uma obsessão. Precisam ser melhor catequizados e, em muitos casos, ajudados psicologicamente.
- Um terceiro grupo, na outra polaridade, já perdeu o senso do pecado ou considera tudo uma questão de ordem psíquica. É nítido, que o ser humano vive numa cultura permeada por um relativismo e uma perda da noção do pecado, que nos leva a abandonar o ardor pelo Sacramento da Penitência.

---

122. GALVÃO, Antônio Mesquita. **Os sacramentos:** sinais do amor de Deus. Petrópolis, Vozes: 1995, p. 32.

O Documento de Aparecida nos diz que:

> O Sacramento da Reconciliação é o lugar onde o pecador experimenta de maneira singular o encontro com Jesus Cristo, que se compadece de nós e nos dá o dom de seu perdão misericordioso, faz-nos sentir que o amor é mais forte que o pecado cometido, nos liberta de tudo o que nos impede de permanecer em seu amor, e nos devolve a alegria e o entusiasmo de anunciá-lo aos demais com o coração aberto e generoso (DAp. 254).

O Sacramento da Reconciliação foi recebendo nomes variados, ao longo da história:

a) *Sacramento da Conversão*, pois realiza o pedido de Jesus à conversão (cf. Mc 1,15) e o esforço de regressar à casa do Pai (cf. Lc 15,18) de onde o penitente se afastou.
b) *Sacramento da Penitência*, pois reconhece que o cristão contrito faz um itinerário de conversão, arrependimento e alegria.
c) *Sacramento da Confissão*, pois a confissão dos pecados, diante do sacerdote, é um dos elementos essenciais desse sacramento. É também um reconhecimento da santidade e da misericórdia de Deus pelo pecador.
d) *Sacramento do Perdão*, pois Deus concede ao pecador, por meio da absolvição sacramental do padre, "o perdão e a paz".
e) *Sacramento da Reconciliação*, pois concede ao penitente o amor de Deus que reconcilia: "Deixai-vos reconciliar com Deus" (2Cor 5,20).[123]

No Antigo Testamento está presente a prática de confessar: "Confessarão o pecado cometido" (Nm 5,7), "confessei-te meu pecado e não encobri minha iniquidade" (Sl 32,5), "orei... fazendo a seguinte confissão: Ah! Senhor Deus [...] temos pecado" (Dn 9,4-5). A confissão, então, não é um exercício novo. No entanto, essa prática foi elevada à dignidade de sacramento pela Igreja, a partir dos ensinamentos de Jesus Cristo e da tradição dos primeiros tempos do cristianismo. O Senhor conhecia a fraqueza humana e, diante do pecador, revelava o desejo de Deus de que todos seus filhos fossem salvos: "Recebei o Espírito Santo. A quem perdoardes os pecados serão perdoados. A quem não perdoardes os pecados não serão perdoados" (Jo 20,23). "Homem, os teus pecados estão perdoados" (Lc 5,20). "Olha, tu estás curado. Não peques mais, para não te acontecer coisa pior" (Jo 5,14).

> Falar de reconciliação e penitência, para os homens e mulheres do nosso tempo, é convidá-los a reencontrar, traduzidas na sua linguagem, as próprias palavras com que o nosso Salvador e Mestre Jesus Cristo

---
123. cf. CIgC n. 1.423 e 1.424.

quis iniciar a sua pregação: "Convertei-vos e acreditai no Evangelho" (Mc 1,15), ou seja, acolhei o anúncio jubiloso do amor, da adoção como filhos de Deus e, consequentemente, da fraternidade (ReP 1).[124]

Ao lermos, no Evangelho de João, que Jesus Ressuscitado, ao entrar onde estavam os onze reunidos com as portas fechadas, lhes deu solenemente o poder de perdoar pecados (cf. Jo 20,22-23), refletimos sobre a importância do Sacramento da Reconciliação. O sacerdote, por meio deste sacramento, ouve os pecados cometidos depois do Batismo, que é o momento principal da primeira e fundamental conversão. É pela fé na Boa-nova e pelo Batismo (cf. At 2,39) que se renuncia ao mal e se acolhe a salvação, isto é, a remissão de todos os pecados e o dom da vida nova.[125] O sacerdote, ainda, reflete com o penitente sobre suas faltas, ajuda-o a reorientar sua vida e lhe concede o perdão de Deus.

O pedido de Cristo, que constantemente ressoa na vida do cristão e da cristã, chama-se *segunda conversão.* A Igreja, também, se esforça para atendê-lo, pois ela "que recebe em seu próprio seio os pecadores, é santa e ao mesmo tempo que necessitada de purificação constante, busca sem cessar a penitência e a renovação" (LG, n. 8). A busca por conversão é uma dinâmica do "coração contrito" (cf. Sl 51,19), atraído e conduzido pela graça (cf. Jo 6,44; 12,32), a fim de responder ao amor misericordioso de Deus Pai, que sempre amou primeiro (cf. Jo 4,10).

Jesus Cristo, pela força do Santo Espírito, nos liberta do mal. É a ternura e o amor do Senhor, derramados em nossos corações, que nos tornam livres. Demos lugar ao Redentor, que perdoa, que cura. "A confissão é a passagem da miséria à misericórdia, é a escrita de Deus no coração. Sempre que nos abeiramos dela, lemos que somos preciosos aos olhos de Deus, que Ele é Pai e nos ama mais do que nos amamos a nós mesmos".[126]

O Papa Francisco, ainda, afirma que muitos de nós estão desanimados para recomeçar e nos aconselha a buscar o perdão "arrebatador de Deus" que recebemos no Batismo, como a força para renascer e, ainda, nos convida a superar o medo da confissão.

> **O perdão nos proporciona um novo começo**, nos torna criaturas novas, nos faz palpar a vida nova. [...] Receber o perdão dos pecados, através do sacerdote, é uma experiência sempre nova, original e inimitável [...] isto é o coração da confissão [...] o amor divino que recebemos e do qual sempre

---

124. JOÃO PAULO II. **Exortação Apostólica Pós-sinodal *Reconciliatio et paenitentia*:** ao episcopado, ao clero e aos fiéis sobre a Reconciliação e a Penitência na missão da Igreja hoje. Vaticano: 1984. Não paginado; RP. Disponível em: <https://www.vatican.va/content/john-paul-ii/pt/apost_exhortations/documents/hf_jp-ii_exh_02121984_reconciliatio-et-paenitentia.html>. Acesso em: 16 jan. 2021.
125. Cf. CIgC, n. 1.427.
126. Cf. o texto na íntegra em https://www.vatican.va/content/francesco/pt/homilies/2019/

> precisamos. [...] **o Senhor nos conhece, sabe que a luta interior é difícil, que somos fracos e propensos a cair muitas vezes reincidentes na prática do mal**. Então, nos propõe começar a ser reincidentes no bem, no pedido de misericórdia. Será ele a nos erguer, fazendo de nós criaturas novas.[127]

A misericórdia de Deus é para todos, seja individual ou coletivamente. Ela encontra seu ápice no envio de seu Filho e na vitória de Jesus sobre o pecado. O pecado deve ser entendido também à luz da fé, que é a vida; à luz da pessoa de Cristo, que passa sua vida entre os pecadores (cf. Mc 2,17) e à luz do seu mistério. Jesus veio para apagar o pecado do mundo: "Eis o Cordeiro de Deus, que tira o pecado do mundo" (Jo 1,29b). Ele é a oferenda de expiação pelos nossos pecados, e não só pelos nossos, mas também pelos pecados do mundo inteiro (cf. 1Jo 2,2).

2. COMPREENDER A PENITÊNCIA A PARTIR DA SUA RITUALIDADE

O Ritual da Penitência[128] traz três modalidades de ritos para a celebração do sacramento: a) Rito para a reconciliação individual dos penitentes; b) Rito para a reconciliação de vários penitentes com confissão e absolvição individuais; c) Rito para a reconciliação de vários penitentes.

Escolhemos, para o nosso estudo, o rito para a reconciliação individual dos penitentes, por ser a forma usualmente mais comum. No entanto, com a Igreja, olhamos com muito apreço as celebrações comunitárias da reconciliação, momentos fortes em que a comunidade é chamada a experimentar a misericórdia de Deus como família que, consciente de seus limites, busca se reconciliar e recomeçar sua caminhada. São excelentes oportunidades para a escuta da Palavra e a celebração piedosa do perdão, mediadas pela riqueza que a liturgia desse sacramento propõe.

O espaço sagrado diz muito a respeito da concepção que se tem da liturgia e do que se quer comunicar às pessoas a respeito do sentido da celebração. No que se refere ao Sacramento da Reconciliação, sobretudo em sua modalidade individual, o espaço onde o penitente é atendido é, quase sempre, pobre em sua simbologia, levando a uma banalização do que ali acontece. Recomenda-se que o espaço seja bem pensado, com beleza e leveza, para que possibilite a percepção da acolhida misericordiosa de Deus. Nunca com uma mesa separando o padre do penitente, mas com assentos confortáveis, que convidem ao diálogo fraterno. Seja um ambiente que garanta a privacidade do penitente. Haja destaque ao crucifixo e à Bíblia, à qual o padre recorrerá para anunciar a Palavra de Deus ao fiel. Poderá ser ornamentado com algum quadro bíblico que remeta à experiência do perdão ou mesmo com alguma imagem de Jesus misericordioso ou do Bom Pastor.

---

127. FRANCISCO, 2019, não paginado (grifo meu).
128. Cf. CONGREGAÇÃO PARA O CULTO DIVINO. **Ritual da Penitência.** São Paulo: Paulus, 1999.

2.1 ESTRUTURA GERAL DO RITO

O rito para reconciliação individual dos penitentes acentua "o aspecto comunitário do sacramento" e está dividido em seis partes: a) Acolhimento do penitente; b) Leitura da Palavra de Deus; c) Confissão dos pecados e aceitação da satisfação; d) Oração do penitente e absolvição; e) Proclamação do louvor de Deus e despedida do penitente (RP, n. 41 a 47).

2.2 O RITO PARTE POR PARTE

a) Acolhida (RP, n. 41)

É fundamental entender que o Sacramento da Penitência, antes de tudo, comunica o amor e a misericórdia de Deus a toda gente. O penitente, ao se aproximar do sacerdote, deve se sentir acolhido. Uma acolhida "bondosa e benevolente" que o faça reconhecer ou perceber no sacerdote o "Bom Pastor" (Jo 10,11), o Pai misericordioso e compassivo.

Rito Sacramental
- ✓ Acolhida
- ✓ Sinal da cruz
- ✓ Leitura da Palavra de Deus
- ✓ Confissão dos pecados e aceitação da satisfação (penitência)
- ✓ Oração do penitente e absolvição pelo sacerdote

b) O sinal da cruz (RP, n. 42)

Logo após a acolhida amiga, o sacerdote e o penitente fazem o sinal da cruz. Podemos nos perguntar, qual a importância da cruz?

No Antigo Testamento, há menção de uma antiga lei israelita que dizia "quando alguém tiver cometido um crime de pena capital e for executado e suspenso numa árvore (não se trata de enforcamento), o cadáver não poderá ficar ali durante a noite, mas deverás sepultá-lo no mesmo dia, pois o que foi suspenso é maldição de Deus" (Dt 21,22-23). O Império Romano condenou Jesus e o mataram "suspendendo-o numa cruz" (At 5,30). Paulo Apóstolo, referindo-se à passagem da lei, disse que "Cristo resgatou-nos da maldição da Lei, fazendo-se maldição por nós" (Gl 3,13).

Assim, a cruz não deve ser vista como amuleto, objeto místico, nem como acessório de moda e, principalmente, não deve ser contemplada somente como sinal de sofrimento e dor. A cruz de Cristo é esperança de vida eterna, de vida nova. Ela nos revela "o poder e a sabedoria de Deus" (1Cor 1,24), "é salvação para nós" (1Cor 1,18), reconciliação (cf. Cl 1,22). Nós estávamos afastados do Altíssimo, devido aos nossos pecados (cf. Is 5,2; 2Rm 3,23), mas fomos reconciliados com o Senhor pela morte de Jesus. A cruz é sinal de conversão (cf. Gl 5,24); nela, Cristo livrou a humanidade do pecado e, ao derramar seu sangue, lavou e perdoou todo homem e toda mulher. É marca do seguimento a Cristo e do discipulado (cf. Mc 8,34). Jesus pede que nos desapeguemos de nossa vida, que sejamos disponíveis para carregar a cruz, imagem que melhor resume toda a sua vida, pois o "discípulo" é convidado a imitar o Mestre.

Na Sagrada Escritura, Deus nos revela que a cruz é reconciliação do ser humano que está longe dele. Com seu poder e graça, Ele qualifica a pessoa e faz com que se converta de suas faltas, transformando sua vida e proclamando o perdão integral de seus pecados.

Logo no início da conversa entre o penitente e o sacerdote, há possibilidade do penitente experienciar a ação da Santíssima Trindade, na confissão. É o Pai quem envia seu Filho para nossa salvação, que nos deixa o Espírito consolador: "A graça do Espírito Santo ilumine o teu coração, para que confesses os teus pecados e reconheças a misericórdia de Deus" (RP, n. 42,69).

O sacerdote encoraja o penitente à confiança em Deus que é Pai. Confiança... Confiar... Fiador... o que é isso? Segundo o Dicionário Online de Português,[129] fiador é "aquele que afiança ou assegura o cumprimento de deveres e obrigações de outro; abonador". Então, o fiador de alguém é aquela pessoa que dá garantia, que se responsabiliza pelo outro. Sendo assim, a experiência de confiança que o penitente é chamado a fazer tem por garantia o próprio mistério pascal, morte e ressurreição de Jesus Cristo.

c) Rezando e refletindo da Palavra de Deus (RP, n. 43)

Além de previsto pelo Ritual, é maravilhoso, significativo e profundo, no momento da confissão, que o sacerdote tome a Bíblia e leia um texto que proclame a bondade de Deus e encoraje a pessoa à conversão. Interessante entender que a misericórdia divina antecede à exortação da conversão humana, porque o Sacramento da Penitência é um sacramento que põe em evidência a misericórdia e o amor de Deus. Ele exibe a bondade e a alegria divinas e nos estimula a lapidar nossa consciência, levando-nos à transformação vital (cf. Ez 11.19).

d) Confessando os pecados e aceitando a satisfação (penitência) (RP, n. 44)

A Igreja insiste que se faça uma "confissão íntegra" (RP, n. 44), completa e bem-feita, o que exige um bom **exame de consciência**. Ao dizer aos sacerdotes os próprios pecados, o penitente os confia a Cristo, que o ouve, acolhe, compreende e perdoa, na mediação do sacerdote. A Igreja nos ensina que a **confissão dos pecados** deve ser detalhada o suficiente para que o padre entenda a gravidade da situação exposta e possa ajudar o penitente no caminho

---

[129]. FIADOR. *In:* Dicionário online de português. Matosinhos: 7Graus, 2009-2021. Disponível em: <https://www.dicio.com.br/> Acesso em: 12 ago. 2021.

da reconciliação. Nada deverá ser omitido, por mais duro que seja relatar o que se passou. Para que seja um ato verdadeiro, o penitente deve estar **contrito**, isto é, arrependido de coração e decidido a não incorrer no mesmo ato. Uma **satisfação** (penitência) lhe será recomendada pelo confessor, proporcional a seus pecados, como reparação e cura de suas feridas. Esses são "os elementos" da confissão ou atos do penitente: "no coração: a contrição, na boca, a confissão; nas obras, toda a humanidade e frutuosa satisfação" (CIgC, n. 1.450).

A contrição é aquela dor do coração, aquele arrependimento tão sincero que a pessoa sofre. Ela está triste, nas sombras, certa que transgrediu o Amor, rompeu a aliança com Deus. Ao confessar, o penitente assume a responsabilidade dos seus erros, admitindo que "abre-se de novo a Deus e à comunhão da Igreja, a fim de tomar possível um futuro novo" (CIgC, n. 1.455) e, desse modo, se propõe regressar ao Redentor e à unidade com a Igreja. A satisfação ou penitência dada pelo sacerdote ao penitente arrependido deve ser proporcional à falta cometida. É essencial que a satisfação ajude a pessoa a práticas de misericórdia, que a encoraje à renovação da vida. Nem sempre somente a recitação do Pai-nosso ou da Ave-Maria, como costumeiramente se recomenda, dará ao penitente a dimensão do reparo que ele deve fazer, em vista da falta que cometeu. É preciso que a satisfação leve a novas posturas de vida.

O Ritual recomenda que o sacerdote procure se adaptar em tudo à condição do penitente, seja na maneira de falar, na linguagem, seja na escolha dos conselhos, propiciando-lhe vislumbrar e sentir que Deus está perto dele. Aqui vale lembrar que Cristo se adaptou em tudo: "Ele, subsistindo na condição de Deus, não se apegou à sua igualdade com Deus. Mas esvaziou-se a si mesmo, assumindo a condição de escravo; tornando-se solidário com os seres humanos, humilhou-se, feito obediente até a morte, até a morte de cruz" (Fl 2,6-8).

e) Oração do penitente e absolvição (RP, n. 45-46)

Após a recomendação da satisfação, o sacerdote convida o penitente a externar o seu arrependimento em forma de oração. Esta oração é o conhecido ato de contrição, que exprime arrependimento, compromisso da pessoa em não mais pecar e a confiança na misericórdia de Deus. O ato de contrição deve ser espontâneo, brotar do coração do penitente. É mais do que urgente superar as verdadeiras neuroses que se criam em cima desse momento do ato de contrição, tornando-o um obstáculo a uma confissão serena e tranquila. Por isso, é pastoralmente recomendado que se ensine ao penitente elaborar, ele próprio, a sua oração de contrição, com seus elementos fundamentais.

Para melhor entender a estrutura do ato de contrição, vamos estudar a primeira oração do penitente, proposta no Ritual (RP, n. 45, 1).

Senhor, eu me arrependo sinceramente de todo mal que pratiquei e do bem que deixei de fazer. Pecando, eu vos ofendi, meu Deus e sumo bem, digno de ser amado sobre todas as coisas.	Reconhecimento do penitente de sua falta, da ruptura com Deus e com o outro. Quando dizemos "eu vos ofendi", mais do que afirmar que Deus foi atingido com nosso pecado, assumimos que, ao pecar, nos fechamos ao seu amor.
Prometo firmemente, ajudado por vossa graça, fazer penitência, não mais pecar e fugir às ocasiões do pecado.	Compromisso do penitente em não mais pecar, auxiliado pela graça divina.
Senhor, tende piedade de mim, pelos méritos da paixão de nosso Salvador, Jesus Cristo.	Pedido de perdão e a confiança da misericórdia e amor de Deus.

Então é aqui que está a confiança no Altíssimo, para que a pessoa possa viver a vida nova, liberta do pecado.

Depois da oração, o sacerdote estende as mãos sobre o penitente e lhe concede a absolvição dos pecados, recitando a fórmula de absolvição (cf. RP 46), e finaliza traçando o sinal da cruz. Mãos estendidas em atitude de bênçãos, bênçãos divinas! Retomando a ideia do início da celebração, o penitente experimenta a ação da Santíssima Trindade também neste momento da oração de absolvição. Vejamos a fórmula da absolvição:

Deus, Pai de misericórdia,	Já no início da fórmula, somos levados ao cerne da experiência feita: Deus é amor, misericórdia e compaixão.
que, pela morte e ressurreição de seu Filho,	Como todos os outros sacramentos, aqui também participamos no Mistério Pascal de Jesus Cristo, que por todos nós entregou a sua própria vida.
reconciliou o mundo consigo	O fruto do Mistério Pascal para toda a humanidade é a reconciliação com Deus e com todos os seres criados.
e enviou o Espírito Santo para remissão dos pecados,	É pela ação do Espírito do Ressuscitado que somos remidos de nossos pecados.

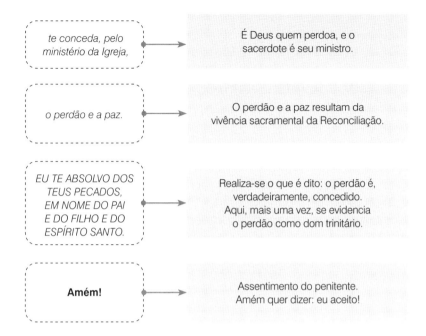

g) Despedida do penitente e sua alegria diante do perdão (RP, n. 47)

Logo após a experiência do perdão divino, contemplamos e admiramos a beleza do penitente, saindo da celebração, louvando e proclamando a misericórdia e o amor de Deus. A pessoa sai curada e, ademais do perdão, recebe o dom da alegria e da festa. Na despedida, o sacerdote pode dizer: "Vai em paz e proclame ao mundo as maravilhas de Deus que te salvou" (RP, n. 47,4).

Quando se celebra comunitariamente a reconciliação, principalmente na catequese, fica bem uma confraternização, com comes e bebes, músicas e outras expressões significativas de alegria. Afinal, o próprio Jesus garantiu: "Eu vos digo que também no céu haverá mais alegria por um pecador que se converte do que por noventa e nove justos que não necessitam de conversão" (Lc 15,7). Vale lembrar, ainda, que na parábola do Pai Misericordioso, também conhecida como o Filho Pródigo, a volta do filho pecador é comemorada com muita festa. Falta-nos expressar melhor a força restauradora que a reconciliação tem na vida do cristão.

V. CONSIDERAÇÕES FINAIS

Após a longa jornada, o rio chega à sua foz, como era no manancial, alegre, límpido e cristalino. Parafraseando o compositor e cantor Guilherme Arantes, em sua canção *Planeta Água*,[130] depois das diversas experiências, circunstância e transformações, as águas do rio "sempre voltam tranquilas no leito dos lagos... profundo da terra".

---

130. ARANTES, 1993.

CAPÍTULO VI

AMOR A SERVIÇO DA IGREJA E DO POVO DE DEUS

O Sacramento da Ordem

I. VIVÊNCIA LITÚRGICA

Ambiente: *Cadeiras em círculo. No centro, ao chão, um tecido branco com Bíblia, vela acesa, uma estola, cálice, patena, pães, cruz e flores naturais. Corações em papel e canetas para todos. Cada participante recebe um coração, escreve nele os nomes dos sacerdotes que marcaram a sua vida e guarda consigo no coração.*

1. ACOLHIDA

(Quando todos estiverem acomodados, alguém previamente designado acende a vela e diz estas palavras: "Vem, Senhor, abençoa-nos. Dá-nos tua paz, Senhor! Tua mão esteja sobre nós, toca-nos com teu amor".)

Animador: Em nome da Trindade que nos reunimos e na sua presença, iniciemos com o sinal da nossa fé.

Todos: Em nome do Pai e do Filho e do Espírito Santo! Amém!

Refrão Orante: Eu sei, eu sei, eu sei, em quem acreditei.[131]

Animador: Queremos, neste encontro, rezar e refletir sobre o Sacramento da Ordem e os frutos deste sacramento na Igreja. Peçamos que o Senhor, nosso Deus, derrame sobre nós a graça do Santo Espírito e a luz de sua Palavra para que coloque em nossos lábios e em nosso coração o amor que brota da Trindade Santa. E, assim, a nossa prece seja luz e esperança para aqueles homens que assumem, na Igreja, o ministério da ordem para levar a Boa-nova aos pobres e curar os corações feridos. Entoemos:

Canto: Tua voz me fez refletir.[132]

---

131. Eu sei em quem acreditei. Intérprete: Coro Edipaul. Compositor: Luiz Turra. *In*: TURRA, Luiz. **Palavras sagradas de Paulo apóstolo.** Compositor: Luiz Turra. Intérprete: Coro Edipaul. [S. l.]: Paulinas-Comep, 2006.
132. CO, n. 565. Autoria: José Acácio Santana.

2. RECORDAÇÃO DA VIDA

Animador: Recordemos e rezemos a vida e a vocação oferecida ao mundo por aqueles homens que, pelo Sacramento da Ordem, assumem fielmente o ministério ordenado. A nossa vivência da fé cristã deve muito ao testemunho dos nossos ministros ordenados. Muitos deles deixaram marcas significantes em nossa vida, desde o nosso Batismo; são, a exemplo de Cristo, aqueles que, servindo na caridade o Povo de Deus, nos conduzem ao Reino celeste. Trazemos em nossas mãos, corações. Neles escrevemos os nomes dos ministros ordenados que contribuíram com nosso crescimento espiritual e nos fizeram crescer na fé. Quem sentir desejo de partilhar o que lembrou, faça-o e, após partilhar com o grupo a sua recordação, coloque o coração no espaço preparado junto aos símbolos sacerdotais. A cada três ou quatro partilhas, cantar o refrão: Quem por mim perde a vida.[133]

Refrão Orante:

Quem por mim perde a vida, por mim! Quem por mim perde a vida! Este sim, a encontrará e há de viver. Viverá para sempre!

3. ESCUTA DA PALAVRA DE DEUS

a) Refrão de escuta: Que arda como brasa.[134]

Que arda como brasa, tua Palavra nos renova, esta chama que a boca proclama!

b) Anúncio da Palavra: (Ler da Bíblia que está no centro da mesa):
2Tm 1,6-11.

c) Silêncio. Reflexão. Comentários do grupo sobre o texto.

d) Meditação

Animador: Emprestemos nossas vozes às vozes de tantos presbíteros que, dia e noite, oferecem a Deus, generosamente, as suas vidas e, nelas, as de toda a Igreja. Por meio de nós, ecoem ao Pastor dos pastores as suas mais confiantes súplicas.

---

133. Quem por mim perde a vida. Intérprete: Arquidiocese de Goiânia. *In*: DO NASCIMENTO, Ramon Telles; BEZERRA, Décio Pacheco. **Chamaste-me, Senhor!** [S. l.: s. n.], 2009.
134. CO, n. 664. Autoria: Ir. Agostinha Vieira.

Leitor 1:

Senhor, somos presbíteros, parte do teu povo sacerdotal e profético, trazemos em nossas mãos, a nossa fragilidade, a do nosso e teu povo e a de toda a humanidade.

Nossas mãos estão abertas e estendidas, pois nelas essas vidas todas te oferecemos!

Transforma nossas fraquezas e limitações em fé, esperança e amor, para mais e melhor servirmos ao teu e nosso povo.

Abençoa-nos, para que nos tornemos bênção para os outros, sobretudo para os mais pobres e necessitados que, nas "periferias geográficas e existenciais", clamam por esperança.

Leitor 2:

Dá-nos força e coragem para que, vivendo contigo o mistério da Paixão, possamos anunciar a alegria da Ressurreição, que gera vida nova e abundante!
E, assim, transformados e moldados por ti, possamos dizer com e como São Paulo: "Em tudo somos atribulados, mas não esmagados; perplexos, mas não desanimados; perseguidos, mas não desamparados; abatidos, mas não destruídos. Trazemos sempre no nosso corpo os traços da morte do Senhor Jesus, para que também a vida de Jesus se manifeste no nosso corpo" (2Cor 4,8-10).

Todos: Amém!

6. NOSSA RESPOSTA À PALAVRA QUE ALIMENTA NOSSA CAMINHADA

Animador: *(Segura a vela acesa junto ao espaço com os símbolos e motiva os participantes a se aproximarem, em dupla.)*

a. **Imposição das mãos:** *(Cada um impõe as mãos sobre a cabeça do outro, silenciosamente, pedindo que a luz de Cristo o acompanhe em sua vida.)*

b. **Refrão** *(Após realizarem o gesto de imposição, todos dirão)*:
Vem, Senhor e abençoa-nos. Dá-nos tua paz, Senhor!
Tua mão esteja sobre nós, toca-nos com teu amor.

7. ORAÇÃO

Animador: Rezemos juntos, em dois coros, o Salmo 88(89)
R.: Ó Senhor, eu cantarei, eternamente, o vosso amor!

Leitor 1: Ó Senhor, eu cantarei, eternamente, o vosso amor,
de geração em geração eu cantarei vossa verdade!

Leitor 2: Porque dissestes: "o amor é garantido para sempre"!
E a vossa lealdade é tão firme como os céus.
R.: Ó Senhor, eu cantarei, eternamente, o vosso amor!

Leitor 1: Eu firmei uma aliança, com meu servo, meu eleito,
e eu fiz um juramento a Davi, meu servidor.

Leitor 2: Para sempre, no teu trono, firmarei tua linhagem,
de geração em geração, garantirei o teu reinado!
R.: Ó Senhor, eu cantarei, eternamente, o vosso amor!

Leitor 1: Ele, então, me invocará: "Ó Senhor, vós sois meu Pai,
sois meu Deus, sois meu rochedo, onde encontro a salvação"!

Leitor 2: Guardarei eternamente para Ele a minha graça.
E com Ele firmarei minha aliança indissolúvel!
R.: Ó Senhor, eu cantarei, eternamente, o vosso amor!

8. PRECES COMUNITÁRIAS

Animador: Elevemos ao Senhor, de forma espontânea, nossa prece de gratidão e louvor pelo ministério de todos os ministros ordenados e pela Igreja a eles confiada. Após cada prece, rezemos: **Envia, Senhor, pastores para o teu povo!**

9. PAI-NOSSO

Animador: Jesus nos deixou a sua oração ao Pai. Ela nasce do coração do Senhor de forma espontânea. Ele nos ensina a rezar a vida, a vocação e a missão. Rezemos, com confiança, a oração do Senhor e por ela santifiquemos nossa vida e a de nossos ministros ordenados: Pai nosso, que estais nos céus...

10. ORAÇÃO

Animador: Rezando pelos ministros ordenados, entreguemos ao coração da Trindade Santa a vida e a missão de todos os que, por amor a Cristo e à Igreja, dedicam sua vida ao Reino de Deus:

> Ó Deus, escolheste e chamaste homens para continuar, no tempo da Igreja, o projeto de Jesus Cristo, Sacerdote eterno. Nós te pedimos, que a força do teu Espírito esteja com eles para que sejam, na terra, fiéis à missão recebida. Guarda-os no teu coração, protegendo-os de todo o mal. Inspira-os com os dons do Espírito Santo para te servirem, testemunhando o teu amor misericordioso, que gera frutos abundantes de fé, esperança e caridade. E um dia, no céu, com a Virgem Maria, possam celebrar a liturgia celeste! Amém.

11. CONCLUSÃO

Animador: Senhor Jesus, louvado sejas pela vida de nossos ministros ordenados, que nos conduzem pelo caminho da fé. Acompanha-os sempre e fortalece-os para que sejam instrumentos de vida nova para todos! Amém!
Louvado seja nosso Senhor Jesus Cristo! Para sempre seja louvado!
(*Conclui-se com o abraço da paz e todos são convidados e levar para casa o coração com os nomes dos sacerdotes que marcaram sua vida, assumindo o compromisso de rezar por eles.*)

II. A VIDA NOS SACRAMENTOS

1. IMPOSIÇÃO DAS MÃOS: GESTO DE AMOR

As águas do rio correram alegremente, levando as folhas nelas caídas e contornando pedras e galhos encontrados pelo caminho! De repente, uma curva surgiu e fez-se necessária uma parada... eis que chegamos ao Sacramento da Ordem.

Aproximemo-nos devagar, para tocarmos com suavidade no seu mistério. Lembremos do rito central do Sacramento da Ordem: *imposição das mãos pelo bispo ordenante e prece de ordenação*.

Resgatemos, brevemente, o sentido da imposição das mãos. Impor as mãos sobre as pessoas doentes é uma técnica milenar. Os povos antigos, de forma intuitiva, conheciam bem o poder terapêutico de impor as mãos. Sabemos que o tato é o primeiro sentido a ser desenvolvido e, normalmente, permanece ativo até o final da vida. Por exemplo: um recém-nascido precisa do toque da mãe para se desenvolver e começar a descobrir o mundo; quando alguém sente dor, o primeiro gesto é colocar a mão sobre o local da dor, como forma de proteção.

Muitas são as religiões que utilizam a imposição das mãos para abençoar, purificar o espírito, fazer fluir a energia vital, potencializar os efeitos de cura de doenças, ordenar cargos na Igreja, conferir o Espírito Santo.

No catolicismo, desde as primeiras comunidades até hoje, a imposição das mãos é utilizada nas ordenações (diaconais, presbiterais e episcopais) e na administração de outros sacramentos.

Do ponto de vista sacramental, quem tem o poder de impor as mãos é somente o ministro ordenado (sacerdote, bispo), mas fora dos sacramentos, todos os fiéis podem impor suas mãos para abençoar, pedir a intercessão de Deus, pedir a cura de um doente ou a presença do Espírito Santo.

No Brasil, por conta da religiosidade popular, a imposição das mãos sobre a cabeça era um gesto comum, de invocação de bênção dos pais aos filhos, sobretudo, nas famílias do interior e nas urbanas e rurais, de tradição italiana e portuguesa. Infelizmente, aos poucos, a secularização foi se impondo e, hoje, poucas são as famílias que ainda mantêm este ritual de bênção.

A imposição das mãos, portanto, é um gesto de invocação de bênção, mas também de aproximação humana, de toque carinhoso na outra pessoa, que evidencia o cuidado amoroso de Deus por seus filhos amados. Seria muito bom se os presbíteros resgatassem este gesto de bênção amorosa, sobretudo, junto às crianças, aos jovens e aos idosos. Percebe-se, infelizmente, que a maioria dos presbíteros têm dificuldade de se aproximar e tocar carinhosamente no rebanho, cujo pastoreio a ele foi confiado e, quando o pastor se ausenta, estranhos invadem o aprisco e seduzem o rebanho com propostas "espiritualistas" alternativas e, muitas vezes, alienantes.

III. OS SACRAMENTOS NA BÍBLIA

1. SACRAMENTO DA ORDEM NA SAGRADA ESCRITURA

Naveguemos devagar e contemplemos, brevemente, alguns textos da Sagrada Escritura que nos ajudam a compreender a imposição das mãos como fio condutor da bênção de Deus, que perpassa a história da salvação e chega aos nossos dias.

Há, no Antigo Testamento, algumas passagens que apresentam a imposição das mãos como sinal de bênção e consagração a serviço do Senhor. Em Gênesis 48,13-20, encontramos o primeiro registro da imposição de mãos para um proveito espiritual: "[...] Abençoou-os naquele dia, dizendo: 'Por vós o povo de Israel pronunciará bênçãos e dirá: Deus te faça semelhante a Efraim e Manassés'" (Gn 48,20).

Em Números, encontramos este texto sobre a imposição das mãos com a finalidade de servir ao Senhor: "Depois de teres mandado os levitas aproximarem-se diante do Senhor, os israelitas imporão as mãos sobre eles. Aarão oferecerá os levitas com um gesto diante do Senhor, em nome dos israelitas, para que atuem no serviço do Senhor" (Nm 8,10-11).

Na narrativa a seguir, podemos perceber, de forma embrionária, o atual rito de ordenação: "O Senhor disse a Moisés: 'Toma Josué, filho de Num, homem de grandes qualidades, e impõe a mão sobre ele. Coloca-o de pé diante do sacerdote Eleazar e de toda a comunidade e passa-lhe o cargo à vista deles. Delega-lhe parte de tua autoridade, para que toda a comunidade dos israelitas lhe obedeça'. Moisés fez o que o Senhor lhe tinha ordenado. Tomando Josué, colocou-o de pé diante do sacerdote Eleazar e de toda a comunidade. Depois, impôs as mãos sobre ele e passou-lhe o cargo, como o Senhor tinha dito a Moisés" (Nm 27,18-20;22-23). Em Deuteronômio 34,9, encontramos o resultado da ação de Moisés: "Josué, filho de Num, ficou cheio do espírito de sabedoria, pois Moisés lhe tinha imposto as mãos".

No Novo Testamento, encontramos muitas passagens que falam sobre a imposição das mãos para curar doentes: "E não pôde fazer ali nenhum milagre. Curou apenas alguns doentes, impondo-lhes as mãos" (Mc 6,5); "Quando o sol se pôs, todos que tinham enfermos com várias doenças traziam-nos a Jesus; Ele impunha as mãos sobre cada um e os curava" (Lc 4,40); "Impôs-lhe as mãos, e ela imediatamente se endireitou e começou a louvar a Deus" (Lc 13,13).

Os apóstolos receberam de Jesus a divina investidura de poderes que distribuíam pela imposição das mãos; e esta investidura é, de modo embrionário, o Sacramento da Ordem.

Paulo escreve a Timóteo: "Não descuides a graça que está em ti e que recebeste por uma intervenção profética, quando o colégio dos presbíteros te impôs as mãos" (1Tm 4,14); "Por isso, te exorto a reavivar o dom de Deus que recebeste pela imposição de minhas mãos" (2Tm 1,6).

O gesto da imposição das mãos foi utilizado pelos apóstolos, sobretudo para comunicar o dom do Espírito Santo. Entretanto, desde o início, eles tinham consciência da necessidade de cuidar sobre quem impor as mãos. Paulo, de modo especial, alerta para este cuidado: "Não te apresses a impor as mãos sobre alguém, nem sejas cúmplice de pecados alheios. Conserva-te puro" (1Rm 5,22).

Cristo ressuscitado, ao dar o Espírito Santo aos apóstolos, confia-lhes seu poder de santificação (cf. Jo 20,21-23). Ao receber o Espírito Santo, do Cristo Ressuscitado, os apóstolos tornam-se, dele, sinais sacramentais e, por sua vez, confiam este poder aos seus sucessores. Neste sentido, nos diz a Igreja: "Esta 'sucessão apostólica' estrutura toda a vida litúrgica da Igreja; ela mesma é sacramental, transmitida pelo Sacramento da Ordem". (ClgC, n. 1.087)

O que a Igreja deseja é que todos os presbíteros, após a imposição das mãos e prece de ordenação por parte do bispo ordenante, à semelhança do rito narrado em Números (cf. 27,18-20; 22-23), fiquem "cheios do espírito de sabedoria" para conduzir à santidade ao povo a eles confiado, cuidando especialmente daqueles que vivem nas periferias econômica, social e espiritual. E, de modo especial, busquem reavivar, cotidianamente, o dom de Deus recebido na ordenação, configurando a sua vida à vida de Jesus Cristo, mediante a escuta da Palavra, a oração da Igreja e a Eucaristia.

IV. OS SACRAMENTOS NA VIDA

1. VIDA A SERVIÇO DA IGREJA E DO POVO DE DEUS

Percorremos alguns trechos do rio e nos deliciamos com as paisagens vislumbradas… As águas límpidas nos convidam, enfim, para um mergulho refrescante neste espaço vivificador chamado Sacramento da Ordem!

Esse sacramento chama-se ordem porque consiste em três graus, cuja unidade resulta a sagrada hierarquia. É Jesus quem investe seus eleitos da sua graça e ordena que ajam em seu nome, daí o sentido de "ordem". O episcopado é o terceiro grau, pois contém a plenitude do sacerdócio; em seguida, o presbiterado ou sacerdócio é o segundo grau e, depois, o diaconado, que é o primeiro grau.

O Catecismo da Igreja Católica apresenta a seguinte definição do Sacramento da Ordem:

> A ordem é o sacramento graças ao qual a missão confiada por Cristo a seus apóstolos continua sendo exercida na Igreja até o fim dos tempos; é, portanto, o sacramento do ministério apostólico. Comporta três graus: o episcopado, o presbiterado e o diaconado (ClgC, n. 1.536).

O **episcopado**: representa a plenitude do Sacramento da Ordem; o grau da ordem episcopal faz do presbítero um homem da plena unidade na Igreja. Pela sagração episcopal, o bispo, como vigário de Cristo, recebe o encargo pastoral de santificar, ensinar e governar a Igreja particular(diocese) que lhe é confiada. Ao mesmo tempo, enquanto membro do colégio episcopal e legítimo sucessor dos Apóstolos, deve ter "solicitude por todas as Igrejas". O caráter e a "natureza colegial" da ordem episcopal manifestam-se, de modo especial, na prática antiga e até hoje existente, da necessidade da participação de vários bispos para a consagração de um novo bispo. O ministério episcopal é o que conserva a "semente apostólica", numa sucessão ininterrupta, desde o início da Igreja (cf. ClgC, n. 1.555-1.560).

O **presbiterado**: em virtude da ordenação, o presbítero recebe a missão de pregar a Palavra de Deus; administrar os sacramentos e, especialmente, celebrar a missa; conduzir o povo cristão para a santidade e rezar a oração da Igreja: a Liturgia das Horas. Em nome de Cristo e em favor da Igreja, exerce o tríplice múnus (encargo, obrigação): **ensinar** (anunciando o Deus revelado em Cristo); **santificar** (administrando/conferindo os sacramentos) e **governar** (guiando, não com a própria, mas com a autoridade de Cristo, a parcela do povo que lhe é confiada), por meio da mistagogia e da caridade pastoral, levando a comunidade à maturidade da fé, conduzindo-a a serviço da vida plena (cf. CIgC, n. 1.008).

O presbítero pode ser designado pelo bispo, a qualquer tempo, para exercer um serviço específico na Igreja, de acordo com as necessidades particulares. Como fiéis colaboradores da Igreja universal, edificam, assim, o corpo místico do Senhor, que é a própria Igreja "Povo de Deus".

O **diaconado:** os diáconos estão no grau inferior da hierarquia. Recebem a imposição das mãos "para o serviço e não para o sacerdócio".

O ministério eclesiástico, instituído por Deus, é exercido em ordens diversas por aqueles que, desde a Antiguidade, são chamados bispos, presbíteros e diáconos. Aos bispos cabe conferir o Sacramento da Ordem, em seus três graus, sendo que cada grau possui um rito de ordenação específico.

Vamos navegar pelo segundo grau do Sacramento da Ordem, ou seja, o ministério presbiteral.

A Palavra de Deus é pelo presbítero administrada em função de dirigir, construir, animar a vida do Povo de Deus que está sob seus cuidados, como auxiliares da missão episcopal, buscando a comunhão de todos os ministérios leigos e ordenados.

A Eucaristia ocupa o centro da vida do presbítero. É a fonte principal da espiritualidade presbiteral. Cristo, ao instituir o sacerdócio ministerial, colocou-o em conexão com a Eucaristia quando, na última ceia, disse aos seus apóstolos "Fazei isso em minha memória". O dia a dia, cultivado por uma espiritualidade eucarística, faz vencer os desafios inerentes à total entrega humana que o Sacramento da Ordem supõe. Esta centralidade eucarística é fonte benfazeja de graças para uma configuração permanente a Cristo, o sacerdote por excelência, aquele que sustenta e alimenta, no presbítero, o carisma da doação total de si pelos outros – para o Povo de Deus.

Em razão de sua unção sacramental, a relação com Jesus Cristo e, nele, com a Igreja, define a vida e a missão, o ser e o agir do presbítero. A partir da configuração com Cristo – e só a partir dela – o presbítero situa-se na Igreja e perante a Igreja. Por isso, o presbítero, unido ao bispo e em estreita relação com o presbitério (conjunto dos padres que atuam na diocese – arquidiocese), é chamado a construir a unidade da comunidade eclesial, na harmonia das diferentes vocações, carismas e serviços.

O presbítero precisa entrar na liturgia com a *mens* (mente) na *vox* (voz) da Igreja (Bento XVI).[135] O "itinerário" do "eu" do presbítero ao "nós" da Igreja é

---

135. Cf. BENTO XVI. *Dialogo con i sacerdoti. In:* **Notitiae.** 479/480, v. 43, n. 7-8, p. 277-296, jul/ago. 2006, p. 288. Disponível em: <http://www.cultodivino.va/content/cultodivino/it/rivista-notitiae/indici-annate/2006/479-480.html>. Acesso em: 12 ago. 2021.

o que torna o presbítero capaz de bem presidir. Não significa apenas "fazer a assembleia rezar", mas conduzir a assembleia à oração, por meio da oração da Igreja. Isso é fruto de interiorização, assimilação e entendimento espiritual e mistagógico da oração litúrgica. Se o presbítero assimila a oração litúrgica, a própria liturgia o formará e o tornará capaz de presidir, de ser servo da oração da Igreja e, portanto, de unir a assembleia à oração de Cristo ao Pai.[136]

O presbítero é também verdadeiro sacerdote, porque participa do sacerdócio de Cristo, sumo e eterno sacerdote. Em razão da ordenação, ele se torna um dom sagrado de Deus para o seu povo: por meio dele, enquanto "representação sacramental de Jesus Cristo", o único e eterno mediador entre Deus e os homens oferece sacrifícios pelo povo. O ministro ordenado, no dizer do Apóstolo São Paulo, é "chamado para ser apóstolo, separado para o evangelho de Deus" (Rm 1,1).

Na tradição popular, o presbítero é chamado de padre/pai. Ao receber o segundo grau do Sacramento da Ordem, o presbítero recebe as potencialidades da paternidade espiritual e, quando o bispo lhe confere jurisdição, designa-lhe um povo, a fim de que venha a ser dele o pai espiritual, com a função de gerar, nutrir, educar, organizar e levar à plenitude uma comunidade integrante do Povo de Deus.

A união sacramental com Cristo leva o ministro ordenado, no caso, o presbítero, a desenvolver um amor apaixonado pela Igreja, capaz de levá-lo às últimas consequências para servi-la, de modo especial, na porção do Povo de Deus que lhe é confiada (cf. Ef 5,25-27). Este amor apaixonado reflete o amor de Cristo pela Igreja e é vivenciado, também, pelos esposos cristãos que se doam mutuamente, tornando-se "uma só carne".

O Sacramento do Matrimônio e o Sacramento da Ordem (sacramentos do serviço) são, ambos, vocações pautadas no amor fiel, gratuito, exclusivo e indissolúvel, porque firmado por – com – em Cristo! No Sacramento da Ordem, a fidelidade singular é entre o padre e a Igreja e a plural é entre o padre e o Povo de Deus, que ele recebe para apascentar... "Simão, filho de João, tu me amas? Apascenta as minhas ovelhas!" (Jo 21,17).

Belo é o mistério do chamado que Deus faz a um homem: limitado, vulnerável, pecador, humano... para ser instrumento visível do Amor, ilimitado, forte, puro, divino, junto ao seu povo tão necessitado de cuidado e misericórdia! O padre, homem frágil, traz em si a força extraordinária de Deus... não para si, mas para os outros. Andrea Grillo, assim, fala sobre a missão do padre: "O padre vive, assim, não para santificar a si mesmo, mas para salvar os outros. Seu ministério é, para ele um 'risco', como disse Santo Agostinho".[137]

Na Carta aos Coríntios, São Paulo fala sobre a missão dos apóstolos, hoje, dos presbíteros e bispos, narrando a realidade de então, que é, a mesma

---
136. Cf. BOSELLI, Goffredo. O Sentido Espiritual da Liturgia, CNBB, 2014.
137. GRILLO. 2017, p. 124.

vivida por muitos que assumem o Sacramento da Ordem, como radical seguimento a Cristo

> Por isso, não desanimamos deste ministério, que nos foi conferido por misericórdia.[...] Trazemos, porém, este tesouro em vasos de barro, para que este poder extraordinário seja de Deus e não nosso. De mil maneiras somos pressionados, mas não esmagados. Vivemos perplexos, mas não desesperamos; perseguidos, mas não desamparados. Somos abatidos até o chão, mas não aniquilados, trazendo sempre no corpo a morte de Jesus, para que também a vida de Jesus se manifeste em nosso corpo (2Cor 4,1; 7-10).

São Paulo também admoesta Timóteo a não descuidar e, sobretudo, a reavivar o dom que há nele, que recebeu mediante a imposição das mãos (cf. 1Tm 4, 14; 2Tm 1,6). Esta admoestação vale para os presbíteros e bispos dos tempos atuais. Neste sentido, o Papa Francisco, na catequese sobre o Sacramento da Ordem, assim se expressa:

> Quando não se alimenta o ministério, o ministério do bispo, o ministério do sacerdote com a oração, com a escuta da Palavra de Deus, e com a celebração diária da Eucaristia e também com a presença do sacramento da penitência, é inevitável perder de vista o sentido autêntico do próprio serviço e a alegria que deriva de uma comunhão profunda com Jesus.[138]

Lembremos que, quando o padre beija a estola ou quando beija o altar, ele torna visível que está conformando sua vida à vida de Cristo, ou seja, está assumindo, como seu, o projeto de Cristo!

2. DEIXANDO-SE EDUCAR PELA RITUALIDADE

No ritmo das águas do rio, avançamos, paramos, tocamos, mergulhamos profundamente e também contornamos obstáculos. O Sacramento da Ordem exige muita sabedoria para transpor as margens do rio. Àquele que, por graça e dom, abraça a cruz do Senhor e percorre os leitos do rio, além de se deliciar com as paisagens vistas, lhe é permitido ser o reflexo do amor de Deus para o irmão. Chamado ao mergulho nas águas profundas e límpidas do rio, será na vida do outro, manancial da misericórdia e do amor gratuito de Deus, seja pela participação nos mistérios da fé, seja pela entrega da vida. Nesta travessia do rio, o ministro ordenado é aquele que ajuda a fazer travessias com confiança e esperança naquele que é a fonte de todas as fontes.

---

138. FRANCISCO. 2014b, não paginado.

Celebrar um sacramento da Igreja é um ato de profunda oração. A ordem ritual da Igreja é toda pascal, é geradora de vida comunicada e manifestada nos gestos e sinais do grandioso mistério da Páscoa de Cristo. A Igreja sempre cuidou esmeradamente dos ritos sacramentais para que "os cristãos não entrem neste mistério de fé como estranhos ou mudos espectadores, mas participantes na ação sagrada, consciente, ativa e piedosamente, por meio duma boa compreensão dos ritos e preces" (SC, n. 48).

2.1 IMPOSIÇÃO DAS MÃOS E PRECE DE ORDENAÇÃO

Tocamos a água do rio suavemente, nossas mãos se refrescam e o frescor inunda nosso corpo e revitaliza nossas forças, convidando a continuar a jornada da fé!

O Sacramento da Ordem se constitui de três graus: diaconal, para os diáconos (*transitórios*, que serão ordenados padres; *permanentes*, normalmente homens casados); presbiteral, para os padres; e episcopal, para os bispos. Cada uma das ordenações possui um rito próprio, mas todas têm em comum a imposição das mãos e a prece de ordenação.

O rito de imposição das mãos e a prece de ordenação constituem o rito central de cada ordenação, ou seja, é mediante ele que é conferido o Sacramento da ordem, segundo os vários graus acima mencionados. A imposição das mãos é sempre feita em silêncio, pois, é no silêncio do coração que o bispo ordenante, os demais bispos, se houver, e os presbíteros, suplicam a Deus pelo ordenando. Nas ordenações episcopais, todos os bispos concelebrantes, e nas ordenações presbiterais, os padres presentes, também fazem este gesto. No grau diaconal, apenas o bispo faz a imposição das mãos sobre o candidato ordenante, visibilizando, assim, que o diácono está ligado diretamente a ele, nas tarefas de sua diaconia. Após o gesto, o bispo ordenante pronuncia a prece de ordenação, própria de cada grau da ordem.

A assembleia deve participar deste momento ritual em profundo recolhimento interior e silenciosamente. No entanto, esta participação consciente e ativa, pressupõe que a assembleia tenha um conhecimento anterior sobre os ritos que serão realizados, o que, na prática, não ocorre.

Seria interessante que, nos tríduos e novenas preparatórias para as ordenações ou em outros momentos comunitários que antecedem às ordenações, a equipe de liturgia ou equipe de formação do seminário, brevemente, fosse introduzindo as assembleias no sentido e no espírito da celebração de ordenação, conforme o grau. Assim, se evitariam os vários "comentários explicativos" durante a celebração litúrgica de ordenação, favorecendo à assembleia celebrar consciente, ativa e frutuosamente.

2.2 ESTRUTURA DO RITUAL DA ORDEM

Seguindo a disciplina da Igreja e as orientações advindas do Concílio Vaticano II, o Ritual do Sacramento da Ordem também foi regulamentado, tendo em vista o rito e as cerimônias próprias para cada grau do sacramento. Nossa abordagem será em torno do Sacramento da Ordem, em vista da ordenação presbiteral.

A primeira edição do Ritual da Ordem é de 18 de junho de 1968, e foi o primeiro livro litúrgico elaborado após o Concílio Vaticano II. Possui a seguinte estrutura:

Preliminares Gerais: O ritual apresenta uma sequência lógica para que as ordenações aconteçam dentro de uma ritualidade, favorecendo o mergulho nos mistérios do próprio sacramento. Também oferece elementos próprios para o rito, de acordo com o grau em que acontece e adequados às características essenciais de cada serviço. Logo, para cada rito específico, os gestos, símbolos e sinais revelam a essência da missão.

Capítulo I: Ordenação do Bispo

Sucessores dos apóstolos, os bispos têm a competência pastoral de ensinar, cuidar do evangelho e anunciá-lo. A oração de consagração própria ou prece de ordenação episcopal é um pedido ao Pai, para que o bispo ordenado alcance o mesmo espírito de Jesus para edificar a Igreja de Cristo.

Capítulo II: Ordenação dos Presbíteros

Da mesma natureza sacerdotal, os presbíteros estão unidos ao episcopado pela "dignidade" do Sacramento da Ordem. Na ordenação presbiteral, a oração consecratória ou prece de ordenação expressa toda a ação do Espírito Santo ao suscitar, entre as comunidades, os ministros de Cristo. Descreve os sinais prefigurativos deste ministério, que apareceram já no Antigo Testamento e cita os mistérios da vida de Jesus Cristo, o Filho de Deus. O bispo pede a Deus que constitua o eleito no segundo grau do Sacramento da Ordem, que é o presbiterado. Este, de fato, é o momento da ordenação. O caráter que este sacramento imprime é um dom mais para a Igreja do que para o indivíduo. É um sacramento só da Igreja e só para a Igreja.

Capítulo III: Ordenação dos Diáconos

Compete-lhes o cuidado com a Palavra, a caridade e a liturgia; a instituição no grau do diaconato supõe estar em unidade e comunhão com o bispo e o presbítero.

Capítulo IV: Ordenação dos Diáconos e Presbíteros

O gesto de imposição das mãos e oração de ordenação são ritos constitutivos em cada ordenação, independente do grau.

Capítulo V: Textos a utilizar nas celebrações das ordenações

Mantendo a tradição, estão postos neste capítulo, os textos para Liturgia da Palavra e as orações (eucologias), sempre considerando a liturgia da Igreja e o tempo litúrgico.

Apêndice I: Cânticos

Os cânticos traduzem o que se reza, a Palavra proclamada e a essência do sacramento.

Apêndice II: Rito da Admissão entre os Candidatos às Sagradas Ordens

Em fase de conclusão das etapas formativas, sendo reconhecidas as virtudes necessárias para assumir o Sacramento da Ordem, os formandos são admitidos às ordens menores: leitorato e acolitato.

2.3 O RITO DA ORDENAÇÃO PRESBITERAL, PARTE POR PARTE

A correnteza do rio nos leva agora ao corpo da ritualidade, que emerge da celebração litúrgica, na ordenação presbiteral.

Como nos propomos a aprofundar o Sacramento da Ordem no segundo grau, ou seja, ordenação presbiteral, apresentamos, a seguir, a Estrutura do Rito de Ordenação Presbiteral que, como as demais ordenações, é realizada dentro da celebração eucarística. Logo após a Liturgia da Palavra, acontece o momento do Rito de Ordenação Presbiteral. Como todo sacramento, o rito da ordem possui um corpo estrutural que vai dar a razão de sua administração, de sua essencialidade, de seus frutos e compromissos.

- Ritos Iniciais
- Liturgia da Palavra
- Rito da Ordenação
- Liturgia Eucarística
- Ritos Finais

2.3.1 *Rito da Ordenação*
a) Eleição

O Ritual prevê que seja um outro diácono a chamar o candidato ao Sacramento da Ordem. Por razões pastorais, em algumas comunidades, este chamado poderá também ser feito pelo padre que acompanhou o candidato em seu processo formativo ou por um outro sacerdote. Aquele que será ordenado é convidado a se apresentar diante do bispo que representa toda a Igreja. A tradição usa de palavras próprias para dar sentido ao chamamento. Aquele que vai receber o sacramento fica de pé – atitude de quem está pronto para seguir o Cristo, coloca-se em frente ao bispo ordenante – atitude de respeito do filho que, ao ouvir o pai chamar, a ele se apresenta. Estes dois movimentos mostram que, por graça sacramental, o eleito se dispõe a servir, a seguir, a obedecer ao Senhor Jesus. Quem o chama é a Igreja. A ela respeitará, selando um compromisso. Ao dizer "presente", assume ir onde a Igreja, esposa de Cristo, chamar.

Rito da Ordenação
- ✓ Eleição
- ✓ Homilia
- ✓ Promessa
- ✓ Súplica litânica (ladainha)
- ✓ Imposição das mãos
- ✓ Prece de ordenação
- ✓ Imposição da estola e da casula
- ✓ Unção das mãos (bênção sacerdotal)
- ✓ Entrega do pão e do vinho
- ✓ Abraço da paz

b) Homilia

Momento em que o bispo fala com seu povo reunido. Tem grande valor catequético para a assembleia que, atenta à voz do seu pastor, assume o compromisso com os valores evangélicos. Este é o momento em que a Palavra de Deus ouvida vai gerar frutos para a missão de toda a comunidade. O bispo dirige-se ao ordenando, admoesta e anima-o acerca do ministério para o qual será ordenado e, ainda, poderá exortar a assembleia para o significado do Sacramento da Ordem sacerdotal, à luz da Palavra de Deus.

c) Promessa

Diante do bispo e, de toda comunidade, aquele que assume o Sacramento da Ordem responderá a algumas perguntas, nas quais estão contidas os elementos fundantes do exercício sacerdotal. O candidato ao grau presbiteral faz seu propósito e sua promessa de obediência ao Cristo "sumo e eterno sacerdote" na pessoa do bispo ali presente. Este chamado compromete; o ordenado é tirado do meio do povo para servir e conduzir à salvação do povo que ali está. Ele se compromete a ser colaborador da Igreja do Senhor, assume o compromisso público de levar a Palavra de Deus a todos os lugares em que for transmitindo-a com fiel conhecimento e vivência. Assumido por Deus, o que se consagra ao ministério da ordem se torna cuidador do sagrado em sua vida. O gesto corporal do rito é ajoelhar-se, sinal de humildade e reconhecimento da grandeza de Deus.

d) Súplica Litânica (ladainha)

O eleito deita-se, como sinal de sua total entrega a Deus. Com o rosto voltado para a terra, manifesta o abandono e a confiança em Deus. Na ladainha, a Igreja pede a intercessão daqueles que testemunharam a fé em Jesus Cristo e morreram na amizade de Deus, para que venham em auxílio do eleito ao Sacramento da Ordem. Como os santos, que já contemplam a Deus, seja a vida ministerial do novo sacerdote um contemplar das eternas verdades do Senhor, proclamadas pela Igreja e sejam estes santos, modelos de vida e de fidelidade ao evangelho em sua vida sacerdotal. Com toda Igreja triunfante, com os santos e santas que triunfam na glória celeste e no gesto de se prostrar diante da cruz redentora, manifesta o neosacerdote uma entrega total da sua vida a Deus e ao Reino, dom a ser acolhido desde o Batismo. A assembleia é convidada, também, a estar em atitude interior, rogando que a Igreja, com seus santos e santas, venha em auxílio deste eleito para que dê testemunho da fé.

e) Imposição das mãos

O gesto de impor as mãos perpassa o tempo. Nas Sagradas Escrituras, muitos foram os gestos de imposição das mãos, seja para abençoar, curar, eleger; no rito sacramental da ordem, traduz a transmissão do carisma dado a quem recebe o ministério, "reavivando o carisma do próprio Deus" (2Tm 1,6). No rito de ordenação, este gesto é acompanhado de profundo silêncio do coração. O povo associa-se ao bispo e a todos os presbíteros presentes, que pedem a Deus pelo ordenando.

f) Prece de ordenação

Esta oração traz presente as muitas atribuições do sacerdote: ele será o colaborador do bispo, recebe o mandato de instruir o povo santo de Deus na fé e anunciar a Palavra. Esta prece da Igreja exorta o ordenando a assumir como sua a práxis de Jesus, o sacerdote por excelência.

Nessa oração, o sacerdote é descrito, principalmente, como colaborador do bispo, instrutor da fé e divulgador da Palavra de Deus. A prece de ordenação se compõe de cinco momentos: prólogo, anamnese da história da salvação, transição, epiclese, doxologia. Nesta oração são elencadas as tarefas inerentes ao ministério sacerdotal.

Em todos os sacramentos, a epiclese está presente. Este é o momento em que a presença do Espírito Santo é invocada. No rito de ordenação, ela está unida ao gesto da imposição das mãos sobre o eleito ao ministério sacerdotal. No Sacramento da Ordem, este momento ritual expressa que tudo que o Espírito Santo tocar será transformado e renovado. O diácono, a partir desta oração, toma consciência de que já não é para ele próprio, mas em função da unidade com toda a Igreja, na pessoa de seu bispo, que será ordenado presbítero. Revestindo-se do Espírito de santidade, será exemplo e cooperador para toda a Igreja, dispensador das verdades da fé, da graça e da misericórdia de Deus a todos.

g) Imposição da estola e da casula

Vestir-se é uma atividade cotidiana e requer de nossa parte um certo ritual. As roupas identificam a pessoa, sua função e também a sua cultura. As vestes litúrgicas têm como função revestir o presbítero para o exercício do seu ministério, a partir da estola e da casula.

Não mais o jovem age por si, mas está para servir a Igreja, sendo instrumento nas mãos do Senhor. Estar paramentado com as vestes litúrgicas é mais do que um ato de vestir, é revestir-se de Cristo, tornando visível que está para a Igreja como o Cristo está para sua esposa, que é a própria Igreja, ou seja, está para amá-la, servi-la, salvá-la.

A **estola** é símbolo do sacerdócio; é símbolo do poder e da autoridade sacerdotal, de um poder que é serviço e uma autoridade espiritual que emana de Deus para agir em favor da Igreja. Recorda a cruz que o Senhor carregou sobre os ombros, lembrando que provêm dele a vida e o serviço do presbítero.

A **casula** é o último paramento que o sacerdote veste, por cima de todas as outras roupas. Ela simboliza a túnica, que no calvário, os soldados retalharam e sortearam entre si. Ao vesti-la, o sacerdote reza: "Ó Senhor, que dissestes: 'o meu jugo é suave e o meu fardo é leve' (Mt 11,30), fazei que eu possa levar a minha cruz de tal modo que possa merecer a vossa graça". O sacerdote, configurado ao Cristo, deixará seus caprichos e vaidades. No gesto exterior, a convicção interior do sacerdote, agora revestido, está para ser, falar e agir por Cristo e para Cristo.

h) Unção das mãos (bênção sacerdotal)

O rito da unção das mãos e a bênção sacerdotal constituem o gesto externo da prece de ordenação. Concluída a Prece de Ordenação, o ordenando se coloca de joelhos em frente ao bispo e a palma das suas mãos recebe dele a unção com o óleo do crisma. Este momento é acompanhado de oração própria, lembrando que a unidade com Jesus Cristo pelo Espírito Santo, que fora dado no sinal sacramental, faz do presbítero um instrumento de Deus. Agora, suas mãos ungidas têm por missão repetir e atualizar os gestos de Jesus. As mãos são ungidas para o outro. O perfume do óleo lembra que o sacerdote deve ser o perfume de Cristo, na vida da Igreja. Será o ordenado portador da cura, prolongando, de forma visível, os gestos, as atitudes, a pessoa de Cristo Jesus.

i) Entrega do pão e do vinho

Os dons do trabalho humano e os frutos da terra são, agora, entregues nas mãos do ministro ordenado, na última parte do rito de ordenação. Uma rica simbologia que mostra a grandiosidade deste mistério e deste ministério. Recebendo das mãos de membros da comunidade o pão/hóstia na patena e o vinho e a água, no cálice, das mãos do bispo, o neossacerdote é exortado a tomar, por gesto litúrgico, a consciência de que apresentará a Deus a oferta dos dons da criação e do trabalho humano. Este gesto se amplia por um dado da própria consciência de que são estes sinais que alimentam e garantem a salvação do rebanho. Nas mãos do sacerdote, o grande mistério da fé se revela.

j) Abraço da paz

Este abraço é de acolhida. O presbitério, abraçando o novo sacerdote, expressa, pelo gesto, que acolhe o novo membro com caridade e fraternidade presbiteral. Uma vez mais, aparece a expressão do toque, do encontro, do caminhar, do percorrer e vencer os obstáculos, juntos. Muitas fontes estão unidas ao grande leito do rio, nem sempre na mesma direção, mas, se for necessário atravessar, alguém estará junto para, no calor do toque, acompanhar. O abraço da paz expressa: caminharemos juntos, cresceremos juntos, construiremos juntos este Reino, que pertence àquele que nos chamou. Acolhendo o novo membro do clero, concelebram o santo mistério!

2.3.2 Liturgia Eucarística

Recebido o Sacramento da Ordem pelo rito, imprimido o caráter ministerial pela imposição das mãos e pela prece de ordenação, o novo presbítero ocupa no altar seu lugar. Ele é um outro Cristo a serviço da Igreja e do Povo de Deus. Sendo um colaborador do bispo, ele é configurado ao Cristo sumo sacerdote.

V. CONSIDERAÇÕES FINAIS

Depois do belo percurso… chegamos ao término desta viagem. Até aqui nos conduziu o rio da fé. Suas águas purificadoras nos fizeram mergulhar na beleza da missão do Sacramento da Ordem… Um homem oferece aos homens e às mulheres, em nome de Cristo e da Igreja, a profundidade do perdão, da bênção, da alegria do encontro, do alimento partilhado (Palavra e Pão) e, especialmente, a certeza da ressurreição que nos espera, para além da morte!

Toda a celebração, com seus ritos, faz ver que este serviço exige um esvaziamento, uma entrega, uma abertura de vida, de verdades, de valores para dar a vida a Jesus Cristo, por amor e fidelidade; por uma causa, a do evangelho; por uma verdade, a fé; por um mistério, a páscoa do Senhor. Por um grande amor, os homens de ontem e de hoje, testemunhas do Senhor Jesus, se consomem no amor infinito, dando o tudo e o nada de si mesmos para salvar, governar, santificar. Esta é a entrega e a vocação que o Sacramento da Ordem suscita!

CAPÍTULO VII

ALIANÇA HUMANA, EXPRESSÃO DA ALIANÇA DIVINA

O Sacramento do Matrimônio

I. VIVÊNCIA LITÚRGICA

Antes do encontro: *Pedir, com antecedência suficiente, que tragam, no dia do encontro, fotos do matrimônio dos pais, avós, irmãos, e perguntem para eles como foi a celebração, se fizeram alguma preparação, qual o sentido do matrimônio para eles.*

Ambiente: *Sala acolhedora com cadeiras em círculo. No centro, uma mesinha mais baixa, coberta com um pano branco, com vários vasinhos de flores coloridas diferentes, formando duas alianças entrelaçadas (cada participante receberá um vasinho de presente); uma vasilha bonita de vidro transparente com água perfumada; uma vela bonita ornamentada e acesa e a Bíblia aberta. Preparar um espaço, no centro, para os participantes colocarem as fotografias das suas famílias.*

1. REFRÃO ORANTE

Deus é amor, arrisquemos viver por amor, Deus é amor, ele afasta o medo.[139]

2. ACOLHIDA

Animador: *(Faz uma calorosa acolhida, expressando a alegria de receber cada um(a), em nome da Igreja, e motiva para a dinâmica: cada participante se volta para quem está à sua esquerda, diz o seu nome e, após o outro fazer o mesmo, se abraçam fraternalmente.)*

3. RECORDAÇÃO DA VIDA

Animador: Queremos recordar o "nascimento" de nossas famílias. Juntos vamos fazer uma memória coletiva desta aliança tão especial entre nossas famílias e Deus. O que significa para mim e para minha família fazer/assumir esta

---

139. CO, n. 1460j. Autoria: Taizé.

Aliança com Deus? Quem quiser se expressar, pega a foto que trouxe e partilha o que sabe sobre o matrimônio que ela mostra. Após três ou quatro partilhas, pode-se cantar o refrão: "Onde reina amor, fraterno amor, onde reina amor, Deus aí está".[140] Ao final, repetir, todos de mãos dadas.

4. A PALAVRA DE DEUS ILUMINA NOSSO CAMINHAR

a) Canto de escuta

Tua palavra é lâmpada para os meus pés Senhor, luz para o meu caminho, lâmpada para os meus pés Senhor, luz para o meu caminho.[141]

b) Anúncio do texto Bíblico: Ef 5,21-33

(*Usar a Bíblia que está no centro. Após a leitura, passar a Bíblia de mão em mão. Quem desejar, pode beijá-la.*)

c) Silêncio. Reflexão. Partilha: (*Após um tempo de silêncio, o animador faz uma breve reflexão, a partir do texto bíblico proclamado, e motiva para que outros participantes partilhem o que a Palavra disse ao seu coração*).

d) Meditação: (*Dois leitores leem a reflexão, de forma alternada*).

Leitor 1: O Sacramento do Matrimônio revela a Aliança de Deus com o seu povo, ao longo dos tempos, até chegar a nós. Deus é comunhão e quer viver em comunhão conosco. Toda a Bíblia sagrada, do Livro do Gênesis ao Livro do Apocalipse, conta a história deste amor. Deus cria a humanidade à sua imagem e semelhança, homem e mulher, para se unirem e, vivendo o amor humano, serem sinal deste amor divino (cf. Gn 1,27; 2,24).

Refrão Orante: Deus é amor, arrisquemos viver por amor, Deus é amor, Ele afasta o medo.[142]

Leitor 2: O homem e a mulher, juntos, quando formam um casal pelo Sacramento do Matrimônio, revelam a imagem de Deus que é amor e se revela no amor! A doação mútua, que fazem de suas vidas, através do consentimento dado e recebido, é reflexo do ser amoroso de Deus. Esta aliança firmada por um homem e uma mulher, representa a Aliança de Deus conosco.

---
140. CO, n. 1459j. Autoria: Taizé.
141. CO, n. 662. Autoria: Letra e Música: Simei Monteiro.
142. CO, n. 1460j.

Refrão Orante: **Deus é amor, arrisquemos viver por amor, Deus é amor, Ele afasta o medo.**

Leitor 1: Na Carta aos Efésios, São Paulo, aponta para o grande mistério que os esposos cristãos manifestam: que a relação que Cristo estabelece com a Igreja é uma relação nupcial (cf. Ef 5,21-33). Cristo é o esposo e a Igreja é a esposa. Esta imagem matrimonial é muito forte, ela mostra que o matrimônio, por responder a uma vocação específica, pode e deve ser considerado como uma consagração (cf. GS, n. 48; FC, n. 56). A mulher e o homem, pelo matrimônio cristão, são consagrados para serem sinais do matrimônio de Cristo com a Igreja!

Refrão Orante: **Deus é amor, arrisquemos viver por amor, Deus é amor, Ele afasta o medo.**

Leitor 2: O marido e a mulher, consagrados pelo Sacramento do Matrimônio, recebem uma missão própria: revelar no cotidiano de sua vivência familiar, vivida na fidelidade, o amor de Cristo pela Igreja. Como isto é possível? Através dos gestos mútuos de ajuda, de perdão, de serviço aos mais necessitados. Que missão maravilhosa a dos casais cristãos, ser sinal do amor divino, na vivência contida no amor humano, com todas as fragilidades e limitações, mas também virtudes, inatas à condição humana!

Animador: Juntos cantemos o Hino "Do mesmo sopro divino vivendo".[143]
(Após o canto, convidar os presentes a se contemplarem em silêncio, percebendo suas semelhanças e diferenças e deixando o olhar falar, em silêncio.)

5. NOSSA RESPOSTA ORANTE À PALAVRA OUVIDA

(Enquanto se canta o refrão orante, cada um dos presentes se aproxima da vasilha com água perfumada, molha os dedos e faz o sinal da cruz, pedindo que a sua vida seja perfumada com o aroma de Cristo.)

Refrão Orante: *Eu me lanço nos teus braços, ó Senhor! E coloco em tuas mãos o meu viver! Basta-me a tua graça, basta-me o teu amor!*[144]

---

143. OLIVEIRA, Maria de Fátima; MARTINS, Silvano. **Mulher e homem:** imagem de Deus. Hino da Campanha da Fraternidade. [Brasília]: CNBB, 1990. Disponível em: <https://www.youtube.com/watch?v=ddsMVL27uy8> Acesso em: 5 ago. 2021.
144. Basta-me o teu amor! Intérprete: Erika Barratella. Compositor: Míria Kolling. In: BARRATELLA, Erika. **Deus é bom:** Refrãos orantes. [Brasília]: Paulus-digital, 2009.11. Disponível em: https://www.youtube.com/watch?v=V5sCbsQvDiE&list=PLJ7nkvvmA2Ath0FOWoGnRcQX8jc-1Asy4&index=11. Acesso em: 10 ago. 2021.

Recitação do Salmo 32(33)

Animador: Rezemos, em dois coros, agradecendo ao Senhor, por seu amor que se revela na criação, na caminhada do seu povo e na nossa vida.
R.: Transborda em toda a terra a sua graça!

Leitor 1: Feliz o povo cujo Deus é o Senhor, e a nação que escolheu por sua herança!
O Senhor pousa o olhar sobre os que o temem e que confiam esperando em seu amor.
R.: Transborda em toda a terra a sua graça!

Leitor 2: No Senhor nós esperamos confiantes, porque Ele é nosso auxílio e proteção!
Por isso, o nosso coração se alegra nele, seu santo nome é nossa única esperança. Sobre nós venha, Senhor, a vossa graça, da mesma forma que em vós, nós esperamos!

6. ORAÇÃO

Animador: Ó Deus da Aliança, és guia do teu povo. Dá-nos a alegria da tua presença misericordiosa, para prosseguirmos na caminhada, fiéis ao Evangelho de Jesus Cristo. Por quem te pedimos, na unidade do Espírito Santo. **Amém!**

7. PAI-NOSSO

Pelo Sacramento do Matrimônio, os cônjuges cristãos exprimem o mistério da unidade e do amor fecundo entre Cristo e a Igreja, e dele participam (cf. Ef 5,25). Peçamos a Deus, nosso Pai, que ajude as nossas famílias a viverem o matrimônio, testemunhando a vivência cotidiana da fé, da esperança e da caridade, rezando com confiança, de mãos dadas: Pai nosso, que estais nos céus...

8. BÊNÇÃO

Animador: Invoquemos a bênção do Deus da vida sobre todos nós aqui reunidos e sobre as nossas famílias. Em silêncio, apresentemos ao Senhor nossos familiares e amigos, sobretudo aqueles que estão passando por dificuldades *(breve silêncio)*.

> A bênção do Deus de Sara, Abraão e Agar.[145]
> A bênção do Filho, nascido de Maria.
> A bênção do Espírito Santo de Amor,
> que cuida com carinho, qual mãe cuida da gente.
> esteja sobre todos nós. **Amém!**

9. CONCLUSÃO

Animador: Vamos concluir nosso encontro com o abraço da paz e, depois, os presentes são convidados a se aproximarem da mesa ao centro, em dupla. Cada um escolhe um vasinho e entrega para o outro. Cada vasinho contém uma flor que precisa ser cuidada, assim como cada família.

---

145. CO, n. 1453. Autoria da letra e da melodia: Pablo Sosa. Tradução: Jaci Correa Maraschin.

II. A VIDA NOS SACRAMENTOS

O rio caudaloso da fé correu desde a nascente, fertilizando as margens cultivadas, contornando obstáculos quando eles se fizeram presentes, fazendo um caminho novo em cada novo cristão. Assim, banhados em Cristo no batismo, confirmados na fé em Cristo pela confirmação, alimentados de Cristo na Eucaristia, reconciliados com Cristo na penitência/reconciliação, chamados a colaborar com os homens que, aceitando o chamado de Cristo, tornam-se pastores de outros homens e mulheres, exercendo o ministério ordenado... chegamos no matrimônio.

A busca da felicidade humana, desde o início dos tempos, em todas as culturas, se dá, de modo geral, no encontro do homem e da mulher que escolhem trilhar juntos um novo caminho, onde cada qual renuncia um pouco do "eu" para juntos, formarem o "nós", da mesma forma que Deus faz conosco!

1. UM OLHAR SOBRE A HISTÓRIA DO MATRIMÔNIO ATÉ SE CONSTITUIR EM SACRAMENTO

Para podermos contemplar a beleza do Sacramento do Matrimônio, em todas as suas dimensões, somos convidados para uma breve viagem, no barco da memória histórica, a fim de acompanharmos a trajetória do matrimônio até ser reconhecido como sacramento. Vamos lá?

No início do cristianismo, os cristãos seguiam os usos e costumes vigentes em seus países, uma vez que não tinham um rito próprio para celebrar o matrimônio. Deviam cuidar, apenas, para não seguir os ritos contrários à fé cristã. Eles submetiam-se ao ordenamento jurídico da sociedade civil, dos países onde habitavam, evitando os elementos de idolatria que faziam parte dos ritos pagãos, por exemplo: consulta aos adivinhos, sacrifícios, aspectos depravados do banquete nupcial e do cortejo.

O tempo foi passando e, ao longo dos séculos, progressivamente, foram se delineando os elementos da celebração litúrgica, concomitantemente com a evolução do matrimônio de acontecimento profano civil de inspiração cristã para o matrimônio como acontecimento cristão na Igreja. De modo especial, nos séculos VII e VIII, a pertença recíproca de Igreja e sociedade foi se tornando cada vez mais forte e a evolução da celebração passou a girar em torno de: matrimônio e consentimento; o *véu e a* bênção nupcial, durante a Eucaristia. E, nos séculos IX e X, período muito conturbado e violento, o sacerdote passou a se ocupar das formalidades do casamento, a fim de garantir a liberdade do consentimento da mulher e, ao mesmo tempo, que os esposos recebessem a bênção nupcial.

No século seguinte, XI, a Igreja no Ocidente transformou em ação litúrgica a conclusão profana do casamento, colocando-a, imediatamente antes da missa, mas no exterior da igreja, *in facie ecclesie* (diante da igreja). O Concílio de Trento será o primeiro, em 1563, a impor, sob pena de invalidade, a forma canônica, quer dizer, a passagem dos noivos diante de seu próprio pároco.

O Ritual Romano, publicado em 1614 e que permaneceu em vigor até 1969, acentuou o papel do sacerdote em detrimento dos esposos e determinou que o matrimônio não fosse mais celebrado diante, mas dentro da igreja, antes da celebração da missa. O rito reduziu o formulário ao mínimo.

Chegamos em 1963... A constituição *Sacrosanctum Concilium* sobre a Sagrada Liturgia, n. 77-78, do Concilio Vaticano II, apontou para a necessidade de reforma do Rito do Matrimônio, indicando alguns critérios que deviam ser observados. Após anos de trabalho, o novo Ritual, de 1990, se apresentou como forte contribuição para a compreensão do significado de *contrair matrimônio no Senhor*, inserindo a celebração do matrimônio durante a missa. Isto facilitou a leitura, a compreensão e o anúncio da realidade celebrada como realidade estreitamente ligada à aliança, de que a Eucaristia é a celebração ápice; a ênfase que antes era jurídica passou a ser teológica. Os textos sagrados, disponíveis no Ritual atual, ajudam a inserir o matrimônio no amplo contexto de vida cristã e da história da salvação, dentro do qual ressalta mais claramente o seu valor de sinal sacramental da aliança indissolúvel e eterna entre Deus e a humanidade.

2. O MATRIMÔNIO E A SANTÍSSIMA TRINDADE

Depois dessa breve viagem, certamente conseguimos vislumbrar como o matrimônio cristão se constituiu ao longo dos tempos até chegar à formulação que temos hoje. Adentremos em águas mais profundas, penetrando nesse espaço privilegiado da vivência do amor humano que se chama "Sacramento do Matrimônio".

O homem e a mulher não estão sozinhos quando assumem a aliança matrimonial, pois Deus, que na concepção de ambos, estava presente "soprando-lhes o Espírito vivificante", faz-se presente neste momento especial, abençoando e ratificando a opção de vida que, juntos, à luz desta aliança de amor, eles se comprometem a construir. Esta aliança é dinâmica na fidelidade e indissolubilidade, é para sempre, mas se renova cotidianamente, de forma criativa, expandindo-se para além dos dois e atingindo a família, a comunidade, a sociedade.

Ao celebrarem o Sacramento do Matrimônio, o homem e a mulher têm impresso neles os traços amorosos de Deus, que é comunhão trinitária: Pai, Filho, Espírito Santo. E, assim, como o Deus Trindade vive em perfeita unidade, também os esposos são chamados a fazerem esta experiência tão bela: já não serem dois, mas um só corpo, uma só existência, alicerçada no Amor de Deus e, por isso, fecunda, solidária e amorosa!

O casal humano é chamado por Deus a viver o amor que os une de tal modo que seja sinal do amor criativo e fecundo da Trindade. Não é fácil, mas lembremos que Jesus, o Filho, prometeu que estaria conosco até o fim do mundo (cf. Mt 28,20), portanto, Ele se faz presente na caminhada de cada casal que vive cotidianamente a fé.

III. OS SACRAMENTOS NA BÍBLIA

1. O MATRIMÔNIO NA SAGRADA ESCRITURA

Navegamos mais um pouco... agora somos convidados a visitar, juntos, alguns textos da Sagrada Escritura para que, mergulhando, brevemente neles, como num rio de águas frescas em dias de muito calor, possamos fazer a experiência de nos deixar "refrescar" pela esperança que deles brota!

1.1 NO ANTIGO TESTAMENTO

Lembremos, que a narrativa da história do amor humano permeia toda a Bíblia. No primeiro livro, Gênesis 2,18-24, está expressa a complementaridade e comunhão entre o homem e a mulher, que têm uma mesma dignidade. Afirma, ainda, que a mulher é parte do homem e não estranha a ele, possuindo capacidade igual de amar e dialogar. Por isso, o homem, chamado a sair de sua solidão (cf. Gn 2,18), pode entoar o primeiro "cântico nupcial" da humanidade: "Desta vez sim, é osso dos meus ossos e carne de minha carne! Ela será chamada mulher, porque foi tirada do homem" (Gn 2,23). O último versículo dá o sentido para a atração do homem e da mulher: "Por isso deixará o homem o pai e a mãe e se unirá à sua mulher e se tornarão uma só carne" (Gn 2,24). Temos, assim, a prefiguração do matrimônio humano.

Os autores do Antigo Testamento utilizam a aliança esponsal para expressar a relação proposta por Deus ao povo eleito, uma relação de fidelidade, exclusividade, indissolubilidade, gestada na ternura, no perdão e no diálogo. No início do Decálogo lemos: "Eu sou o Senhor teu Deus" (Ex 20,2) e, este Deus firmou uma aliança eterna com Israel, que reconheceu, a partir de então, que a união do homem e da mulher era abençoada pelo Deus da aliança e não mais por deuses pagãos por meio de ritos de fertilidade.

Em Gn 9,12-17, temos o anúncio da grande Aliança firmada por Deus com a humanidade, simbolizada no sinal do arco-íris. O arco, que era uma arma de guerra, é usado por Deus como sinal de reconciliação e paz, sinal de aliança, de vida nova no amor e na fidelidade:

> Deus disse: Este é o sinal da aliança que estabeleço entre mim e vós e todos os seres vivos que estão convosco, por todas as gerações futuras. Ponho o meu arco nas nuvens, como sinal de aliança entre mim e a terra. Quando o arco-íris estiver nas nuvens, eu o olharei como recordação da aliança eterna entre Deus e todas as espécies de seres vivos que existem sobre a terra (Gn 9,12-13.16).

Podemos, portanto, dizer que as alianças dos esposos são um selo de fidelidade, pequenos arco-íris, sobre os quais Deus, quando lança o olhar, lembra-se da aliança com a humanidade. São sinais do amor entre os esposos e do amor que Deus sente por eles!

Os profetas, diante da realidade misteriosa do amor esponsal, criativo, unitivo e fecundo, percebem que esta realidade revela a grandeza indescritível do amor de Deus pela humanidade, especialmente por Israel, povo escolhido e por Ele desposado. Assim, passam a utilizar a imagem da aliança entre o homem e a mulher – matrimônio – como sinal do mistério fecundo da aliança entre Javé e Israel. Há, então, uma profunda conexão entre o projeto matrimonial proposto por Deus ao povo eleito/Israel e a realidade matrimonial humana tomada como símbolo.

Alguns dos profetas assim se manifestam acerca do amor esponsal de Deus pela humanidade: "De longe o Senhor me apareceu. Eu te amei com um amor eterno, por isso conservei amor por ti. Eu te construirei de novo e serás reconstruída, virgem de Israel. Com tamborins enfeitados, ainda sairás em meio a danças alegres" (Jr 31,3-4); "Porque esta é a aliança que firmarei com a casa de Israel depois desses dias – oráculo do Senhor. Colocarei minha lei no seu íntimo e a escreverei em seu coração. Então, eu serei seu Deus e eles serão meu povo" (Jr 31,33); "Passando junto de ti, percebi que tinhas chegado à idade do amor. Estendi o manto sobre ti para cobrir a nudez. Eu te fiz um juramento, estabelecendo uma aliança contigo – oráculo do Senhor Deus – e passaste a ser minha" (Ez 16,8); "Pois como o jovem se casa com uma moça, assim o teu arquiteto te desposa, e como o noivo se alegra com a noiva, teu Deus se alegra contigo" (Is 62,5).

1.2 NO NOVO TESTAMENTO

No Novo Testamento realiza-se o que é promessa no Antigo Testamento. Na plenitude dos tempos, Cristo realiza a Aliança definitiva com o povo/Igreja, firmada numa gratuidade incomensurável, realizando de forma plena a imagem profética utilizada pelos profetas, no Antigo Testamento, para expressar o pacto de amor firmado por Deus com o povo eleito.

No último livro, Apocalipse, temos a narrativa das núpcias do último Adão/Cristo com a nova Eva/Igreja, que revela o amor fiel e indestrutível do Salvador pela humanidade: "Alegremo-nos, exultemos e lhe demos glória porque se aproximam as núpcias do Cordeiro. A Esposa está preparada. Foi-lhe dado vestir linho brilhante e puro, pois o linho são as obras justas dos santos" (Ap 19,7-8).

São Paulo, em Ef 5,25-32, apresenta o grande amor de Cristo pela Igreja, utilizando o exemplo do amor existente entre o homem e a mulher, no matrimônio. Ele mostra que a entrega total de Cristo pela Igreja é o sinal da aliança firmada, é um esvaziamento que não é vazio, mas pleno de vida, fecundo como deve ser o amor entre os esposos, um entrelaçamento de duas vidas que se tornam uma: "Por isso deixará o homem o pai e mãe e se unirá a sua mulher, e serão os dois uma só carne" (Ef 5,31). Cristo quis que o matrimônio humano, ferido pelo pecado, fosse reconduzido à sua forma e santidade originais, pacto conjugal indissolúvel a ser vivido na fidelidade exclusiva e na unidade, de tal modo que, "assim, já não são dois, mas uma só carne. Não separe, pois, o homem o que Deus uniu" (Mt 19,6).

Ao longo da Escritura Sagrada, nos deparamos com o mistério da instituição do matrimônio e do sentido que Deus lhe deu, sua origem e seu fim, suas inúmeras realizações e dificuldades no decorrer da história da salvação até sua renovação "no Senhor", na nova Aliança de Cristo e da Igreja (cf. CIgC, n. 1.602).

À luz do Novo Testamento, que tem como ponto de referência a Aliança firmada no amor de Cristo pela Igreja, os cônjuges cristãos devem buscar ultrapassar a simples imitação exterior da Aliança nupcial de Cristo com a Igreja, ou seja, não apenas revelá-la, mas buscar realizá-la no cotidiano da vida familiar.

IV. OS SACRAMENTOS NA VIDA

1. MATRIMÔNIO: A VIVÊNCIA DO AMOR HUMANO COMO SINAL DO AMOR DE CRISTO

A base do Sacramento do Matrimônio é o amor. Celebrar o matrimônio é celebrar o amor entre um homem e uma mulher; amor que é bênção e dom de Deus e, por isso, quando vivido à luz da fé, torna-se sacramento: sinal visível da Aliança de Deus com a humanidade e de Cristo com a Igreja. Se as razões do matrimônio forem outras e não o amor, o sonho de Deus para a humanidade torna-se desfigurado nesse casal, impedindo-o de dar testemunho e ser sinal da gratuidade amorosa de Deus, que em Cristo se faz dom e salvação.

O Papa Francisco, na e*xortação Amoris Laetitia* nos ajuda a entender este sentido mais profundo do Sacramento do Matrimônio:

> O Sacramento do Matrimônio não é uma convenção social, um rito vazio ou o mero sinal externo dum compromisso. O sacramento é um dom para a santificação e a salvação dos esposos, porque "a sua pertença" recíproca é a representação real, através do sinal sacramental, da mesma relação de Cristo com a Igreja. Os esposos são, portanto, para a Igreja a lembrança permanente daquilo que aconteceu na cruz; são um para o outro, e para os filhos, testemunhas da salvação, da qual o sacramento os faz participar. O matrimônio é uma vocação, sendo uma resposta ao chamado específico para viver o amor conjugal como sinal imperfeito do amor entre Cristo e a Igreja. Por isso, a decisão de se casar e formar uma família deve ser fruto dum discernimento vocacional. (AL, n. 72)

1.1 ALIANÇA HUMANA COMO EXPRESSÃO DA ALIANÇA DIVINA

Partimos da compreensão de que a natureza do homem e da mulher traz em si a vocação à vida em comunhão, conforme desígnio do Criador, e que se expressa, de modo especial, através da vivência matrimonial.

São João Paulo II assim se manifestou sobre a relação entre a Aliança de Deus com os homens e a aliança entre o homem e a mulher: "A comunhão de amor entre Deus e os homens, conteúdo fundamental da Revelação e da experiência de fé de Israel, encontra sua significativa expressão na aliança nupcial, que se instaura entre o homem e a mulher" (FC, n. 12).

Esta vivência da aliança matrimonial, selada no amor humano e abençoada pelo amor divino, não exclui as dificuldades e desafios que os casais e as famílias enfrentam no seu cotidiano, permeado por situações de pecado que, muitas vezes, deixam marcas profundas. Mas a graça de Deus, como um rio caudaloso, purifica, vivifica e faz brotar flores de esperanças no terreno, não raro, árido deste dia a dia, às vezes tão sofrido.

O sinal central da celebração do matrimônio é o consentimento pois, por ele, é selada a aliança entre os cônjuges como sinal da aliança divina; e, através dele, os cônjuges se dão e se aceitam mutuamente, constituindo, a partir daí, uma nova família. A expressão visível que, sem dúvida, mais e melhor exprime o consentimento/entrega mútua dos cônjuges é a *aliança*, um aro que não tem início nem fim, que normalmente traz inscrito no seu interior o nome do outro cônjuge, com quem foi selado o compromisso de pertença, de amor, fidelidade, indissolubilidade e cuidado, até que a morte/páscoa de um dos cônjuges aconteça.

Vamos entender melhor o sentido da aliança, não como objeto de adorno, mas como sinal do pacto nupcial entre um homem e uma mulher e, por consequência, entre Cristo e a Igreja que ela revela?

O termo aliança implica na escolha por alguém, acarretando responsabilidades e fidelidade ao compromisso assumido. Quando um homem e uma mulher se escolhem e buscam o reconhecimento e a bênção da Igreja, através da celebração matrimonial, eles se comprometem com o projeto original de Deus para a humanidade, uma vez que Deus os criou à sua imagem e semelhança, amando-os com uma fidelidade irrevogável. Este amor fiel foi plenificado no mistério pascal de Cristo, no qual as núpcias eternas do Esposo/Cristo com a Esposa/Igreja encontram sua plenitude.

A aliança/pacto conjugal entre um homem e uma mulher implica e pressupõe liberdade na exclusividade, assim como a aliança/pacto firmado por Cristo com a Igreja. Ela deve se fundamentar no amor perseverante que gera vida e felicidade, anseio este, plasmado pelo Senhor, desde sempre, no coração da humanidade. Assim, não pode ser ocasião de fechamento do casal mas, ao contrário, à luz da relação de Cristo com a Igreja, deve ser espaço onde o amor/cuidado transborde no serviço aos filhos, à comunidade e à sociedade.

Um motivo para "esperançar" é observar que os casais jovens, que optam por não realizar o casamento civil e nem o religioso, ainda assim, não abrem mão das alianças, de materiais variados, mas com a mesma intenção de revelar a pertença de um ao outro, ou seja, de que eles formam uma família, num novo modelo familiar, mas não menos sedento de reconhecimento familiar e social, quando não religioso.

Devemos, também, sempre lembrar, que a celebração do Sacramento do Matrimônio é um acontecimento eclesial para os noivos, para as suas famílias e para a comunidade, pois é celebração do mistério pascal de Cristo, inserido no mistério do amor humano vivido no horizonte da fé, da esperança e da caridade.

2. COMPREENDER O MATRIMÔNIO A PARTIR DE SUA RITUALIDADE

Chegamos... visitamos... adentramos mais profundamente... e agora somos convidados a mergulhar alegremente no manancial das águas que brotam da celebração litúrgica do Sacramento do Matrimônio!

Ao percorrermos o belo caminho mistagógico dos ritos, donde certamente a liturgia e a catequese nos convidarão a nos encharcarmos na água perfumada deste rio pleno de amor e alegria, se faz necessário que dele nos aproximemos lentamente, revisitando as experiências já vividas e antecipando a experiência única que nos espera na vivência do rito celebrativo matrimonial.

Para tanto, vamos traçar um paralelo entre as experiências cotidianas e o rito sacramental do matrimônio, constante no Ritual do Matrimônio, Primeira Edição típica: 1969/ 2ª Edição Típica: 1993 (Celebração do Matrimônio sem Missa). Embora a Igreja prescreva que o Sacramento do Matrimônio seja celebrado dentro da missa, em razão do vínculo com o mistério pascal de Cristo, normalmente ele é celebrado sem missa, por razões ditas pastorais.

Inicialmente, vale lembrar que, no Sacramento do Matrimônio, os noivos são os ministros da celebração, diferente dos demais sacramentos. O ministro, ordenado ou não, solicita e acolhe o consentimento dos noivos em nome da Igreja. Por isso, é chamado de testemunha qualificada da Igreja e, em nome dela, invoca a bênção sobre o novo casal.

2.1 RITUAL DO MATRIMÔNIO

A Introdução Geral do Ritual do Matrimônio, no n. 29, traz várias orientações, entre elas, que: "...Juntamente com os noivos, se possível, sejam escolhidas as leituras da Sagrada Escritura, que serão comentadas na homilia; também a maneira pela qual vão exprimir o consentimento mútuo; e as fórmulas para a bênção das alianças, para a bênção nupcial, para as intenções das Preces dos Fiéis e para os cantos...".

O Ritual do Matrimônio (RM) apresenta várias possibilidades de celebração, levando em conta a participação dos noivos na comunidade (celebração do matrimônio dentro da missa e celebração do matrimônio fora da missa), a situação pessoal dos noivos (celebração entre parte católica e parte catecúmena ou não cristã), rito para a bênção de noivado e bênção dos esposos dentro da missa, no aniversário de casamento (infelizmente raras vezes utilizados), além da riqueza do rito adaptado do matrimônio (dentro da celebração eucarística e sem celebração eucarística), aprovado pela CNBB, na 29ª Assembleia Geral, em 1991, e confirmado pela Congregação para o Culto Divino e a Disciplina dos Sacramentos, em 11 de março de 1993.

O Rito Adaptado do Matrimônio (RAM) é brasileiro, fruto de um longo trabalho de escuta pastoral dos nossos bispos que, ouvindo o clamor do seu povo por um rito matrimonial que levasse em conta nossa cultura, nosso jeito de ser e de manifestar nossa fé, elaboraram o presente rito. Mas precisamos nos apropriar cada vez mais desta riqueza, porque este rito é praticamente desconhecido para muitos presbíteros, diáconos e equipes responsáveis pela preparação matrimonial dos casais.

Ao apresentar cada uma das partes do rito matrimonial (Celebração do Matrimônio sem Missa), vamos procurar enriquecê-la, traçando um paralelo com experiências vividas no dia a dia e trazendo algumas opções do rito adaptado do matrimônio e outras possibilidades litúrgicas para a celebração matrimonial.

2.2 ESTRUTURA GERAL DO RITO MATRIMONIAL

- Ritos Iniciais
- Liturgia da Palavra
- Rito Sacramental
- Conclusão

2.2.1 Ritos Iniciais

É interessante que um casal integrante da equipe, que acompanhou os noivos nos encontros de preparação, possa fazer as motivações na celebração, conduzindo a assembleia de forma que ela perceba que a aliança assumida pelo novo casal atualiza a Aliança de Cristo com a Igreja e, deste modo, com a assembleia presente.

Modo 1:

a. Ministro (assistente) acolhe os noivos na porta da igreja: o ministro acolhe de forma cordial, mostrando aos noivos que a Igreja participa de sua alegria.
b. Procissão dos ajudantes e o ministro até o altar, seguidos pelos noivos e seus pais e por duas testemunhas, ao menos. A procissão é acompanhada pelo canto de entrada.
c. Ministro (assistente) beija o altar e vai para a sua cadeira.

Modo 2: mais comum, com algumas adaptações conforme o lugar

a. Ministro (assistente) espera no lugar preparado para os noivos: normalmente próximo ao altar.
b. Entrada dos noivos: os noivos entram acompanhados de seus pais e das testemunhas, ao som do canto de entrada.

c. Acolhida feita pelo ministro: o ministro acolhe de forma cordial, mostrando aos noivos que a Igreja participa de sua alegria.
d. Ministro (assistente) beija o altar e vai para a sua cadeira.

a) Prática comum

Os padrinhos e madrinhas do noivo entram. Após, entram o noivo e sua mãe. Depois, entram os padrinhos da noiva e, a seguir, a noiva junto com seu pai. Estas procissões são acompanhadas de músicas, normalmente não litúrgicas.

b) Opções do rito adaptado

Após a saudação do ministro, os pais dos noivos, os próprios noivos ou uma das testemunhas/padrinhos podem tomar a palavra para acolher os presentes (RAM, n. 12 apresenta sugestões de acolhida e oração).

Em todos os modos, após os noivos, juntamente com as testemunhas e familiares, estarem próximos ao altar, feito o Sinal da Cruz, o ministro sauda o povo, que responde: "Bendito seja Deus que nos reuniu no amor de Cristo". Esta resposta deixa claro que é Deus o "anfitrião" que reúne a todos no amor de Cristo. Somos todos convidados dele, inclusive os noivos. A seguir, o ministro fará uma breve monição, predispondo os noivos e a assembleia a participarem da celebração do matrimônio, conforme sugestão do Ritual (RM, n. 87-88) e concluirá com uma oração (RM, n. 89 – ou outra cf. n. 223-228).

c) Outras possibilidades

1. Os noivos entrarem juntos, se já tiverem realizado o casamento civil, precedidos de seus familiares e padrinhos, após a motivação inicial feita pelo casal motivador ou pelo ministro;
2. A procissão seja acompanhada por um canto litúrgico que remeta ao sacramento que será celebrado;
3. Após estarem todos próximos ao altar, cada um dos noivos despede-se dos seus familiares com um abraço, para começarem uma nova família. Segue a saudação do ministro.

Todas as formas de acolhida resgatam o costume antigo do povo hebreu que se dirigia ao santuário para pedir a bênção do Senhor, reatando, assim, a aliança firmada com os patriarcas da fé. E a assembleia celebrante, ansiosa, aguarda pelos noivos dentro do templo, esperando pela nova família que, a partir da celebração matrimonial, se constituirá.

d) Sugestão: as alianças sejam conduzidas por um casal da equipe que preparou os noivos, ou por um casal de testemunhas, ou por um casal de familiares, sobretudo casal de avós. É importante que seja um casal que tenha um bom testemunho de vivência matrimonial. O costume de crianças (aia e pajem – vestidos de noivinhos) trazerem as alianças empobrece o sentido teológico e litúrgico do rito, uma vez que não expressa a verdade do mesmo. São crianças que não têm a experiência da vida matrimonial e, por conseguinte, não revelam a importância do sinal das alianças: expressão simbólica do pacto matrimonial assumido.

2.2.2 Liturgia da Palavra

O Ritual apresenta várias opções de leituras, salmos e textos do Evangelho (RM, n. 179-222). O Salmo seja cantado de acordo com o texto do Ritual (RM, n. 202-208). Homilia: após a proclamação do Evangelho, o ministro exponha, partindo do texto sagrado, o mistério do matrimônio cristão, a dignidade do amor conjugal, a graça do sacramento e os deveres do casal, levando sempre em conta a situação das pessoas.

a) Opções do rito adaptado

1. Os leitores sejam escolhidos dentre os familiares ou testemunhas/padrinhos dos noivos. Cuide-se que sejam escolhidas pessoas que, além de boa dicção, tenham uma vivência interior que lhes permita anunciar a Palavra com convicção de fé;
2. Após as leituras, um dos familiares ou uma das testemunhas pode trazer a Bíblia, que o ministro entrega aos noivos. Eles a tomam nas mãos e a beijam;
3. Antes da homilia, o ministro pode abrir um espaço para um casal da comunidade ou para algum amigo dos noivos dar um testemunho de sua vida matrimonial.

b) Outras possibilidades

1. Antes da proclamação do Evangelho, cante-se o "Aleluia" previsto no Ritual (n. 209-212) ou outro canto de aclamação;
2. O testemunho de um casal, antes da homilia, é interessante, mas sugerimos que sejam pessoas engajadas na comunidade. A fala deve ser preparada antes e não deve ser longa e nem numa linguagem excessivamente poética e emotiva;
3. Após a proclamação, o ministro ou um casal ligado à comunidade, pode oferecer a Bíblia de presente ao casal, convidando-o a se alimentar da sua leitura cotidianamente. O noivo recebe e a entrega à noiva que a beija e a devolve ao noivo; este a beija e entrega para uma das testemunhas. Este beijo deve sinalizar o pacto de escuta do Deus que a eles se revela como amor gratuito e solidário;
4. A homilia seja feita em linguagem simples, que ajude os familiares, testemunhas e assembleia a perceberem seu compromisso com a nova família que se forma, não só de rezar por ela, mas de se fazer presente e ajudá-la a cultivar o amor, a fé e a convivência comunitária.

2.2.3 Rito Sacramental

a) Diálogo antes do consentimento

O ministro interroga os noivos quanto à liberdade, à fidelidade e à aceitação e educação dos filhos (RM, n. 94). A Igreja quer ter certeza de que o consentimento seja dado de forma livre por ambos os noivos.

b) Consentimento

O ministro convida os noivos para manifestarem seu consentimento (RM, n. 95). Os noivos são convidados a darem um ao outro a mão direita. O consentimento é o elemento central do matrimônio. Após os noivos se darem e se receberem mutuamente, deixam de ser noivos e passam a ser esposos. O n. 1.626 do Catecismo da Igreja Católica afirma: "A Igreja considera a troca de consentimento entre os esposos como elemento indispensável 'que produz o matrimônio'. Se faltar o consentimento, não há casamento".

Rito Sacramental
- Diálogo antes do consentimento
- Consentimento
- Aceitação do consentimento
- Bênção e entrega das alianças
- Oração dos fiéis
- Bênção nupcial
- Pai-nosso e comunhão
- Beijo e comunhão

Quantos consentimentos já terão sido dados, mas nenhum é mais especial do que esse, pois nele o próprio Cristo está presente e dele participa, dando a chancela divina! Colocar as mãos nas mãos do outro implica se fazer um com ele, em assumir o outro como parte de si mesmo, numa aliança que não poderá ser rompida por vontade humana, pois foi sedimentada no amor de Deus que é fiel. Esse é o momento em que o casal estabelece entre si e com Cristo a aliança esponsal, fundada na fidelidade e na entrega mútua.

- **Opções do rito adaptado**

O ministro convida os padrinhos a se colocarem próximos dos noivos (RAM, n. 21).

- **Outras possibilidades**

O ministro convida os pais e padrinhos a se aproximarem dos noivos para testemunharem o consentimento, convidando-os a erguerem a mão direita em direção aos noivos, em sinal do compromisso em acompanhá-los nesta nova etapa de vida.

c) Aceitação do consentimento

O ministro, em nome da Igreja, acolhe o consentimento manifestado e declara: "Ninguém separe o que Deus uniu" (RM, n. 98). Em seguida, convida os presentes para o louvor a Deus (RM, n. 99).

Outras possibilidades: se o ministro for ordenado, pode envolver com a estola as mãos unidas do casal ou motivá-los a colocarem as mãos unidas sobre a Bíblia recebida de presente. Sinaliza-se, assim, que é fundamentada na Palavra proclamada que a aliança matrimonial se estabelece, atualizando a Aliança de Cristo com a Igreja. Após, convida os presentes para o louvor a Deus.

d) Bênção e entrega das alianças

O ministro abençoa as alianças: "Deus abençoe estas alianças que ides entregar um ao outro em sinal de amor e fidelidade" (RM, n. 100) e, se for oportuno, asperge-as e as entrega aos esposos. Cada um coloca a aliança no dedo anular esquerdo do outro dizendo: "N., recebe esta aliança em sinal do meu amor e da minha fidelidade. Em nome do Pai, e do Filho, e do Espírito Santo" (RM, n. 101). Cada um pode beijar a aliança, antes de colocar no dedo do outro ou depois, em sinal de entrega mútua. Após, a comunidade pode cantar um hino ou cântico de louvor.

Quantas alianças e anéis são usados ao longo da vida! Mas esta aliança, não é apenas um adorno, um adereço bonito, ela é sinal da "aliança/pacto", assumido livremente, no momento do consentimento, até que a morte os separe; ela é sinal de amor que une, cuida, perdoa, se faz presente em todos os momentos.

- **Opções do rito adaptado**
    1. O comentarista ou o ministro dirige-se aos casais presentes, dizendo: "Enquanto os nubentes trocam as alianças, convido vocês, caros casais, aqui presentes, a renovarem o compromisso matrimonial". Cada casal manifesta entre si a renovação do compromisso matrimonial (RAM, n. 27);
    2. Os esposos beijam a aliança, antes de colocá-la no dedo anular esquerdo do outro, dizendo alguma das fórmulas propostas. (RAM, n. 28);
    3. Após a assembleia pode fazer uma aclamação com palmas, vivas ou canto de louvor (RAM, n. 28).

- **Outras possibilidades**

Os esposos beijam a aliança, após a terem colocado no dedo anular esquerdo do outro, sinalizando que é no outro e com o outro que esta aliança de amor foi firmada no momento do consentimento. Ela abarca o corpo todo do outro, que se torna espaço de realização humana concreta da aliança celebrada. Assim, como Cristo entrega seu corpo para a salvação da Igreja, assim os esposos devem ser capazes de se entregarem um para o outro e pelo outro.

e) Oração dos fiéis

Quem preside convida a todos para as preces; um leitor faz as invocações e todos respondem (RM, n. 103). As preces também podem ser elaboradas pela equipe responsável, tendo como modelo as fórmulas dos n. 251-252.

Quantas orações o casal reza ao longo da vida, quantas súplicas e agradecimentos são feitos de modo privado e comunitário! Mas, nesse dia, a comunidade reunida pede, de modo especial, ao Senhor, pelo novo casal, pela nova família que está se formando e por todos os casais presentes.

- **Opções do rito adaptado**

  Algumas preces podem ser acompanhadas de gestos simbólicos correspondentes à respectiva prece. Por exemplo, entrega de uma flor, de um pão, de uma vela acesa, da chave da casa, de um rosário, ou outro símbolo (RAM, n. 29).

- **Outras possibilidades**

  Que algumas preces, seguindo o modelo apresentado no Ritual, sejam elaboradas pela equipe de liturgia, levando em conta a situação do casal e sejam acompanhadas da entrega de símbolos que traduzam a vida, o trabalho, a caminhada de fé do casal, como por exemplo, uma imagem de Nossa Senhora, as velas acesas no batismo ou na Primeira Eucaristia deles.

f) Bênção nupcial

Os esposos se ajoelham e o ministro profere sobre eles uma das fórmulas de bênção (RM, n. 104-105, 242-244). Esta bênção nunca é omitida. Ela faz memória da ação salvadora de Deus na história e remete para a alegre esperança de participação nas bodas escatológicas do Ressuscitado.

Quantas bênçãos foram recebidas, marcando momentos importantes na vida do casal, de alegria ou de sofrimento; às vezes, individuais; outras vezes, comunitárias, mas nenhuma igual a esta, a única que não foi abolida nem pelo castigo do pecado original! (cf. n. 4 da Introdução Geral ao Ritual do Matrimônio).

- **Opções do rito adaptado**
  1. O pai e a mãe dos neoesposos, se for oportuno, podem impor as mãos sobre os filhos, em sinal de bênção (RAM, n. 31);
  2. Após a bênção, os recém-casados se dão o ósculo/beijo nupcial. Os pais podem cumprimentar os filhos (RAM, n. 32).

♦ **Outras possibilidades**

Toda a assembleia seja motivada a erguer a mão direita em direção ao Círio Pascal (sinal do Ressuscitado), no qual os neoesposos foram inseridos por ocasião dos respectivos batismos e em quem firmam a aliança matrimonial; se não houver Círio Pascal, erguer a mão direita em direção ao altar, pedindo, silenciosamente, que Cristo Ressuscitado abençoe o novo casal, inserindo-o na aliança divina. Lembremo-nos de que a bênção nupcial resgata a intervenção salvífica de Deus na história. O novo casal se ajoelha e Cristo pousa sobre ele seu olhar misericordioso e terno, envolvendo-o num abraço visível apenas aos olhos da fé, a fim de que possa sentir-se participante do seu amor fiel ao Pai e à Igreja.

g) Pai-nosso e comunhão

Se a sagrada comunhão, sacramento por excelência da Aliança de Deus com a humanidade, for distribuída dentro do rito, terminada a bênção nupcial, o ministro vai ao sacrário, traz a âmbula, coloca-a sobre o altar e faz a genuflexão. Após, introduz a oração do Pai-nosso e, se for oportuno, convida todos para a saudação da paz. A seguir, realiza o rito da comunhão, podendo ser acompanhado de um canto apropriado (RM, n. 108-115). A oração após a comunhão conclui o rito eucarístico.

Quantas vezes o alimento foi partilhado ao redor da mesa, com as famílias, os amigos, os irmãos de caminhada! Que sabor delicioso tem o alimento feito e partilhado com amor! Quantas vezes comungaram o corpo e sangue do Senhor, fazendo a experiência de recebê-lo em si! Mas, desta vez, é diferente, porque Cristo se doa ao casal para que, em seu frágil e limitado amor humano, os cônjuges sejam sinal do seu amor divino pela Igreja, testemunhando-o com sua vida familiar.

h) Beijo nupcial

Pode ser dado, concluindo o rito das alianças, após a bênção nupcial ou ao final, antes da bênção geral, que conclui a celebração. Este beijo é único, porque nele os hálitos do homem e da mulher se misturam, numa comunhão de vida, na presença de Cristo que sobre eles lança o seu olhar amoroso, abençoando-os para que se tornem "uma só carne". Ele traz um pouco do sopro vital que habita em cada um. Espírito vivificante, que faz novas todas as criaturas. Portanto, essa mulher e esse homem, que se uniram pela aliança matrimonial, já não são os mesmos, pois através da ação misteriosa do Espírito Santo, agora formam um só corpo.

Quantos beijos o casal trocou antes da celebração do matrimônio e quantos mais serão trocados depois! Porém, o beijo nupcial é especial, porque trocado diante do altar, na presença da Igreja reunida! Recebe o selo do próprio Cristo que os abençoa para que, alimentados por essa bênção e por esse beijo definitivo, encontrem forças para viver/celebrar, ao longo de suas vidas, a aliança de amor humano/divino da qual são portadores.

2.2.4 Conclusão

A celebração matrimonial se conclui com a bênção dos esposos e do povo, cujas fórmulas são as mesmas no Ritual e no Ritual Adaptado (RM, n. 116; RAM, n. 42).

Após a bênção, o ministro, os neoesposos e as testemunhas assinam a ata, na sacristia ou diante do povo, mas nunca sobre o altar (RM, n. 117; RAM, n. 43). Após, os neoesposos, os pais e padrinhos saem em procissão, acompanhados de um canto.

- **Outras possibilidades**

Assim como no início da celebração, próximo ao altar, os noivos se despediram cada um da sua família, antes de saírem em procissão, cada um dos esposos abrace a família do outro, significando que a partir deste momento, pela aliança matrimonial constituída, fazem parte da mesma. A aliança firmada gera uma nova família que não está só, mas se insere numa família maior, já constituída.

V. CONSIDERAÇÕES FINAIS

Enfim, chegamos ao final de nossa viagem... Foram várias paradas, ao longo do trajeto! Porém, o rio sempre nos surpreende em cada uma delas, porque nos proporciona revisitar a história, conhecer conceitos novos, elaborar reflexões, a partir do chão das nossas experiências e descobrir novos jeitos de celebrar o Sacramento do Matrimônio.

Tenhamos sempre em nossa mente (lugar da razão) e em nosso coração (lugar das emoções) que, no horizonte da fé, a aliança de amor celebrada pelo homem e a mulher atualiza a Aliança de Cristo com a Igreja. Por isso, é grande a responsabilidade de preparar os novos casais para assumirem esta vocação tão linda, uma vez que, por meio dela, Deus chama novos homens e novas mulheres para continuarem sendo sinal do seu amor criativo, unitivo e fecundo.

Continuemos a navegar... pois é navegando que se descortinam novos horizontes e se chega em novas águas... O rio da fé nos conduza ao mar que nos espera!

CAPÍTULO VIII

ESPERANÇA E SOLIDARIEDADE NA DOR

O Sacramento da Unção dos Enfermos

I. VIVÊNCIA LITÚRGICA

Ambiente: *Uma mesa com toalha branca. Cadeiras para todos. A cruz com imagem do crucificado. A Bíblia. Círio Pascal aceso. Um jarro transparente com óleo de oliva ou outro óleo extraído de outra planta. Um vaso com flores naturais viçosas e machucadas ou secas, preferência sejam rosas ou girassóis. Imagens de pessoas em situações de dor, sofrimento, abandono, exclusão, lugares que lembram doentes. Texto da celebração para todos. Distribuir antecipadamente os serviços litúrgicos. Música ambiente com música: Se a dor me visitar.*[146]

1. ACOLHIDA

Animador: *(Quando todos estiverem acomodados, o animador acende o Círio e diz estas palavras:* O Pai criador trouxe à luz do conhecimento humano a vida e a morte, "escolhe, pois, a vida" (Dt 30,19), *e convida a entoar o refrão orante).*

Refrão Orante: Nada te assuste, nem te perturbe. A quem tem Deus, não falta nada. Nada te assuste, nem te perturbe. Basta Deus, só Deus![147]

Animador: *(Com alegria se dirige a cada participante e entrega uma flor viçosa ou machucada. Convida a todos para se colocarem em torno da mesa para a oração. Tomando em suas mãos um pouco do óleo, assinala a fronte de todos com o sinal da Santíssima Trindade, dizendo essas palavras:* "O Deus da vida, fonte de todo bem, te conceda a força consoladora nos teus momentos de dor e de sofrimento". *Enquanto faz o sinal da cruz nos participantes, o grupo repete o refrão orante.)*

Refrão Orante: Nada te assuste, nem te perturbe. A quem tem Deus, não falta nada. Nada te assuste, nem te perturbe. Basta Deus, só Deus![148]

---

146. Se a dor me visitar. Intérprete: José Fernandes de Oliveira. Compositor: José Fernandes de Oliveira. *In*: ALPENDRES, Varandas e Lareiras, vol. 2. [Compositor e intérprete]: José Fernandes de Oliveira. [S. l.]: Paulinas-Comep, 199?
147. CO, n. 1459d. Autoria: Taizé.
148. CO, n. 1459d. Autoria: Taizé.

2. RECORDAÇÃO DA VIDA

Animador: Hoje vamos recordar e rezar a vida, a partir das situações de dor, de sofrimento e da morte. Essas experiências nos fragilizam, deixam-nos necessitados de uma mão amiga, de uma presença fraterna, de um encontro com alguém que ajude a curar nossa enfermidade ou superar a dor, seja física seja espiritual. Jesus sempre se colocou ao lado dos sofredores, dos doentes e, na sua infinita misericórdia, transformou a dor em vida para nos garantir a vida. Ele chamou e chama homens e mulheres para que sejam presença junto aos seus, nos momentos de dor, angústia, sofrimento e até na morte, para que, na presença da comunidade, sintam a bondade e a ternura de Jesus a lhes tocar. Temos em nossas mãos flores. Elas são sinal de vida e de esperança, nos momentos de festa e nas horas em que o sofrimento, a dor ou até mesmo a morte nos encontram. Estão postas para alegrar e dar conforto, expressam beleza, são sinal da vida e da ressurreição. Fomos sinalizados pela unção do óleo, nesta celebração, para nós um sacramental. Este gesto quer mostrar a força da unção no corpo daqueles que se preparam para situações de superação, resistência e também de sofrimento. Quando a dor e o sofrimento enfraquecem nossas faculdades físicas e espirituais, a Igreja nos dá a unção com óleo santo que, fortalecendo, nos oferece a graça de Deus para que superemos com fé, serenidade e confiança toda forma de sofrer. Nesta recordação da vida, a partir das flores e das imagens, rezemos as muitas faces da dor humana, seja no viver, seja no morrer. Quem sentir desejo de partilhar o que sente contemplando a sua flor expresse pelas palavras o que passa em seu coração. Após partilhar com o grupo a sua recordação, coloque no vaso a sua flor. Depois de três ou quatro partilhas, entoar o refrão:

Refrão Orante: *Confiemo-nos ao Senhor, Ele é justo e tão bondoso. Confiemo-nos ao Senhor. Aleluia!*[149]

3. ESCUTA DA PALAVRA DE DEUS

a) Refrão: *O nosso olhar se dirige a Jesus, o nosso olhar se mantém no Senhor!*[150]

b) Anúncio da Palavra: Evangelho: Lc 10,30-35 (*Ler da Bíblia, que está no centro da mesa*).

c) Silêncio. Reflexão. Ressonâncias do grupo.

---
149. CO, n. 1459c. Autoria: Taizé.
150. CO, n. 1459a. Autoria: Taizé.

d) Meditação

(Inspirados na Catequese do Papa Francisco fazemos ressoar em nós a meditação do texto bíblico rezando juntos.)

Leitor 1: Senhor, Deus de infinita misericórdia e ternura, torna-nos próximos de quem sofre as doenças físicas e espirituais. Queremos ser para nossos irmãos e irmãs, segundo teu exemplo, um Bom Samaritano, aplicando "sobre as suas feridas", unguentos necessários para a cura.

Leitor 2: Faze com que tua Igreja seja servidora e dispensadora fiel dos ensinamentos da tua Palavra e da tua graça reconfortadora. Sejam os ministros ordenados extensão do amor e da esperança trazidas por Cristo "que brotam do dom da sua vida por nós e se expressam em toda a sua riqueza, na vida sacramental da Igreja".

Leitor 1: Somos Senhor, a tua Igreja. Em ti nos movemos e somos expressão do teu desejo, "vai e faze a mesma coisa", àqueles que, nas suas aflições, abandonos, fragilidades, sentem esvair sua esperança e força. Continua, Senhor, a derramar sobre todos nós a tua misericórdia e a esperança da salvação.

Leitor 2: Pelo Sacramento da Unção dos Enfermos, saiba a Igreja, na pessoa de seus ministros ordenados, reafirmar o que recomenda a Carta de Tiago: "Está alguém entre vós doente? Chame os presbíteros da igreja, e estes façam oração sobre ele, ungindo-o com óleo, em nome do Senhor. E a oração da fé salvará o enfermo, e o Senhor o levantará; e, se houver cometido pecados, ser-lhe-ão perdoados" (5,14-15).

Leitor 1: Inspira os ministros ordenados a terem cuidado e zelo "pelos doentes e pelos sofredores", confiando e suscitando neles a "capacidade e a tarefa de continuar a conceder, no seu nome e segundo o seu coração, alívio e paz, através da graça especial deste Sacramento".

Leitor 2: Seja a administração do Sacramento da Unção aos Enfermos um momento de cura, de proximidade e de abandono em ti, Senhor. E, todos aqueles que, recebendo este dom sacramental, sintam-se abraçados, confortados, renovados, sabedores de que somente em ti ó Deus, temos o auxílio e o socorro, encontramos paciência e resiliência, sustentados no teu amor que dá sentido à vida.

Leitor 1: Dá coragem e saúde também aos que se dedicam a cuidar dos doentes. Que confiem a ti toda preocupação, toda fadiga, toda paciência necessária. Sustenta-os com teu amor, pois és tu que cuidas sempre por primeiro. Abre nossos olhos para não "cairmos na busca obstinada do milagre ou na presunção de poder obter sempre e apesar de tudo a cura". Reacende em nós "a certeza da proximidade de Jesus ao doente e também ao idoso" e, quando a Igreja se aproximar de nós, na pessoa de seus ministros ordenados, oferecendo a graça do Sacramento da Unção dos Enfermos, vejamos neles teu rosto e tua presença que "chegam para aliviar o doente, para lhe dar força, para lhe dar esperança, para ajudá-lo, e também, para lhe perdoar os pecados. E isto é muito bonito!"[151]

Animador: Embora, muitas vezes, diante do sofrimento, nos sentimos sozinhos, o amor do Senhor nos sustenta. Confiantes, cantemos juntos: *Quem nos separará*.[152]

4. NOSSA RESPOSTA ORANTE À PALAVRA

Animador: Atentos aos sinais da vida e da morte, rezemos o Salmo 102, bendizendo ao Senhor que em sua compaixão nos modela por amor, "cura toda enfermidade" e atento a nossa dor vem ao nosso encontro e nos escuta (RU, n. 194).
R.: *O Senhor é indulgente, é favorável, é paciente, é bondoso e compassivo!*

Lado 1: Bendize, ó minha alma, ao Senhor,
e todo meu ser seu santo nome!
Bendize, ó minha alma, ao Senhor,
Não te esqueças de nenhum de seus favores!
R.: *O Senhor é indulgente, é favorável, é paciente, é bondoso e compassivo!*

Lado 2: Pois Ele te perdoa toda culpa,
e cura toda a tua enfermidade;
Da sepultura Ele salva tua vida
e te cerca de carinho e compaixão.
R.: *O Senhor é indulgente, é favorável, é paciente, é bondoso e compassivo!*

Lado 1: Quando os céus por sobre a terra se elevam,
Tanto é grande o seu amor aos que o temem;
Quanto dista o nascente do poente,
Tanto afasta para longe nossos crimes.
R.: *O Senhor é indulgente, é favorável, é paciente, é bondoso e compassivo!*

---

151. Cf. FRANCISCO. **Audiência Geral.** Vaticano: 24 fev. 2014b. Não paginado. Disponível em: <https://www.vatican.va/content/francesco/pt/audiences/2014/documents/papa-francesco_20140226_udienza-generale.html>. Acesso em: 28 jul. 2021.
152. Quem será contra nós? Intérprete: Coral Palestrina. *In*: FESTAS Litúrgicas II: Cantos do Hinário Litúrgico da CNBB. Compositor: Valmir Neves da Silva. Intérprete: Coral Palestrina. [S. *l.*]: Paulus digital, 2019. Disponível em: https://www.youtube.com/watch?v=qw7avcWQ6nE. Acesso em: 28 jul. 2021.

Lado 2: Como um pai se compadece de seus filhos,
O Senhor tem compaixão dos que o temem.
Porque sabe de que barro somos feitos,
E se lembra que apenas somos pó.
R.: *O Senhor é indulgente, é favorável, é paciente, é bondoso e compassivo!*

Lado 1: Os dias do homem se parecem com a erva,
Ela floresce como a flor dos verdes campos;
Mas apenas sopra o vento ela se esvai,
Já nem sabemos onde era seu o lugar.
R.: *O Senhor é indulgente, é favorável, é paciente, é bondoso e compassivo!*

Lado 2: Mas o amor do Senhor Deus por quem o teme,
É de sempre e perdura para sempre;
E também sua justiça se estende
Por gerações até os filhos de seus filhos,
Aos que guardam fielmente sua aliança
E se lembram de cumprir os seus preceitos.
R.: *O Senhor é indulgente, é favorável, é paciente, é bondoso e compassivo!*

5. PAI-NOSSO

Animador: A Igreja confere a Unção dos Enfermos nas mãos e na fronte. Fomos ungidos ao iniciar esta celebração para que o Espírito Santo, tal como o óleo sobre a nossa pele, penetrasse, abrindo-nos ao conhecimento da verdade. Lembremos de quem precisa de nossa oração e, abrindo nossas mãos, juntos, rezemos a oração do Senhor. Que ela desperte em nós o desejo de assumir os mesmos sentimentos de Jesus, viver na absoluta confiança e obediência à vontade do Pai. Unindo as nossas mãos rezemos: ***Pai nosso, ...***

6. DESPEDIDA E UNÇÃO

Animador: Invoquemos sobre todos nós a graça fortalecedora do Espírito Santo. Pela unção recebida hoje, sejamos anunciadores do amor que cura, testemunhando a esperança que salva (*silêncio*).

Oração: "Ó Deus, quisestes que o vosso Filho único suportasse as nossas dores para mostrar o valor da fraqueza e do sofrimento humano. Escutai benigno as nossas preces por nossos irmãos e irmãs doentes, e dai aos oprimidos pelas dores, enfermidades e outros males, sentirem-se bem-aventurados segundo o Evangelho e unidos ao Cristo que sofreu pela salvação do mundo". Amém![153]

7. CONCLUSÃO

Animador: Senhor Jesus, fonte de toda nossa alegria e esperança, dai-nos merecer a saúde plena do corpo e do espírito para testemunhar que és o salvador e redentor de nossas vidas até o dia em que contigo estaremos na glória de Deus Pai! **Amém!**

Todos: Louvado seja nosso Senhor Jesus Cristo! **Para sempre seja louvado!**

Canto Final: Eu tenho alguém por mim.[154]

---

[153] CONGREGAÇÃO PARA O CULTO DIVINO E DISCIPLINA DOS SACRAMENTOS. Oração pelos doentes. In: **Missal Romano.** 1º Ed. 18ª reimpressão. São Paulo: Paulus, 2014, 1088p. p. 924.
[154] Eu tenho alguém por mim. Intérprete: José Fernandes de Oliveira. Compositor: José Fernandes de Oliveira. In: PADRE ZEZINHO SCJ. **Os melhores momentos.** [Compositor e intérprete]: Padre Zezinho scj. São Paulo: Paulinas, 1989. Disponível em: < https://www.youtube.com/watch?v=wUr1HbdQonI>. Acesso em: 5 jul. 2021.

II. A VIDA NOS SACRAMENTOS

1. O SOFRER E O MORRER

O sofrimento e a morte são condições limítrofes do ser humano. O Catecismo da Igreja Católica ensina que "ninguém escapa à experiência do sofrimento, dos males existentes na natureza – que aparecem como ligados às limitações próprias das criaturas" (CIgC, n. 385). Nossa frágil natureza humana está sujeita às mais variadas experiências de dor e de sofrimento. Esses sentimentos provocam desconforto, instabilidade e incompreensão. Do nascer ao morrer, o sofrimento nos acompanha e baliza o seu lugar na vida de cada indivíduo nas mais variadas circunstâncias.

O Papa João Paulo II, em sua Carta Apostólica *Salvifici Doloris,* nos ensina que são muitas as origens e as causas do sofrimento humano: "é algo mais amplo e mais complexo do que a doença e, ao mesmo tempo, algo mais profundamente enraizado na própria humanidade" (SD, n. 5) e dele não podemos fugir. Todo sofrer precisa ser tratado, ser buscada a sua causa, encontrada a solução para seus efeitos e males. Para o sofrimento físico, a medicina está para a cura. No entanto, quando o sofrimento é subjetivo, a fé e a confiança vêm ao encontro e encorajam para pedir a cura: "Senhor meu Deus, eu te pedi auxílio, e tu me curaste" (Sl 30,3). Pedimos, porque acreditamos que nossa voz será ouvida e que o Senhor virá ao nosso encontro pela fé e pela confiança.

Sabe-se que a dor e o sofrimento um dia nos visitam e fixam morada até chegar o momento de findar nossa existência. Para alguns destes momentos de crise, a Igreja, sabiamente, vem em auxílio da dor e do sofrimento humano. Ela se ocupa e acompanha estes momentos com solicitude pastoral para que, à luz da fé, "o mistério da dor possa ser compreendido e suportado com maior coragem" (RU, n. 1). Podemos amenizar o sofrimento quando o entendemos inerente à condição humana. Assim, encorajamo-nos para vencê-lo porque descobrimos o sentido da vida. O sofrer faz crescer, amadurece, humaniza e leva ao encontro de Deus.

Frágeis, finitos e limitados, a dor nos lança ao encontro da verdade que nos dá respostas. Os mistérios de Deus se revelam e, participando dos sofrimentos do próprio Cristo, revivemos nele todas as situações dolorosas de nossa vida. Diante do mistério da Páscoa do Senhor e junto com a Igreja, revivemos ainda, nesta vida, o seu próprio sacrifício que se configura às nossas dores. A Igreja, solícita aos seus filhos e filhas, diante do sofrimento e da dor, tem a missão de oferecer assistência como comunidade de fé. Por graça e dom do Espírito Santo, auxilia os enfermos a aceitarem com mansidão e obediência a dor e a doença com confiança no Senhor, que diz: "Vinde a mim vós todos que estais cansados e sobrecarregados, e eu vos darei descanso" (Mt 11,28). Em atitude samaritana, vem ao encontro, nos momentos de sofrimento existencial que a vida apresenta e, no momento final, quando, com toda a esperança cristã, não mais podendo estar aqui, somos lançados nos braços do Pai.

Nós, humanos, não desejamos sofrer, adoecer e envelhecer, mas sabemos que estas situações são naturais. As fontes de sabedoria bíblica nos mostram o quanto Jesus foi acolhedor com a dor e o sofrimento humanos "e onde ele chegava, nos povoados, nas cidades ou nos sítios, traziam os doentes nas ruas e lhe pediam que os deixasse tocar" (Mc 6,56). Ele vai ao encontro e aqueles que sofrem o buscam. "Curou a todos que sofriam de algum mal, levou consigo nossas enfermidades". Ele se fez solidário (cf. Mt 8,17), acolhedor, curou e mandou curar (cf. Lc 10,9), libertou, salvou, consolou, orientou, animou, devolveu a vida, ressuscitou o filho da viúva de Naim (cf. Lc 7,11-17), a filha de Jairo (cf. Mt 9,18-26) e Lázaro (cf. Jo 11,17-44). A Ele pertencem a vida e a morte. Eram leprosos, deficientes, doentes, cegos, surdos, mudos, coxos, homens e mulheres que a dor e o sofrimento fizeram perder a esperança e para todos Jesus devotava especial atenção e cuidado. Nele, a experiência da dor e do sofrimento tornaram-se um caminho de redenção e de salvação. Em seu seguimento e para dar testemunho, a Igreja cumpre em atitude samaritana a assistência e amparo de seus filhos, no sofrer e no morrer, por meio da administração dos sacramentos, sobretudo da Unção dos Enfermos.

Quando a doença fere o corpo e afeta o espírito, Deus se faz presente pela graça dos sacramentos que curam. Os sacramentos de cura são um carinho do Senhor para quando a dor encontra o homem e este não mais cultiva a esperança. Ele se faz presença com amor e misericórdia providente, confirmando que jamais nos deixa só. "Estive doente e me visitaste" (Mt 25,36). Com a oração e assistência da Igreja, o enfermo se sente acolhido e fortalecido.

Em Jesus Cristo e pela oração da Igreja, a dor e o sofrimento experimentam um novo sentido, o enfermo pode alcançar a recuperação de sua saúde, restaurar suas forças, redimir-se e encontrar a graça salvífica pelos benefícios da unção. Quando não, a graça deste sacramento reconforta o enfermo para o encontro definitivo com a vida plena, ou seja, a vida em Deus.

A Igreja ensina que, ao receber o Primeiro Sacramento da vida cristã – o Batismo – , somos mergulhados nas águas batismais para morrer com Cristo. Sacramentalmente, mergulhamos na morte para renascer. O batismo, gerador de vida, nos faz transpor os limites da morte, pois ele nos inicia na vida cristã: sepultados na morte com Cristo, ressuscitamos com ele para a vida.[155] E, no momento da nossa morte, somos novamente atraídos para o Cristo, vamos ao seu encontro completando na carne o que falta aos seus sofrimentos (cf. Cl 1,24). Em uma grandiosa e misteriosa travessia, deixamos para trás o leito que percorremos, lançando-nos, com confiança, no fascinante encontro com a fonte primeira, dom da eterna vida.

2. O DESAGUAR DE UM AFLUENTE HISTÓRICO

Uma longa e complexa história perfaz o capítulo do Sacramento da Unção dos Enfermos, de sua origem até a organização dos rituais. Este sacramento, ao celebrar o perecimento da vida, transforma a experiência da dor em oportunidade de redenção.

A Igreja, bebendo das fontes primeiras em sua tradição, conservou o essencial – a unção, a comunidade e a oração. Fiel a Jesus, conservou o zelo e o cuidado para com os doentes, oferecendo os sacramentos e a graça redentora que eles envolvem. Da Igreja nascente até a Idade Média, chegando aos nossos dias, uma cuidadosa organização do Ritual da Unção dos Enfermos foi gestada e transmitida pela Igreja para que, também nos momentos finais da vida, levados pela torrente das águas, entremos num estreito canal por onde flui toda a graça salvífica de um Deus que é amor e vida plena.

A doutrina do Sacramento da Unção dos Enfermos foi pauta nos Concílios de Florença, Trento e no Concílio Ecumênico Vaticano II. Do Concílio de Trento herdamos a visão temerosa deste sacramento chamado pelos Padres Conciliares de "extrema unção". Para este Concílio, o momento da administração do sacramento era a oportunidade da graça final dada ao moribundo, o amparo espiritual no momento da sua morte. Em sua carta apostólica *Sacram Unctionem Infirmorum,* versando sobre o Sacramento da Unção dos Enfermos, o Papa Paulo VI (1972). recorda as definições essenciais do magistério eclesiástico, reunido em Trento, sobre este sacramento, recordando que o Concílio de Florença detalhou os elementos do Sacramento da Unção dos Enfermos. O Concílio de Trento define que o Sacramento da Unção dos Enfermos instituído por Cristo e recomendado pela Igreja, desde seu início, tem por ação trazer aos homens as graças e os fins que lhe são próprios, regenerando a vida quando a enfermidade se fizer realidade. A Igreja, pela administração do sacramento, dá aos homens o que lhe é valioso:

> A graça do Espírito Santo, cuja unção apaga os pecados, se ainda estão por expiar, bem como os resíduos de pecado, ao mesmo tempo que proporciona

---

155. CONGREGAÇÃO PARA O CULTO DIVINO E DISCIPLINA DOS SACRAMENTOS. Bênção da água batismal – Vigília Pascal. In: **Missal Romano.** 1 ed. 18ª reimpressão. São Paulo: Paulus, 2018. 1088p. p. 287.

> alívio e conforto à alma do doente, suscitando nele uma grande confiança na misericórdia do Senhor; pelo que, assim alentado, o doente suporta melhor os incômodos e os trabalhos da enfermidade e mais facilmente resiste às tentações do demônio, que o insidia de perto (cf. Gn 3,15); e, algumas vezes, readquire mesmo a saúde do corpo, quando isso aproveitar para a saúde da alma (SUI).[156]

A solicitude da Igreja para com os seus filhos e filhas, especialmente com os que sofrem e padecem, perpassou as diferentes épocas. A tradição apostólica confere, desde as primeiras comunidades cristãs, os gestos rituais empregados para oferecer a cura e o conforto, como fez Jesus Cristo. Navegando nas mesmas águas, os Padres Conciliares, no Concílio Ecumênico Vaticano II, "abandonando a visão unilateral da Unção dos Enfermos como Sacramento da Morte",[157] seguindo a tradição da Igreja, revisam não somente este sacramento e seus ritos, mas também alteram sua denominação e alcance.

Entre os sete sinais eficazes da misericórdia de Deus para a santificação dos homens, em caminhada para a Jerusalém Celeste, o Sacramento da Unção dos Enfermos indica um forte aspecto pastoral, revelando a compaixão de Jesus, por meio da Igreja, a toda forma de sofrimento, conforme está explícito na sua forma:

> Pela sagrada unção dos enfermos e pela oração dos presbíteros, toda a Igreja encomenda os doentes ao Senhor, que sofreu e foi glorificado, para que Ele os alivie e os salve (cf. Tg 5,14-15), e exorta-os a unirem-se espontaneamente à Paixão e Morte de Cristo (cf. Rm 8,17; Cl 1,24; 2Tm 2,11-12; 1Pd 4,13) e, assim, contribuírem para o bem do Povo de Deus (PAULO VI, 1972).[158]

A revisão do Rito do Sacramento da "santa unção" revelou um compromisso com a vida do nascer ao morrer, para além do sofrimento físico. Ele é o sacramento da esperança, da presença, do acompanhamento, do colocar-se no lugar do outro. É tarefa primordial da catequese e da liturgia torná-lo conhecido, entendido e celebrado, como ação que promove a saúde e o bem-estar, à luz do Evangelho.

Nas águas do grande rio da história, navega o saber da Igreja. Solícita, ela segue o leito do rio, oferecendo o bem e curando conforme Jesus ensinou (cf. At 10,38). Como mãe providente, diante das necessidades, adapta-se para atender e socorrer sem perder de vista o essencial, sobretudo nos ritos. Como mestra, ensina e concilia de acordo com as realidades particulares.

---

156. PAULO VI. **Constituição Apostólica *Sacram Unctionem Infirmorum*.** Vaticano: 1972. Não paginado. Disponível em: <https://www.vatican.va/content/paul-vi/pt/apost_constitutions/documents/hf_p-vi_apc_19721130_sacram-unctionem.html>. Acesso em: 29 jul. 2021.
157. GRÜN, Anselm. **Unção dos Enfermos – consolo e afeto.** 2 ed. São Paulo: Loyola, 2010. 59 p., p.19
158. PAULO VI. In: Constituições Apostólicas. **Constituição Apostólica *Sacram Unctionem Infirmorum*.** 1972. Disponível em: <https://www.vatican.va/content/paul-vi/pt/apost_constitutions/documents/hf_p-vi_apc_19721130_sacram-unctionem.html>. Acesso em: 29 jul. 2021.

3. SINAIS SACRAMENTAIS: UM NAVEGAR PARA A GRAÇA CONFORTADORA

A fonte primeira de um rio é sua nascente. Ela, ganhando espaço no solo, rebenta, seguindo seu leito, inunda e fertiliza as margens com suas águas. Nossa vida cristã assemelha-se ao nascer de um rio que segue um leito para desaguar num caudaloso curso d'água, gerador de toda a vida. Do nascer ao morrer, através de sinais sensíveis e sagrados, a Igreja oferece a graça também das águas que nos fazem renascer e vencer as necessidades profundas do coração humano. Como o leito de rio, deslizamos em busca de encontros que revelem a experiência do próprio Deus em nossa vida de fé, fecundando o compromisso cristão, iniciado nas fontes batismais.

Nos sinais e nos gestos sacramentais, Jesus vive, vem ao encontro e se manifesta de forma sensível com seu amor e sua misericórdia. Para cada momento da vida, como fonte vazante, os sacramentos agem fazendo-nos renascer, comprometer, salvar, restaurar, fortalecer, alimentar, curar e, com Cristo, ressuscitar. Por eles somos acarinhados, porque inundam de graça a nossa vida, irrigam a fé e transformam o coração.

O primeiro encontro com as águas santificadoras do caudaloso rio de graças é o Batismo. Mergulhados na fonte de água viva, incorporamos os benefícios que estas águas encerram e somos regenerados. Na fonte primeira, fazemos a experiência da morte para viver a graça de filhos de Deus. O batismo confere aos cristãos aceitar e assumir a fé, com todas as suas consequências. Esta mesma fé nos conforma aos sofrimentos de Cristo, faz de nossas dores consolação "completando nos nossos membros a Páscoa irresistível daquele que é a cabeça do corpo".[159] Findando nossa vida terrena, configurados ao sofrimento de Nosso Senhor Jesus Cristo e mergulhados na morte física, com Ele ressuscitamos.

Receber o Sacramento da Unção dos Enfermos é mergulhar no rio de graças, ser lavado de todas as suas insuficiências e levado pela correnteza do rio de água viva, adentrando no mistério da morte. Se no batismo morremos para viver, a morte nos submerge no insondável mistério da plenitude da vida eterna em Deus.

O Sacramento da Unção dos Enfermos está fundamentado nos textos sagrados de Marcos e na Carta de São Tiago. Estes textos, ainda hoje, testemunham, à luz das primeiras comunidades cristãs, a preocupação com o conforto e o cuidado dos doentes: "Alguém de vós está enfermo? Mande chamar os presbíteros da Igreja, para que orem sobre ele, ungindo-o com óleo em nome do Senhor" (Tg 5, 14). Neste fragmento estão os elementos essenciais para compreender os sinais e os gestos do Sacramento da Unção dos Enfermos. Ele é para os doentes; a sua matéria é o óleo, que é abençoado; o gesto litúrgico é a unção; o ministro é o padre; a comunidade é a primeira responsável pelos seus doentes e deve ter atitude samaritana de cuidar da vida, no sofrer e no morrer.

---

159. CORBON, Jean. **A fonte da liturgia.** 3ª ed. São Paulo: Paulinas, 2016, 205 p.

Como o bom samaritano, o ministro, ao administrar este sacramento, se inclina, estende as mãos, oferece a cura, entrega o enfermo aos cuidados da própria Igreja. Voltando o olhar caridoso e predileto a quem está frágil e caído nas margens, oferece-lhe a misericórdia e o alento, lançando-o na foz do caudaloso rio para contemplar os barulhos de todas as fontes, mergulhando-o na água limpa que cura as feridas, pela graça fortalecedora e pela ação do Espírito Santo de Deus. Chegado o término da nossa existência, abraçamos a fonte da eterna vida.

O rio de águas límpidas na vida de fé, por vezes nos leva a águas rasas e, noutras, nos faz mergulhar profundamente. Em alguns momentos, sentamos às suas margens e vislumbramos as paisagens desafiantes de ser cristão. No grande navegar do rio da vida, duas margens o delimitam: nascer e morrer. Nestas margens, vivemos profundas experiências da vida cristã. São momentos envolventes entre o humano e o divino, contidos na graça dos sacramentos da Igreja.

O rio corre, faz paradas, contorna obstáculos, mata a sede, purifica, resgata, atrai para profundos e misteriosos mergulhos, fecundados na vida de fé. Ele guarda em seu leito grandes mistérios. Suas águas fazem renascer, banham, alimentam, confirmam, unem, lavam e revigoram. Em cada afluente, que se une ao caudal de suas águas, uma decisão se faz necessária. Quanta ternura de nosso Deus ao tocar nosso corpo, depois da imersão nas águas batismais, e tocar nosso corpo com o perfume cristão!

A Eucaristia, alimento para a vida, revelou, no grande gesto da entrega, o amor que nunca abandona. O toque da unção do crisma confere a fortaleza do dom do Espírito Santo, nos encorajando para a missão e, assim, um a um, os sacramentos revelam em nós a eficácia da graça que, no momento da dor e da morte, não nos fará sentir solidão. A unção é o mergulho definitivo na graça reconfortante para a vida plena.

No Sacramento da Unção dos Enfermos, a matéria é o óleo. Óleos têm origem natural e possuem diversas e diferentes funções. Podem ser utilizados para ungir, curar, fortalecer, limpar, hidratar, iluminar, purificar, massagear, cozinhar e, até mesmo, na construção civil. Possuem propriedades, funções e aproveitamentos múltiplos, atendendo às várias necessidades humanas. Porém, quando utilizado de forma equivocada, podem trazer danos significativos à vida em todas as suas dimensões. Se a água é essencial à vida, podemos dizer que o óleo também cumpre esta função, no contexto cristão da fé. O toque das mãos, que carinhosamente ungem, afaga a dor em forma de prece e bênção, oferecendo força, calor e graça ao tocar o enfermo.

A graça que flui do óleo no Sacramento da Unção dos Enfermos manifesta a ternura e a delicadeza do Deus, que cuida da vida, seja na doença ou na morte. Dá-nos, com suavidade, toda a força que traz alento e esperança para transpor as margens do rio da vida.

III. OS SACRAMENTOS NA BÍBLIA

As Sagradas Escrituras pontuam inúmeras situações da vida cotidiana e da experiência de fé em que a unção com óleo é utilizada. Ao receber em casa um hóspede, por exemplo, os pés eram ungidos. Recordemos a visita de Jesus à casa do fariseu, onde uma mulher se aproximou, ungindo-lhe os pés com óleo perfumado (cf. Lc 7,38). O uso do óleo sobre a pele tinha função de hidratar e proteger do calor, dando força e jovialidade.

Do Gênesis ao Apocalipse, encontramos relatos de cura diante do sofrimento, de remissão da dor e fraqueza, fazendo uso do óleo. Reis, profetas, jovens, adultos, idosos e crianças foram acolhidos, ungidos e libertos de inúmeras situações pela graça da unção. O texto de Jeremias apresenta o profeta que pede a cura e confia nela: "cura-me, Senhor, e serei curado" (Jr 17,14). O salmista eleva seu canto suplicando salvação, cura e perdão: "Eu te exalto, Senhor, porque me salvastes; eu te pedi auxílio, e tu me curaste" (Sl 30,2-3); é o Senhor "quem perdoa toda culpa e cura todas as tuas enfermidades" (Sl 103,3), aliviando toda a forma de dor, de angústia e de sofrimento.

Em gesto samaritano, Jesus, por diversas vezes, curou toda enfermidade e doença, teve "compaixão" (cf. Mt 9,35-36), promoveu o encontro com aqueles que o buscavam com esperança. "Toda multidão procurava tocá-lo porque dele saía uma força que sarava a todos" (Lc 6,19). É Jesus a promessa do Pai, alívio para todos os males. "Todos que tinham enfermos com várias doenças traziam-nos a Jesus; Ele impunha as mãos sobre cada um e os curava" (Lc 4,40). Eram "coxos, aleijados, cegos, mudos e muitos outros, e os estenderam, a seus pés. E ele os curou" (Mt 15,30).

Chegado o tempo de sua partida, Jesus deixou aos seus discípulos o encargo da continuidade da sua missão. Por isso, deu-lhes o dom da cura: "Eles partiram e pregaram incitando o povo à conversão. Expulsavam muitos demônios e ungiam com óleo muitos enfermos e os curavam" (Mc 6,12). Assim, toda a comunidade apostólica assume o compromisso de cuidar e de zelar de seus enfermos Este é o primeiro serviço da missão evangelizadora.

IV. OS SACRAMENTOS NA VIDA

1. NAS ÁGUAS DA RITUALIDADE

Para toda a administração de um sacramento, a Igreja oferece-nos uma celebração ritual. Além das palavras, os gestos, os símbolos e os sinais, em cada celebração sacramental, expressam o visível e o invisível do próprio rito.

Estamos falando do Sacramento da Unção dos Enfermos e de sua assistência pastoral. O próprio nome já indica a sua razão que, a partir da reformulação do ritual, inspira a Igreja para ser a presença serviçal que ampara e protege, oferecendo a graça de Deus. Dito isto, vislumbremos da margem bucólica do rio a ordenação do ritual e os momentos essenciais do rito sacramental da unção dos enfermos.

O Ritual da Unção dos Enfermos foi estabelecido pelo Papa Paulo VI, pela carta apostólica *Sacram Unctionem Infirmorum* (30.11.1972) e aprovado pela Sagrada Congregação para o Culto Divino (07.12.1972), estando em uso pela Igreja, desde 1º de janeiro de 1974.

Está organizado em sete capítulos, servido como apoio tanto para quem preside as celebrações como para as equipes de liturgia que auxiliam durante o rito e a própria família ou comunidade que acompanha o momento celebrativo. Apresenta uma série de textos bíblicos, bênçãos, cânticos, orações, dando respostas às mais variadas situações em que se encontram os necessitados da graça dos tesouros da Igreja em forma de sacramento.

Nosso navegar nestas águas querem fazer ver a beleza e riqueza do Ritual para ser melhor compreendido e valorizado o Sacramento da Unção dos Enfermos. Assim fazemos conhecer sua estrutura:

1. Visita e Comunhão aos Enfermos
    – Rito Ordinário.
    – Rito Breve.

2. Rito da Unção do Enfermos
    – Rito Comum.
    – Rito da Unção na Missa.
    – Celebração da Unção em Grande Concentração de Fiéis.

3. O Viático
   - Administração do Viático na Missa.
   - Administração do Viático Fora da Missa.

4. Administrar os Sacramentos a Enfermos em Perigo de Morte Iminente
   - Rito Contínuo de Penitência.
   - Rito da Unção sem Viático.
   - Unção Sob Condição.

5. Confirmação em Perigo de Morte
6. Rito de Encomendação dos Agonizantes
7. Diversos Textos a serem usados nos Ritos de Assistência aos Enfermos

2. RITO E RITUALIDADE: O UNIR DAS ÁGUAS

As águas do rio ganharam sentido, correram, inundando a vida cristã de graça e dom. A vivência fecunda da fé, no Rito da Unção dos Enfermos, é dada ao doente por gestos e palavras, para serem vividos com fé e esperança. Na unção e na presença da comunidade, o rito integra diferentes elementos visíveis, audíveis e sensíveis, trazendo presente o espiritual e o oculto, que é próprio da história de salvação, cuja fonte e fim é o mistério pascal de Jesus Cristo.

Estrutura do Rito:

- Ritos iniciais
- Rito da Palavra
- Rito da Unção
- Ritos Finais

2.1 RITOS INICIAIS

Sempre que chegamos em uma casa e queremos entrar, anunciamo-nos e perguntamos se podemos entrar; se permitido, cumprimentamos os anfitriões e estes, comumente, perguntam se estamos bem! Em todo Rito Inicial de uma celebração, somos convidados, acolhidos e cumprimentados por aquele que preside em nome do Senhor. No ato litúrgico,

Ritos iniciais
- ✓ Saudação
- ✓ Aspersão do enfermo e do quarto com água benta
- ✓ Exortação inicial
- ✓ Ato penitencial

este cumprimento é muito significante: é feito em nome Deus. Ele é quem nos chama, convida e acolhe na pessoa do ministro. Neste gesto, a Trindade Santa nos envolve e nos pergunta se estamos bem. Estas simples ações rituais estão cercadas de mística.

Na visita a um doente para lhe oferecer a graça do sacramento, no primeiro momento do ritual, é necessário saber se o enfermo deseja ser acolhido pela Igreja e receber a unção. Isto posto, o ministro cumprimenta o doente, fazendo uso de um sacramental da Igreja: com a água benta asperge o ambiente e o enfermo. Este gesto ritual rememora o próprio batismo, visto que no rito da unção, o enfermo é confrontado com os limites de sua própria existência. O gesto da aspersão põe o doente em contato com a fonte interior de toda graça e força, o Espírito Santo de Deus.

O sacerdote, após a aspersão, se for da vontade e da faculdade do enfermo, lhe dará o sacramento da reconciliação. Neste caso, será realizado o Rito do Ato Penitencial, recordando que o amor de Deus por nós é maior do que a própria doença que nos aflige.

2.2 RITO DA PALAVRA

A Palavra de Deus, lida e refletida, tem poder de cura. Ela alivia as angústias, dá esperança diante dos sofrimentos e responde as muitas inquietações, acalmando e ajudando a suportar a dor, os sofrimentos, além de compreender a própria morte. Além da proclamação do texto dos evangelhos, o Ritual prevê e oferece, a partir do seu capítulo sétimo, outros textos bíblicos para este momento ritual.

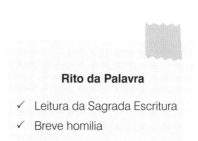

Rito da Palavra

✓ Leitura da Sagrada Escritura
✓ Breve homilia

A sensibilidade é fundamental da parte de quem preside o rito, buscando, na inspiração bíblica, o melhor texto para o momento em que se encontra o enfermo e também a família. Se for oportuno, pode ser realizado uma breve homilia e as preces na intenção do enfermo. Este é um momento em que o doente tenderá a sentir que a oração da Igreja e da comunidade o protegem, dando-lhe segurança e esperança para transpor a margem do rio da vida.

2.3 RITO DA UNÇÃO

A essência da celebração e da liturgia deste sacramento, assim como dos outros, é a utilização da "matéria" que, neste caso, é o óleo e da forma, que chamamos de "Oração", proferida durante a unção. Atentamo-nos que não é qualquer óleo. Ele é santo, é abençoado, tem graça, é dom de Deus dado à Igreja. Todos os anos, por ocasião do Tríduo Santo, em preparação da Páscoa do Senhor, na Quinta-feira Santa, toda a comunidade, reunida em torno do seu bispo e do clero, celebra a missa do crisma e, nela, são abençoados os óleos: dos catecúmenos para o Batismo e dos enfermos para a Unção dos Enfermos. O óleo do crisma é consagrado e será usado nos sacramentos da confirmação e na ordem.

Rito da Unção
- Prece litânica (ladainha)
- Imposição das mãos
- Oração
- Unção com óleo

No Sacramento da Unção dos Enfermos, o gesto de imposição das mãos do sacerdote é feito com profundo e orante silêncio, como expressão da confiança plena, da entrega, da proteção. Nesta atitude ritual, o doente se sentirá próximo da ação curadora e amorosa de Deus que, no silêncio, é presença. No caso de iminente perigo de morte, também deve-se administrar o Sacramento da Reconciliação e, desta forma, deve ser administrado exclusivamente pelo sacerdote, conforme a fórmula oracional. Vejamos: "Por esta santa unção e pela sua infinita misericórdia, o Senhor venha em teu auxílio com a graça do Espírito Santo para que, liberto dos teus pecados, ele te salve e, na sua bondade, alivie os teus sofrimentos. Amém!" (RU, n. 76). O Ritual é rico em orações e possibilita, pelas eucologias (são orações da Igreja que compõem um livro litúrgico e com as quais a Igreja celebra os sacramentos) nele contidas, uma riqueza de interpretações para compreender o valor sacramental, pastoral, catequético e litúrgico, que a oração da Igreja traz em si.

O momento ritual se desdobra em quatro ações: prece litânica ou ladainha, a imposição das mãos, a oração e a unção, que é o gesto principal. A prece litânica compreende a oração da comunidade ali presente, que suplica e roga ao Senhor para que venha em auxílio do enfermo com sua misericórdia, liberte-o e alivie toda a dor concedendo-lhe a vida, se assim for da vontade de Deus e a salvação pelo mérito da oração da Igreja.

A unção será feita nas mãos e na testa do enfermo. Um dos cantos litúrgicos do Tempo do Natal diz que "as nossas mãos se abrem, mesmo na luta e na dor, [...] para esperar o Senhor".[160] Diante do sacerdote e diante do sofrimento, nos abandonamos em Deus, dispostos a receber o presente da cura.

---

160. GALVÃO, José R. In: PAULUS. **Nasceu em Belém, a Casa do Pão.** CD Liturgia VIII – Advento – Anos B e C. Disponível em: <https://www.paulus.com.br/loja/appendix/2299.pdf>. Acesso em: 31 jul. 2021.

> **AS MÃOS**
>
> São expressões das nossas próprias ações humanas. Estão disponíveis para os problemas do dia a dia, para auxiliar o outro, para cumprimentar, acenar, trabalhar, tocar, afagar. A atitude do enfermo de abrir suas mãos para receber a unção reporta-nos ao gesto do samaritano que estende a mão e aquele que está à margem consegue levantar diante da sua fraqueza. As mãos do sacerdote são as mãos de Deus, a quem não temos medo de nos entregar.

> **A FRONTE**
>
> Ela é uma das partes mais visíveis de nosso rosto. Em nossa fronte fomos ungidos no Batismo e na Crisma para que sejamos penetrados pelo Espírito Santo de Deus. Em nosssa fronte também está o conjunto das nossas expressões faciais e emoções. Somos ungidos na fronte para facilitar o entendimento de tudo que nos une e nos leva a Deus.

FIGURA 1 – *Relação das mãos com a fronte, na unção dos enfermos*

Em seguida à administração da unção, feita pelo sacerdote sobre o enfermo, reza-se uma oração, implorando a graça especial deste sacramento, de acordo com a enfermidade, na qual se encontra o que recebe o sacramento. O Ritual da Unção dos Enfermos, por meio da Igreja que reza, revela a compaixão pelos sofrimentos da pessoa, concedendo amparo diante das mais difíceis realidades com que os enfermos se deparam, ao longo da peregrinação terrestre: a dor, a doença, o sofrimento.

2.4 RITOS FINAIS

Na tradição da Igreja, todo rito deve ser encerrado com uma bênção. Abençoar é bendizer, desejar ao irmão esperança e fazer deste momento também um espaço de gratidão pelo dom da vida, com suas alegrias e tristezas. Como já vimos, ao longo de nossa leitura, a unção dos enfermos oferece a cura não em ato mágico ou milagroso; ela não substitui a ciência. Ela é o sacramento da esperança e não do desespero; é ato de fé e de confiança no amor de Deus que acolhe, ama e salva para a vida eterna. A oração do Senhor e a bênção encerram o Rito do Sacramento da Unção dos Enfermos.

> **Ritos Finais**
>
> ✓ Oração do Pai-nosso
> ✓ Bênção

V. LANÇAR-SE NAS ÁGUAS – O SANTO VIÁTICO

No leito do rio é chegada a hora de mergulhar profundamente nos mistérios da vida em Deus. Nada poderá mais deter-nos neste espaço de tempo; o eterno nos leva pela correnteza do rio. É hora de entregar-se totalmente!

A catequese da Igreja nos ensina que o santo viático é o sacramento oferecido antes da morte, é o último. É a outra margem do rio, daquele mesmo rio em que mergulhamos em nosso batismo. As águas do batismo, que nutriram nossa vida de fé, agora nos encorajam com segurança para transpor os limites da água e viver totalmente em Deus.

Mas, o que é o santo viático? Nesta travessia pela vida, somos nutridos por sinais sagrados que alimentam nossa fé e nossa esperança. Um destes sinais é o santo viático. A origem da palavra viático nos leva ao período histórico do medievo, onde as longas viagens e as dificuldade enfrentadas no caminho eram muitas, havendo necessidade de uma boa reserva alimentar para suprir as necessidades físicas. Logo, "viático" vem de via, caminho. Na Idade Média, a palavra *viaticum* era um nome que, se dava à sacola para guardar o alimento que a pessoa levava, em alguma viagem, tendo assim as energias necessárias para o caminho, para percorrer a longa via, a viagem. Para a nossa fé, é um alimento espiritual em vista da viagem a ser feita de retorno a Jerusalém celeste.

O magistério da Igreja nos ensina que o santo viático deve ser oferecido no exato "momento de passagem para o Pai" (CIgC, n. 1.524). Ele é a santa Eucaristia, que, administrada pela Igreja, no momento da morte, fecunda a semente de vida eterna e o poder de ressurreição, segundo as palavras do Senhor: "Quem come a minha carne e bebe o meu sangue tem a vida eterna e eu o ressuscitarei no último dia" (Jo 6,54).

VI. CONSIDERAÇÕES FINAIS

No fluxo das águas do intenso rio da vida cristã, mergulhamos para compreender o Sacramento da Unção dos Enfermos. Em seu percurso, nem sempre, as águas estavam límpidas e tranquilas. Seguimos, contornando obstáculos, fazendo pausas, revisitando lugares, sempre voltando à nascente. As gotículas graciosas desta água bendita foram se integrando lentamente e inundando nossa vida de dom e graça. Graça que se revela nos sacramentos da Igreja. Neles, Cristo permanece e se manifesta, também, no Sacramento da Unção dos Enfermos, quando a Igreja, comunidade de fiéis, unida a ele e com ele, se compadece e tem misericórdia, se inclina, estendendo a mão, para assistir os que sofrem e padecem.

Chegada a hora da morte, no limiar da vida terrena, as duas margens do rio da vida confluirão. Os ritos administrados nos sacramentos favorecem a travessia. A partir dos ritos, nossa fé e esperança se renovam pela certeza na vitória da ressurreição. Aos que ficam, a saudade; aos que partem para a vida em Deus, a certeza de que o amor eterno os acolhe. Amor e morte, podemos dizer, são palavras que se convergem, porque a dor trazida pela morte com o tempo se transforma em saudade eterna. A morte é o caminho para a vida plena. Ela nos insere na devolução do grande dom da vida recebido de Deus e pertencente a Ele. Dom esse, gerado no amor que nos ensina a vencer os sofrimentos, percebendo, na finitude da vida, um eterno caminho. Ao mudar a direção do caminho será preciso contornar o leito do rio para o encontro da imortalidade na vida eterna em Deus. Seguiremos felizes, banhando-nos nas águas portadoras de paz, de alma lavada, bebendo da eterna fonte da vida e não sentiremos sede nunca e nunca mais!.[161] Mergulhados, enfim, na profundidade das águas fecundadas por este belo rio, muito ainda será descoberto, experienciado, vivido e sentido. A eterna fonte jamais se esgotará!

---

161. NAS águas desta paz. Intérprete: Padre Zezinho scj. Compositor: Padre Zezinho scj. In: PADRE ZEZINHO SCJ. **Coletânea 50 anos de evangelização**: A paz em canção. [Compositor e intérprete]: Padre Zezinho. São Paulo: Paulinas-Comep, 2014.6. Disponível em: https://www.youtube.com/watch?v=2LDd1-ujVsY. Acesso em: 11 ago. 2021. Acesso em: 31 jul. 2021.

CONCLUSÃO

E o meu coração se deixou levar...

"Foi um rio que passou em minha vida e o meu coração se deixou levar...", canta o poeta.[162] Entregues à experiência de mergulhar nas profundas águas da salvação, nós nos deixamos levar pela dinâmica da misericórdia e do amor divinos, reafirmando, com o mesmo poeta, a certeza de que, nessa riqueza oceânica que os sacramentos nos oferecem, *"não sou eu que me navego, quem me navega é o mar. É ele quem me carrega, como nem fosse levar"*.[163] Sem dúvidas, essa é a experiência mistagógica a que a liturgia continuamente nos convida: adentrar no mais profundo do Mistério divino para nele encontrar a nossa vida, Cristo, esperança da glória! (cf. Cl 1,27).

Ao longo desta viagem, pudemos saborear a presença amorosa de Deus, mediante as várias vivências litúrgicas propostas. Depois, fomos penetrando, devagarinho, na teologia e na beleza que emergem nos ritos de cada sacramento que a Igreja, mãe terna e solícita, inspirada pelo Espírito Santo, oferece aos seus filhos e filhas. Assim, para cada momento chave da existência, temos um sacramento, sinal visível do amor de Deus, que marca, dignifica, fortalece e restaura. Esta obra quis, de forma simples e, ao mesmo tempo, audaciosa, despertar a todos para que, cientes de sua verdadeira identidade cristã e, ao mesmo tempo, da profundidade dos ritos, deles participem ativamente e, neles, exerçam seu sacerdócio batismal como forma de sincero louvor a Deus.

Muitas foram as paisagens descortinadas, ao longo do rio, margens desejadas, obstáculos contornados e paradas...Ah, as paradas! Estas, certamente, propiciaram mergulhos na própria vivência sacramental e, esperamos, tenham despertado o anseio por mais… mais vivência, mais aprofundamento, mas compromisso com a catequese e a liturgia, a partir da celebração ritual!

---

162. Foi um rio que passou em minha vida. Intérprete: Paulinho da Viola. *In*: Foi um rio que passou em minha vida. Compositor: Paulinho da Viola. Intérprete: Paulinho da Viola. Rio de Janeiro: Odeon, 1970.
163. TIMONEIRO. Intérprete: Paulinho da Viola. Compositor: Paulinho da Viola. *In*: BEBADOSAMBA. Compositor: Paulinho da Viola. [*S. l.*]: RCA, 1996. CD, 2.

Nossa educação litúrgica e catequética partiu, de modo geral, de linguagem conceitual, da leitura de livros e documentos da Igreja. Entretanto, é preciso que nos deixemos educar pelos ritos para, só depois, buscar aprofundá-los teologicamente. É na comunidade, junto com os irmãos, que fazemos a experiência da vivência sacramental. Neste sentido, nos ajuda Andrea Grillo:

> Educar à liturgia, deixar-se educar pela liturgia, aprender de novo um ato de culto no qual não estamos a sós diante de Deus, mas estamos com Cristo, numa comunidade, no Povo de Deus: esse é o grande objetivo para o qual a Reforma litúrgica apontou o olhar de todos.[164]

Mergulhados na graça divina, resta a cada um de nós prosseguir no curso desse rio até o grande oceano da eternidade, já antecipando, aqui e agora, na vivência sacramental, a alegria do desembarque no porto, que ainda vislumbramos à distância. Uma certeza não nos deixa desistir da travessia: *"o leme da minha vida Deus é quem faz governar. E quando alguém me pergunta como se faz para nadar, explico que eu não navego; quem me navega é o mar"*.[165]

Até que cheguemos lá, temos muito ainda a fazer. Há corações suplicando: "dá-me dessa água!" (Jo 4,15). Há muita gente sedenta de Deus, e cabe-nos levar mais irmãos e irmãs àquele que sacia toda sede: "Quem beber da água que eu lhe der nunca mais terá sede. Pelo contrário, a água que eu lhe der se tornará nele uma fonte de água a jorrar para a vida eterna" (Jo 4,14).

Há muita sede de Deus, sede de sentido para a vida, sede de justiça, de partilha, de solidariedade, de convivência pacífica, de tolerância, de aceitação da diversidade e de paz. Saciar estas sedes é testemunhar que os sacramentos não são simplesmente pontos de chegada na vida cristã. É proclamar que são fontes que nos abastecem e nos tornam capazes de sair de nós mesmos e sermos fonte para os outros, especialmente para os preferidos do Senhor, os pobres e excluídos. Somente assim, ouviremos: "Vinde benditos de meu Pai, recebei em partilha o Reino... porque tive fome e me destes de comer; tive sede e me destes de beber; eu era estrangeiro e me acolhestes; estava nu e me vestistes; doente e me visitastes; na prisão e viestes a mim" (Mt 25,34-36). Assim, não chegaremos sozinhos à fartura das fontes divinas!

CRISTO, Fonte da vida e de todos os sacramentos, nós te pedimos: vivifica teu povo nas águas da salvação para sermos, hoje e sempre, discípulos missionários que anunciam com a vida o teu projeto de Amor! Maria, que aos pés da cruz, bebeste da fonte de água viva que jorrou do coração do teu amado Filho, ensina teu povo a sempre se deixar inundar daquele que te fez a cheia de graça!

---

164. GRILLO, Andrea. 2017, p. 171
165. TIMONEIRO. Intérprete: Paulinho da Viola. Compositor: Paulinho da Viola. *In*: BEBADOSAMBA. Compositor: Paulinho da Viola. [*S. l.*]: RCA, 1996. CD, 2.

FONTE DE VIDA

Fonte inesgotável,
sede insaciável,
fonte onde eu morro...

RENASÇO.

Fonte que me torna eu,
que me torna outros,
que me une a muitos.

Fonte que brota desde sempre
e para sempre,
que me leva,
que me busca,
que me encontra no encontro
com o outro:
filho do mesmo ventre,
nascido da mesma água.

Água na qual me perco
e me encontro.
Fonte que é começo
meio e fim.
Fonte que é Vida Eterna.

REFERÊNCIAS

ALBERICH, Emilio. **Catequese Evangelizadora.** Manual de catequética fundamental. São Paulo: Salesiana, 2004.

ALDAZÁBAL, José. **A mesa da Palavra I:** elenco de leituras da missa, texto e comentário. Trad. Ricardo Souza de Carvalho. São Paulo: Paulinas, 2007 (Coleção comentários).

ÁGUA de cachoeira. Intérprete: Maria Bethânia. Compositor: Jovelina Pérola Negra; Labre.; Carlito Cavalcante. In: PIRATA. [S. l.]: Quitanda/Biscoito Fino, 2006.

AMOR de índio. Intérprete: Beto Guedes. Compositor: Beto Guedes. *In:* AMOR de índio. [Compositor e intérprete]: Beto Guedes. [S. l.]: EMI-Odeon, 1978. Disponível em: https://www.letras.mus.br/beto-guedes/44530/ Acesso em: 31/10/2021.

ATHAYDE, Élio. **Retorno.** Intérprete: Élio Athayde. [*S. l.: s. n.*], [20--?]. Disponível em: https://www.youtube.com/watch?v=GwKVknPbzjM. Acesso em: 12 ago. 2021.

ATHAYDE, Élio; LARA, Jairo. **Reencontro.** Intérprete: Élio Athayde. [*S. l.: s. n.*], [20--?]. Disponível em: <https://www.youtube.com/watch?v=K6lzj1TFmSM>. Acesso em: 12 ago. 2021.

BANDEIRA, Manuel. O rio. In: RODRIGUES, Luís. **Escrita.org.** [S. l.], 12 ago. 2021. Disponível em: https://www.escritas.org/pt/t/11078/o-rio. Acesso em: 12 ago. 2021.

BARBOSA, Edson. A história do vinho: a bebida que foi além das civilizações. **Vinitude:** revista online do Clube dos Vinhos, não paginado, São Paulo, 2017. Disponível em <https://www.clubedosvinhos.com.br/historia-do-vinho/>. Acesso em: 10 jun 2021.

BASTA-ME o teu amor!. Intérprete: Erika Barratella. Compositor: Míria Kolling. In: BARRATELLA, Erika. **Deus é bom:** Refrãos orantes. [Brasília]: Paulus-digital, 2009.11. Disponível em: <https://www.youtube.com/wach?v=V5sCbsQvDiE&list=PLJ7nkvvmA2Ath0FOWoGnRcQX8jc-1Asy4&index=11>. Acesso em: 10 ago. 2021.

BECKHÄUSER, Alberto. **Celebrar bem.** Petrópolis: Vozes, 2008.

BENTO XVI. **Mensagem para a Campanha da Fraternidade no Brasil.** Vaticano, 9 mar. 2011. Não paginado. Disponível em:<https://pt.zenit.org/articles/respeitar-a-natureza-implica-reconhecer-condicao-de-criatura-diz-papa/>. Acesso em: 6 de ago. 2021.

____. *Dialogo con i sacerdoti.* In: **Notitiae**. 479/480, v. 43, n. 7-8, p. 277-296, jul/ago. 2006. p. 288. Disponível em: < http://www.cultodivino.va/content/cultodivino/it/rivista-notitiae/indici-annate/2006/479-480.html>. Acesso em: 12/08/2021.

BÍBLIA Sagrada. 51. ed. Petrópolis: Vozes, 2012.

BÍBLIA Tradução ecumênica. São Paulo: Loyola; Paulinas, 2002.

BOFF, Leonardo. **Os sacramentos da vida e a vida dos sacramentos.** Petrópolis: Vozes, 2004.

BOSELLI, Godofredo. **O sentido espiritual da liturgia.** Brasília: Edições CNBB, 2014. (Coleção Vida e Liturgia da Igreja).

BUCIOL, Armando. **Sinais e Símbolos, Gestos e Palavras na Liturgia:** Para compreender e viver a liturgia. Brasília: Edições CNBB, 2018.

CATECISMO da Igreja Católica. São Paulo: Loyola; Petrópolis: Vozes, 1993.

CAVACA, Osmar. Horizontes antropológicos da Eucaristia. **Teologia em Questão** 13 (2008). Taubaté, p. 9-31.

CONCÍLIO ECUMÊNICO VATICANO II, 1962-1965, Vaticano. Constituição Dogmática *Lumen Gentium* sobre a Igreja. In: VIER, Frederico (Coord.). **Compêndio do Vaticano II:** constituições, decretos, declarações. 26. ed. Petrópolis: Vozes, 1997, p. 37-117.

CONCÍLIO ECUMÊNICO VATICANO II, 1962-1965, Vaticano. Constituição Dogmática *Dei Verbum sobre a Revelação divina.* In: VIER, Frederico (Coord.). **Compêndio do Vaticano II:** constituições, decretos, declarações. 26. ed. Petrópolis: Vozes, 1997, p. 119-139.

CONCÍLIO ECUMÊNICO VATICANO II, 1962-1965, Vaticano. Constituição Pastoral *Gaudium et Spes* sobre a Igreja no mundo de hoje. In: VIER, Frederico (Coord.). **Compêndio do Vaticano II:** constituições, decretos, declarações. 26. ed. Petrópolis: Vozes, 1997, p. 141-256.

CONCÍLIO ECUMÊNICO VATICANO II, 1962-1965, Vaticano. Constituição *Sacrosanctum Concilium* sobre a Sagrada Liturgia. In: VIER, Frederico (Coord.). **Compêndio do Vaticano II**: constituições, decretos, declarações. 26. ed. Petrópolis: Vozes, 1997, p. 257-306.

CONFERÊNCIA GERAL DO EPISCOPADO LATINO-AMERICANO E DO CARIBE V, 13-31, mai 2007. Aparecida. **Documento de Aparecida.** 7. ed. Brasília: Edições CNBB; São Paulo: Paulinas; Paulus, 2008, DAp.

CONFERÊNCIA NACIONAL DOS BISPOS DO BRASIL. **Iniciação à vida cristã:** itinerário para formar discípulos missionários. 2. ed. Brasília: Edições CNBB, 2017; Doc. n. 107.

_____. **Instrução Geral do Missal Romano e introdução ao lecionário.** 5. ed. Brasília: CNBB, 2008.

_____. **Diretório Nacional de Catequese.** 4 ed. Brasília: CNBB, 2006.

CONFERÊNCIA EPISCOPAL PORTUGUESA. **Pontifical Romano:** bênção dos óleos e consagração do crisma. Fátima: Secretariado Nacional de Liturgia, [19--], p. 22; PR 25. Disponível em: <https://www.liturgia.pt/pontificais/Oleos.pdf>. Acesso em: 12 ago. 2021.

CONGREGAÇÃO PARA O CULTO DIVINO E DISCIPLINA DOS SACRAMENTOS. **Ritual da unção dos enfermos e sua assistência pastoral.** 1. ed. 6ª reimpressão. São Paulo: Paulus, 2019, 123p.

_____. **Missal Romano.** 1. ed. 18ª reimpressão. São Paulo: Paulus, 2018.

_____. **Ritual da Penitência.** São Paulo: Paulus, 1999.

CORBON, Jean. **A fonte da liturgia.** 3. ed. São Paulo: Paulinas, 2016, 205 p.

DIDAQUÉ: o catecismo dos primeiros cristãos para as comunidades de hoje. Trad. Ivo Storniolo; Euclides Martins Balancin. São Paulo: Paulus, 1989.

ENCONTRO DE LITURGIA E CANTO PASTORAL. Essa palavra que Deus Pai dizia. [S. l.: s. n.], 2009, p.16. Disponível em: <http://www.irmamiria.com.br/Pages/Musicas/Partituras/29-07-2013%2011-26-37.pdf. Acesso em: 06 ago. 2021.

EU quero um rio. Intérprete: Monsenhor Jonas Abib. Compositor: Monsenhor Jonas Abib In: ABIB, Jonas. **Cantando memórias:** Os grandes sucessos de Monsenhor Jonas Abib. [Compositor e intérprete]: Jonas Abib. Cachoeira Paulista: Canção Nova, 2012. Disponível em: https://www.letras.mus.br/cancao-nova/729021/. Acesso em: 31/10/2021.

EU sei em quem acreditei. Intérprete: Coro Edipaul. Compositor: Luiz Turra. *In*: TURRA, Luiz. **Palavras sagradas de Paulo apóstolo.** Compositor: Luiz Turra. Intérprete: Coro Edipaul. [*S. l.*]: Paulinas-Comep, 2006.

EU tenho alguém por mim. Intérprete: José Fernandes de Oliveira. Compositor: José Fernandes de Oliveira. In: DE OLIVEIRA, José Fernandes. **Os melhores momentos.** [Compositor e intérprete]: José Fernandes de Oliveira. São Paulo: Paulinas, 1989. Disponível em: < https://www.youtube.com/watch?v=wUr1HbdQonI >. Acesso em: 5 jul. 2021.

FIADOR. In: Dicionário online de português. Matosinhos: 7Graus, 2009-2021. Disponível em: <https://www.dicio.com.br/> Acesso em: 12/08/2021.

FOI um rio que passou em minha vida. Intérprete: Paulinho da Viola. In: FOI um rio que passou em minha vida. Compositor: Paulinho da Viola. Intérprete: Paulinho da Viola. Rio de Janeiro: Odeon, 1970.

FORTE, Bruno. **Breve introdução aos sacramentos.** São Paulo: Paulinas, 2013.

FRANCISCO. **Carta encíclica *Fratelli Tutti*.** Vaticano: 2020a. Não paginado.; FT 74. Disponível em: <https://www.vatican.va/content/francesco/pt/encyclicals/documents/papa-francesco_20201003_enciclica-fratelli-tutti.html> Acesso em: 06 ago. 2021.

_____. **Angelus.** Vaticano, 14 jun. 2020b. Não paginado. Disponível em: <https://www.vatican.va/content/francesco/pt/angelus/2020/documents/papa-francesco_angelus_20200614.html> Acesso em: 12 ago. 2021. (grifo do autor)

_____. **Homilia da celebração penitencial.** Vaticano, 29 mar. 2019. Não paginado. Disponível em: <https://www.vatican.va/content/francesco/pt/homilies/2019/documents/papa-francesco_20190329_omelia-penitenza.html> Acesso em: 12 ago. 2021.

_____. **Audiência geral.** Praça São Pedro. 09 mai. 2018a. Não paginado. Disponível em: <https://www.vatican.va/content/francesco/pt/audiences/2018/documents/papa-francesco_20180509_udienza-generale.html> Acesso em: 07 ago. 2021.

_____. **Audiência geral.** Praça São Pedro. 25 abr. 2018b. Não paginado. Disponível em: <https://www.vatican.va/content/francesco/pt/audiences/2018/documents/papa-francesco_20180425_udienza-generale.html> Acesso em: 07 ago. 2021.

_____. **Audiência geral.** Praça São Pedro. 18 abr. 2018c. Não paginado. Disponível em: https://www.vatican.va/content/francesco/pt/audiences/2018/documents/papa-francesco_20180418_udienza-generale.html> Acesso em: 07 ago. 2021.

_____. **Audiência geral.** Vaticano: 11 mai. 2016. Disponível em: <https://www.vatican.va/content/francesco/pt/audiences/2016/documents/papa-francesco_20160511_udienza-generale.html>. Acesso em: 12 ago. 2021.

_____. **Carta encíclica Laudato Sì.** Roma: 2015a. Não paginado. Disponível em: <https://www.vatican.va/content/francesco/pt/encyclicals/documents/papa-francesco_20150524_enciclica-laudato-si.html>. Acesso em: 12 ago. 2021.

_____. **Misericordiae Vultus:** o rosto da misericórdia. Bula de Proclamação do Jubileu Extraordinário da Misericórdia. São Paulo: Paulinas, 2015b. Col. A Voz do Papa, 200.

_____. **Audiência Geral.** Vaticano: 02 abr. 2014a. Não paginado. Disponível em: https://www.vatican.va/content/francesco/pt/audiences/2014/documents/papa-francesco_20140402_udienza-generale.html. Acesso em: 5 ago. 2021.

_____. **Audiência Geral.** Vaticano: 24 fev. 2014b. Não paginado. Disponível em: <https://www.vatican.va/content/francesco/pt/audiences/2014/documents/papa-francesco_20140226_udienza-generale.html>. Acesso em: 28 jul. 2021.

_____. **Audiência Geral.** Trad. Jéssica Marçal; Paula Dizaró. Praça São Pedro. 05 fev. 2014d. Não paginado. Disponível em: <https://noticias.cancaonova.com/especiais/pontificado/francisco/catequese-com-o-papa-francisco-050214/>. Acesso em: 24 mai. 2021.

_____. **Audiência Geral.** Praça São Pedro, 02 fev. 2014e. Não paginado. Disponível em: https://www.vatican.va/content/francesco/pt/audiences/2014/documents/papa-francesco_20140402_udienza-generale.html> Acesso em 05 ago. 2021.

GALVÃO, Antônio Mesquita. **Os sacramentos:** sinais do amor de Deus. Petrópolis, Vozes: 1995.

GALVÃO, José R. In: PAULUS. **Nasceu em Belém, a Casa do Pão.** CD Liturgia VIII – Advento – Anos B e C. Disponível em: <https://www.paulus.com.br/loja/appendix/2299.pdf>. Acesso em 31 jul. 2021.

GRILLO, Andrea. **Ritos que educam:** os sete sacramentos. Brasília: Ed. CNBB, 2017.

GRIZZO, Arnaldo. A história do vinho: fatos e personalidades que marcaram a trajetória da bebida desde a antiguidade até os nossos dias. In: **Revista Adega**, não paginado, São Paulo: Inner, 2016. Disponível em: <https://revistaadega.uol.com.br/artigo/historia-do-vinho-e-o-vinho-na-historia_9693.html>. Acesso em: 10 jun. 2021.

GRÜN, Anselm. **Unção dos Enfermos – consolo e afeto.** 2. ed. São Paulo: Loyola, 2010. 59 p.

GUARDINI, Romano. **Formazione Liturgica.** Saggi. Milano: Edizione O.R., 1988 (ed. Original. 1923).

JANES, Alberto. **Foi Deus.** Compositor: Alberto Janes. Intérprete: Amália Rodrigues. [S. l.]: World Music Records, [1952]. Disponível em: https://www.youtube.com/watch?v=tb6BgMz0FNs. Acesso em: 9 ago. 2021.

JOÃO PAULO II. **Exortação apostólica pós-sinodal** *Reconciliatio et paenitentia*: ao episcopado, ao clero e aos fiéis sobre a Reconciliação e a Penitência na missão da Igreja hoje. Vaticano: 1984. Não paginado; RP. Disponível em: <https://www.vatican.va/content/john-paul-ii/pt/apost_exhortations/documents/hf_jp-ii_exh_02121984_reconciliatio-et-paenitentia.html> . Acesso em: 16 jan. 2021.

_____. **Carta apostólica** *Salvifici Doloris*. Vaticano: 1984. Não paginado. Disponível em: <https://www.vatican.va/content/john-paul-ii/pt/apost_letters/1984/documents/hf_jp-ii_apl_11021984_salvifici-doloris.html>. Acesso em: 29 jul. 2021.

KOLLING. Míria; PRIM, José Luís; BECKHÄUSER, Alberto (coord.): **Cantos e Orações.** 5. ed. Petrópolis: Vozes, 2004.

MUÑOZ, Hector. O Batismo. In: CELAM. CONSELHO EPISCOPAL LATINO-AMERICANO. **Manual de Liturgia III**. A Celebração do Mistério Pascal. Os Sacramentos: sinais do Mistério Pascal. São Paulo: Paulus, 2005, p. 47-65.

NAS águas desta paz. Intérprete: José Fernandes de Oliveira. Compositor: José Fernandes de Oliveira. In: DE OLIVEIRA, José Fernandes. **Coletânea 50 anos de evangelização:** A paz em canção. [Compositor e intérprete]: José Fernandes de Oliveira. São Paulo: Paulinas-Comep, 2014.6. Disponível em: https://www.youtube.com/watch?v=2LDd1-ujVsY. Acesso em: 31 jul. 2021.

OLIVEIRA, Maria de Fátima; MARTINS, Silvano. **Mulher e homem:** imagem de Deus. Hino da Campanha da Fraternidade. [Brasília]: CNBB, 1990. Disponível em: <https://www.youtube.com/watch?v=ddsMVL27uy8> Acesso em: 05 ago. 2021.

OÑATIBIA, Ignacio. **Batismo e Confirmação:** sacramentos de iniciação. São Paulo, Paulinas, 2007.

O RIO. Intérprete: Marisa Monte. In: MONTE, Marisa; JORGE, Seu; BROWN, Carlinhos. **Infinito particular.** Rio de Janeiro: [s. n.], 2006.7. Disponível em: https://www.marisamonte.com.br/discografia_/infinito-particular/. Acesso em: 14 ago. 2021.

PARO, Pe. Thiago Faccini. **As celebrações do RICA:** Conhecer para bem celebrar. Petrópolis: Vozes, 2019. 5ª reimp.

PAULO VI. **Constituição apostólica** *Sacram Unctionem Infirmorum*. Vaticano: 1972. Não paginado. Disponível em: <https://www.vatican.va/content/paul-vi/pt/apost_constitutions/documents/hf_p-vi_apc_19721130_sacram-unctionem.html>. Acesso em: 29 jul 2021.

_____. **Constituição apostólica Divinae** *Consortes Naturae*. Vaticano: 1971. Não paginado. DCN. Disponível em: <https://www.vatican.va/content/paul-vi/it/apost_constitutions/documents/hf_p-vi_apc_19710815_divina-consortium.html> Acesso em: 07 ago. 2021.

PERDÃO, perdão. Intérprete: [s.n]. Compositor: Luiz Turra. In: TURRA, Luiz. **Mantras:** para uma espiritualidade de missão. [Compositor e intérprete]: Luiz TURRA. [São Paulo]: Paulinas-Comep, [19--]. Disponível em: https://www.youtube.com/watch?v=tGYxQnSX4hM. Acesso em: 12 ago. 2021.

PLANETA água. Intérprete: Guilherme Arantes. Compositor: Guilherme Arantes. *In*: ARANTES, Guilherme. **Amanhã.** [Compositor e intérprete]: Guilherme Arantes. [S. l.]: Warner Music Brasil, 1993. CD, 2.

POVO novo. Intérprete: Zé Vicente. Compositor: Zé Vicente. In: VICENTE, Zé. **Essa chama não se apaga.** [Compositor e intérprete]: Zé Vicente. São Paulo: Paulinas-COMEP, 2015. Disponível em: https://www.youtube.com/watch?v=Iq9v14IztBI. Acesso em: 31/10/2021.

QUEM por mim perde a vida. Intérprete: Arquidiocese de Goiânia. *In*: DO NASCIMENTO, Ramon Telles; BEZERRA, Décio Pacheco. **Chamaste-me, Senhor!.** [*S. l.: s. n.*], 2009.

QUEM será contra nós? Intérprete: Coral Palestrina. In: FESTAS Litúrgicas II: Cantos do Hinário Litúrgico da CNBB. Compositor: Valmir Neves da Silva. Intérprete: Coral Palestrina. [S. l.]: Paulus digital, 2019. Disponível em: https://www.youtube.com/watch?v=qw7avcWQ6nE. Acesso em: 28 jul 2021.

RESENDE, Victória M. S. **O uso de óleos e gorduras ao longo da história humana.** 2018, 55 p. Trabalho de conclusão de curso (Técnico em alimentos integrado ao ensino médio) – Instituto Federal de Educação, Ciência e Tecnologia de São Paulo, São Paulo, 2018. Disponível em: <ttps://brt.ifsp.edu.br/phocadownload/userupload/>. Acesso em: 7 ago. 2021.

REVISTA DE LITURGIA. Celebração da Palavra: Vigília Pascal. In: REVISTA DE LITURGIA. **Revista de Liturgia.** [*S. l.*], 20 abr. 2019. Disponível em: https://revistadeliturgia.com.br/celebracao-da-palavra-vigilia-pascal/. Acesso em: 12 ago. 2021.

RIBEIRO, João Carlos. **Purifica-me.** [Compositor e intérprete]: João Carlos Ribeiro. [*S. l.: s. n.*], [20--??]. Disponível em: https://www.youtube.com/watch?v=LM9gl_SXO0M. Acesso em: 11 ago. 2021.

RUSSO, Roberto. Confirmação. In: CELAM. CONSELHO EPISCOPAL LATINO-AMERICANO. **Manual de Liturgia III**. A Celebração do Mistério Pascal. Os Sacramentos: sinais do Mistério Pascal. São Paulo: Paulus, 2005, p. 67-118

SCOUARNEC, Michel. **Símbolos cristãos:** os sacramentos como gestos humanos. São Paulo: Paulinas, 2004.

SE A dor me visitar. Intérprete: José Fernandes de Oliveira. Compositor: José Fernandes de Oliveira. In: ALPENDRES, Varandas e Lareiras, vol. 2. [Compositor e intérprete]: José Fernandes de Oliveira. [*S. l.*]: Paulinas-Comep, 199?

SILVA, Antônio Wardison C. Teologia dos Sacramentos da Iniciação Cristã. **Revista de Catequese**, Unisal, n. 130, p. 06-17, abr-jun 2010.

CORDEIRO, José de Leão (org.). **Antologia Litúrgica**. Fátima: Secretariado Nacional de Liturgia, 2015.

TABORDA, Francisco. **Nas fontes da vida cristã:** uma teologia do batismo-crisma. São Paulo: Loyola, 2001.

_____. Francisco. **Sacramentos, práxis e festa:** para uma teologia latino-americana dos sacramentos. Petrópolis: Vozes, 1998a.

_____. Francisco. Crisma, sacramento do Espírito Santo?: para uma identificação da crisma, a partir de sua unidade com o batismo. **Perspectiva Teológica**, Belo Horizonte, v. 30, n. 81, p. 183-209, 1998b, p.194. Disponível em: < http://faje.edu.br/periodicos/index.php/perspectiva/article/view/675> Acesso em: 06 ago. 2021.

TAIZÉ. Minh'alma tem sossego. In: **Alegria em Deus.** São Paulo: Paulinas-Comep. Disponível em: <https://www.youtube.com/watch?v=r_m7C75G2XU>. Acesso em: 06 ago. 2021.

TIMONEIRO. Intérprete: Paulinho da Viola. Compositor: Paulinho da Viola. In: BEBADOSAMBA. Compositor: Paulinho da Viola. [S. l.]: RCA, 1996. CD, 2.

TU és fonte de vida. Intérprete: Coro Edipaul. Compositor: Taizé. In: ALEGRIA em Deus. Compositor: Taizé. Intérprete: Coro Edipaul. [S.l.: s.n.], 2002. Disponível em: <https://www.youtube.com/watch?v=0nCvZM8jxC0>. Acesso em 06 ago. 2021.

VEIGA, Edison. Pão: os primeiros 14 mil anos de história. **Revista Super Interessante.** São Paulo, 2018. Não paginado. Disponível em: <https://super.abril.com.br/historia/pao-os-primeiros-14-mil-anos-de-historia/> Acesso em 05 jun. 2021.

VITORINO, Raquel Santos et al. A ética alimentar nos banquetes bíblicos: passagem, comunhão e poder. **Demetra:** Alimentação, Nutrição & Saúde, [S.l.], v. 11, n. 2, p. 275-296, jul. 2016. ISSN 2238-913X. Disponível em: <https://www.e-publicacoes.uerj.br/index.php/demetra/article/view/15976>. Acesso em: 07 ago. 2021.

BIOGRAFIAS DOS AUTORES

ORGANIZADOR

VANILDO DE PAIVA é sacerdote da arquidiocese de Pouso Alegre – MG. É filósofo, teólogo e psicólogo, com mestrado em Psicologia como Ciência e Profissão pela PUC Campinas-SP. Docente há muitos anos, atualmente dá aulas na FACAPA (Faculdade Católica de Pouso Alegre-MG). Autor de vários livros pela editora Paulus, entre eles "Catequese e Liturgia: duas faces do mesmo mistério", atua na formação de catequistas, sacerdotes e lideranças em geral em todo o Brasil.

AUTORES

CLÁUDIA SUZANA CRISTINO é natural de Ouro Preto, Minas. É graduada em Engenharia Civil pela Universidade Federal de Ouro Preto (UFOP) e licenciada em Pedagogia, pela Pontifícia Universidade de Minas Gerais (PUC-Minas). Pós-graduada (*lato sensu*): em Planejamento Estratégico e Sistema de Informação e Psicologia da Educação, com ênfase em psicopedagogia preventiva, ambos cursos pela PUC-Minas. Mestre em Ensino de Ciências: Ensino de Física, pela UFOP. Cursando 2° ano do Curso de Especialização em Catequética, Regional Leste 2 da CNBB / PUC-Minas. Pedagoga da Rede Pública Estadual de Minas Gerais. Membro da Comissão Arquidiocesana de Catequese da Arquidiocese de Mariana. Assessora Cursos e Encontros de Formação em Catequese, na Arquidiocese de Mariana e em outras comunidades eclesiais, quando convidada.

MARIA CRISTINA CENTURIÃO PADILHA é natural de São Lourenço do Sul/RS, graduada em Direito pela Universidade Federal de Pelotas (1985), graduada em Teologia pela Universidade Católica de Pelotas (1994), especialização em Liturgia pela Pontifícia Faculdade de Teologia Nossa Senhora da Assunção (1994), especialização em Educação Religiosa Escolar e Teologia Comparada pela Escola Superior Aberta do Brasil (2013), mestrado em Teologia Dogmática com Especialização em Liturgia pela Pontifícia Faculdade de Teologia Nossa Senhora da Assunção (2002). Professora da Universidade Católica de Pelotas por 22 anos, hoje aposentada. Exerce advocacia e assessora, em nível nacional, Cursos e Encontros de Formação nas áreas de Liturgia e Catequese. Atua como professora convidada no Curso de pós-graduação *latu sensu* em Liturgia na Unisal, Unidade São Paulo, Campus Pio XI – Centro de Liturgia Dom Clemente Isnard.

MARIA DO CARMO MARTINS mora em Uberlândia/MG. No momento está cursando Pós-Graduação para Catequistas na Faculdade Dehoniana de Taubaté/SP. É pós-graduada (*lato sensu*) em Liturgia pela Faculdade de Teologia da Arquidiocese de Brasília/DF e em Educação Fiscal e Cidadania pela extinta Escola de Administração Fazendária/DF. Engenheira mecânica por formação, Auditora Fiscal da Receita Federal do Brasil, aposentada por profissão e evangelizadora na alegria por vocação.

MARLENE MARIA SILVA é natural de Santa Rita de Caldas (MG), arquidiocese de Pouso Alegre. É graduada em Ciências Sociais e Pedagogia e mestre em Catequética pela Pontifícia Universidade Salesiana de Roma. É membro da Comissão para a Iniciação à Vida Cristã da Arquidiocese de Pouso Alegre e da Comissão para a Animação Bíblico-Catequética do Regional Leste 2 da CNBB e da Equipe de Coordenação da Revista Ecoando (Paulus).

TÂNIA REGINA DE SOUZA ANTUNES: Mora em Criciúma/SC. Licenciatura em História pela Universidade do Extremo Sul Catarinense – UNESC (2001). Pós-graduação em ecumenismo e diálogo religioso pelo Instituto de Teologia de Santa Catarina- ITESC (2005/2006 – Incompleto, faltando TCC). Especialização em Gestão Escolar pela Faculdade Integrada de Jacarepaguá – FIJ (2010). Especialista em Catequese e Iniciação à Vida Cristã pela Faculdade Católica de Santa Catarina – FACASC (2019); Proponente do Curso de Especialização *Lato Sensu* em Liturgia da Faculdade Católica de Santa Catarina – FACASC, com participação na elaboração do Projeto Pedagógico do curso. Graduanda do 2º Ano de Teologia pela UNINTER. Avaliadora da Banca de TCC do aluno Marciel Rosa da Silva com o título Inquisição: entre jurisprudência e misericórdia, no dia 06 de outubro de 2020 (FACASC). Professora da Rede Pública Estadual em Santa Catarina há 30 anos. Coordenou a Comissão Diocesana de Liturgia na Diocese de Criciúma (Anos de: 2003/2008 e de 2015/2019). É membro da Comissão Regional de Liturgia do Regional Sul 4 da CNBB. Professora de Ecumenismo na Escola de Teologia para Leigos da Diocese de Criciúma. Atua nas comunidades eclesiais assessorando cursos e encontros formativos para leigos e leigas.

CULTURAL

Administração
Antropologia
Biografias
Comunicação
Dinâmicas e Jogos
Ecologia e Meio Ambiente
Educação e Pedagogia
Filosofia
História
Letras e Literatura
Obras de referência
Política
Psicologia
Saúde e Nutrição
Serviço Social e Trabalho
Sociologia

CATEQUÉTICO PASTORAL

Catequese
Geral
Crisma
Primeira Eucaristia

Pastoral
Geral
Sacramental
Familiar
Social
Ensino Religioso Escolar

TEOLÓGICO ESPIRITUAL

Biografias
Devocionários
Espiritualidade e Mística
Espiritualidade Mariana
Franciscanismo
Autoconhecimento
Liturgia
Obras de referência
Sagrada Escritura e Livros Apócrifos

Teologia
Bíblica
Histórica
Prática
Sistemática

VOZES NOBILIS

Uma linha editorial especial, com importantes autores, alto valor agregado e qualidade superior.

REVISTAS

Concilium
Estudos Bíblicos
Grande Sinal
REB (Revista Eclesiástica Brasileira)

VOZES DE BOLSO

Obras clássicas de Ciências Humanas em formato de bolso.

PRODUTOS SAZONAIS

Folhinha do Sagrado Coração de Jesus
Calendário de mesa do Sagrado Coração de Jesus
Almanaque Santo Antônio
Agendinha
Diário Vozes
Meditações para o dia a dia
Encontro diário com Deus
Guia Litúrgico

CADASTRE-SE
www.vozes.com.br

EDITORA VOZES LTDA.
Rua Frei Luís, 100 – Centro – Cep 25689-900 – Petrópolis, RJ
Tel.: (24) 2233-9000 – Fax: (24) 2231-4676 – E-mail: vendas@vozes.com.br

UNIDADES NO BRASIL: Belo Horizonte, MG – Brasília, DF – Campinas, SP – Cuiabá, MT
Curitiba, PR – Fortaleza, CE – Juiz de Fora, MG – Petrópolis, RJ – Recife, PE – São Paulo, SP